점포진단과 마케팅 조사를 활용한

매출활성화 전략

고 창 룡 저

도서출판 두남

머리말

항상 느끼는 바이지만, 이번에도 책을 쓰고 출판하는 과정에서 많은 아쉬움을 느낀다. 아쉬움은 출판하게 될 책에 대한 부족함을 인식하기 때문에 나타나는 감정이라고 볼 때 출판시기를 늦추고 싶은 마음이 생긴다. 그렇다고 완벽함만을 추구하다보면 부족한 부분들이 계속 증거되면서 독자들과 같은 주제로 토론할 수 있는 기회를 갖지 못할 수도 있다는 생각에 용기를 내어서 출간하게 되었다.

국내의 유통산업은 성장기에서 성숙기로 이행되는 과도기에 있다. 시장에서의 경쟁이 치열해지고, 한계기업 또는 한계점포들의 자취가 시장에서 사라지는 현상이 증가하고 있다. 이러한 상황에서 전근대적인 경영체계를 갖춘 생계형 소매점포와 소규모의 점포들에 대한 경쟁력 강화가 현안과제로 대두되고 있다.

이러한 환경 속에서 '나들가게'가 공동구매에 의한 가격경쟁력 강화를 통한 매출활성화를 목적으로 점포개선이 추진되고 있다. 점포의 매출활성화는 많은 점포경영자들의 소망이지만 단순히 가격경쟁력뿐만 아니라 다양한 요인의 상호작용에 의해 실현된다는 점에서 자점에 좋은 방안을 적용하기는 쉽지 않다.

특히 유통산업의 지식이 개인 또는 기업에 체화된 암묵지가 대부분인 점을 고려할 때 다양한 기회와 지식을 갖추지 못한 생계형 및 중소형 소매점포에서의 체계화된 매출활성화 전략을 수립하고 시행하기란 매우 어렵다.

본서는 이러한 상황을 전제하고 집필되었다. 점포경영 현장에서 마케팅을 체계적으로 학습하지 않은 많은 실무자들이 점포의 문제점을 진단하고 개선하거나, 새로운 성장동력을 모색하는데 도움이 되게 하기 위하여 출간하였다.

점포의 매출활성화는 자점과 고객욕구를 일치시키기 위하여 점포진단과 마케팅조사를 활용하는 방법과 고객수와 객단가로 설명되는 매출액 결정요인을 활용하는 방법, 그리고 이들 두 방법론을 혼용하는 방법으로 구분된다. 이중에서 본서는 점포진단과 마케팅조사를 활용하는 방법을 중심으로 출간하였다. 매출액 결정요인을 활용하는 방법론은 현재 집필 중에 있으며 빠른 시간 내에 별도의 단행본으로 독자들과 만날 수 있으리라 생각된다.

본서는 점포진단과 마케팅조사를 통한 점포활성화 방법론을 다루고 있기 때문에 중소규모의 점포경영자와 대기업 또는 프랜차이즈 기업의 수퍼바이저, 그리고 유통전문 컨설턴트들이 주요 독자가 될 것이라고 판단된다. 일반적인 판매원들은 관련된 일부 내용을 통해 판매기회 증대 또는 자기개발의 기회가 될 수 있으리라 생각된다. 대학에서 유통학을 전공하는 학생들이 학습교재로 활용할 수도 있다.

본서는 총 7부 21장으로 구성되어 있다. 제1부와 제2부는 점포진단과 마케팅조사를 활용한 매출활성화전략의 기본적인 이해와 이론적인 체계로 구성되어 있으며, 제3부에서 제6부까지는 점포진단과 각 영역별 마케팅조사 방법론에 대하여 구성하였다. 점포진단의 광의의 개념은 마케팅조사를 포함하고 있으나 본서에서는 실무자들의 업무절차와 개별적인 조사분석이 가능하다는 점을 고려하여 협의의 개념으로 접근하였다. 따라서 제3부는 점포진단, 제4부는 입지 및 상권조사, 제5부는 고객조사, 그리고 제6부는 경쟁점포조사 등으로 각각 구분하였다. 7부에서는 점포활성화전략의 실행으로 구성하였다.

한편 본서의 학문적 영역도 점포경영에 전반에 대한 이해가 요구되므로 다양한 경영분야가 결합되어 있다. 제1부에서는 유통회계와 소매마케팅의 점내촉진(in-store promotion, ISP), 경영컨설팅론 등이 포함되어 있으며, 제2부에서는 마케팅과 마케팅조사론의 관련내용이 포함되어 있다. 점포진단과 마케팅조사 대상을 다루고 있는 제3부에서 제6부까지는 경영컨설팅, 경영분석, 유통회계, 마케팅조사, 상권조사, 입지평가, 소비자행동, 고객관리,

경쟁전략, 머천다이징, 프로모션 또는 마케팅 커뮤니케이션 등의 관련 내용이 포함되어 있다. 그리고 제7부에서는 사업타당성분석과 조직행동론의 관련 내용이 포함되어 있다.

이처럼 많은 분야의 학문과 유통현장의 실무를 결합하여 하나의 결과물을 도출하는 과정에서 많은 어려움이 있었다. 그 중에서 실무자들이 손쉽게 활용할 수 있도록 점포경영관점에서 새롭게 조명하고 하나의 체계로 제시하는 것이었다. 이러한 어려움 속에서 완벽할 수 있도록 노력하였으나 부족한 부분들이 아직도 많다는 점을 독자들에게 고백한다. 따라서 본서와 관련된 많은 의견들이 독자들과 교환되면서 유통분야 실무현장에서 필수서로 다듬어지길 희망한다.

2010년 10월

저자 고창룡

감사의 글

이 책이 출간하기 까지는 일일이 열거할 수 없는 많은 지식전문가의 책과 지식, 그리고 산업현장의 실무전문가 선, 후배님들의 도움이 기초가 되었습니다. 유통산업이 양적성장만 거듭하는 현실에서 질적 성장을 위해 노력하신 많은 분들이 노력하신 산물임을 밝히며 깊이 감사드립니다.

고객과의 접점에서 빠르게 변해가는 유통산업의 환경을 고려할 때 어려움 속에서 지식전문가들이 발행한 형식지와 산업현장에서 실무전문가의 암묵지로 학습되지 않았다면 아마도 이 책은 세상의 빛을 보지 못했을지도 모를 일입니다.

이처럼 이 책의 출간에 많은 분들의 도움에 대하여 열거하며 일일이 감사드려야 하지만 여러 제약조건 등을 감안하여 특별히 몇 분께 대표하여 감사드리는 것으로 대신하겠습니다.

먼저 유통산업 실무현장을 떠나 지식전문가로 홀로서기 과정에서 학문적인 길을 지도하고 계신 한남대학교 설성수 교수님과 경제학과 여러 교수님들께 감사드립니다. 또한 아낌없는 격려와 성장의 기회를 지속적으로 배려하고 계시는 을지대학교 윤명길 교수님을 비롯한 (사)한국유통과학회 회장단과 여러 임원분들, 그리고 (사)한국체인스토어협회, (사)한국백화점협회 등 각 유통관련 단체의 임직원 및 유통기업 교육담당자들께도 감사드립니다.

아울러 『할인점 경영과 실무』 출판 이후 저자의 원고는 언제든 기꺼이 출판하겠다고 적극적으로 후원해주고 계신 도서출판 두남의 전두표 대표님과 임직원분들께도 깊은 감사를 드립니다.

마지막으로 노구(老軀)에도 자녀를 위해 헌신하시는 양가 부모님과 사랑으로 적극 지원하는 아름다운 아내와 두 아들, 그리고 어려운 환경을 이겨낼 수 있도록 소망주신 주님께 "사랑합니다."라는 말로 감사함을 대신합니다.

2010년 10월

저자 고창룡

차 례

제1부 점포활성화전략 체계

제2부 점포마케팅전략

제4부 입지 및 상권조사

제5부 고객조사

제 1 부 점포활성화전략 체계

Chapter 01

점포매출액 결정구조

1.1 점포매출액 결정구조 이해

소매점포의 매출액에 영향을 주는 요인은 매우 다양한 관점에서 설명할 수 있다. 상권구조의 변화관점에서는 상권의 고객증감, 경쟁점포 증감 등 영업환경 요인의 변화가 점포매출액에 영향을 준다고 판단할 수 있으며, 경기동향과 제도 등의 거시환경 변화가 점포매출액에 영향을 준다고 판단할 수 있다. 또한 고객의 욕구가 다양하게 변화되는 과정에서 점포선택기준이 변화됨에 따라 점포의 매출액이 변동되는 등 다양한 관점에서 그 영향요인을 검토할 수 있다.

점포만족도 관점에서도 살펴볼 수 있다. 고객이 특정 점포에 대한 만족도 기대수준이 높아 방문을 결정함으로써 이루어지는 점포선택과 기대수준 충족에 따른 재방문, 그리고 상품구매량 등에 의해 측정할 수 있다. 이와 같은 점포만족도 관점의 점포매출액 영향요인은 점포의 구매고객수와 객단가라는 관점에서 점포매출액 결정구조와 일맥상통하게 된다.

점포경영자와 현장실무자들에게 잘 알려진 것과 같이 점포의 매출액 결정구조는 구매고객수와 객단가에 의해 결정된다. 구매고객수는 일정 기간 동안 점포에서 상품을 구입한 고객의 수이며, 객단가는 일정 기간 동안 점포에서 상품을 구매한 고객 1인당 평균 구매금액을 의미한다. 구매고객수와 객단가로 분석하는 형태를 점포매출액 결정구조라고 하며, 각각 이들 요소를 확장하여 분석할 수 있다.

☑ 점포매출액 기본 결정구조

- 매출액＝구매고객수×객단가
- 구매고객수＝매출액÷객단가
- 객단가＝매출액×구매고객수

1) 구매고객수

구매고객수는 일정기간동안 점포에서 상품을 구매한 고객수를 의미한다. 점포수명주기 관점에서 구매고객수는 도입기와 성장기에 점포매출액에 가장 중요한 역할을 담당한다. 이 시기에 구매고객수가 부진하게 되면 소매점포가 상권 내에서 안정적인 영업활동을 전개할 수 없게 된다.

☑ 구매고객수 결정구조

- 구매고객수＝매출액÷객단가
- 구매고객수＝방문고객수×구매율
- 방문고객수＝유동고객수×내점율

(1) 구매고객, 방문고객, 유동고객의 관계

점포의 구매고객수를 결정하는 요인은 점포의 머천다이징 역량, 마케팅 역량, 상권 및 입지요인 등 다양한 관점에서 이해할 수 있다. 다양한 요인 중 고객관점에서 점포의 구매고객을 점포 방문고객과 유동고객과의 관계에서 검토할 수 있다.

구매고객은 점포에서 실질적으로 상품을 구매한 고객을 의미하며, 방문고객은 상품 또는 부대시설, 편의시설, 그리고 복합시설의 영향에 의해 점포를 방문하는 고객을 의미한다. 또한, 유동고객은 점포 주변을 통행하는 고객을 의미한다.

따라서 점포의 구매고객수는 방문고객수에 영향을 받으며, 방문고객수는 점포 주변의 유동고객수에 영향을 받게 되므로 아래의 그림과 같은 관계가 형성된다.

점포 주변의 유동고객수는 점포의 입지성격에 의해 영향을 받게 된다. 그러므로 상권과 입지요인이 구매고객수에 절대적인 영향을 주게 된다. 이러한 이유로 인하여 소매산업을 입지산업이라고 한다.

☑ 소매업태별 고객별 관계

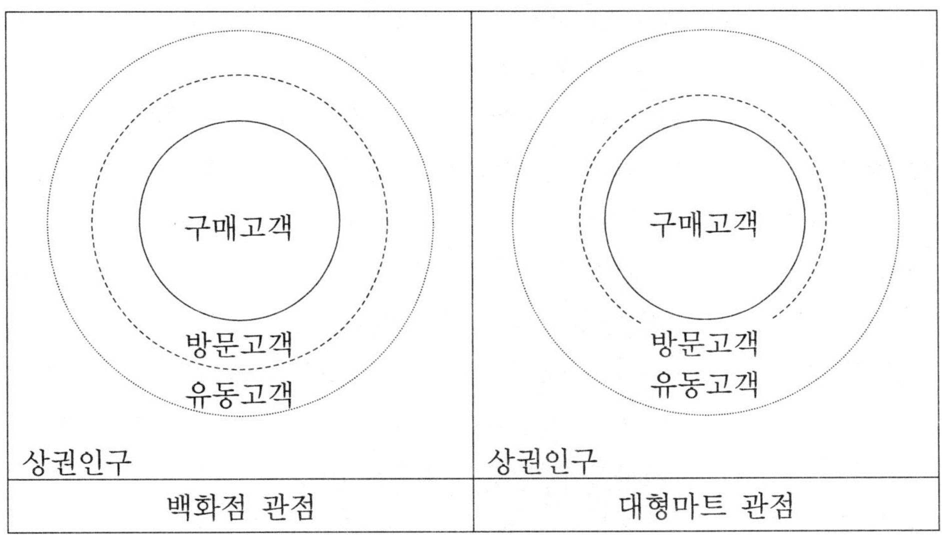

한편, 백화점과 대형마트 관점에서 유동고객과 방문고객, 구매고객 간의 차이도 발생한다. 백화점의 경우 유동고객 중 많은 고객이 상품구매뿐만 아니라 윈도우 쇼핑(window shopping), 시간소비, 부대시설 이용 등 다양한 목적으로 방문하기 때문에 구매고객수와 많은 차이를 나타낸다.

하지만 생필품 중심의 머천다이징을 전개하는 대형마트의 경우에는 점포의 방문목적이 상품구매를 전제하기 때문에 유동고객 중에서 점포로 방문하는 고객수와 차이가 발생하지만, 방문고객의 대부분이 상품을 구매하는 구매고객에 해당한다.

이와 같은 소매업태별 고객별 관계의 차이는 소매점포 머천다이징과 고객에게 주는 편의시설의 기능에 기인한다.

(2) 소매업태와 구매고객수

구매고객수를 산출하는 방법은 소매업태별로 차이가 존재한다. 백화점과 대형마트, 편의점 간의 비교를 통해 그 차이점을 살펴볼 수 있다.

백화점은 판매원에 의한 대면판매구조를 기본적인 판매방식으로 운영하고 있다. 대면판매구조의 특징은 고객이 상품을 구매할 경우 일정구역별로 배치된 지정 계산대를 이용하거나, 해당 브랜드의 무선 POS(point of sales, 판매시점관리시스템)계산기를 이용하여 판매원이 직접 계산업무까지 담당한다. 만일 동일고객이 여러 브랜드 또는 여러 구역에서 상품을 구매할 경우 어떤 현상이 일어날까? 동일 고객이 여러 건의 영수증을 발행받게 되므로 POS계산기 등록건수를 기준으로 구매고객수를 산정할 경우 그 숫자가 중복하여 집계된다.

또한 백화점의 판매상품 대부분이 고객의 선호도(preference)에 의해 구매결정의 영향을 받는 패션 중심의 선매품(shopping goods)이므로 시기별로 고객들의 눈요기(window shopping)가 빈번하게 일어나므로 방문고객이 반드시 구매고객으로 연결되지 않는다. 따라서 방문고객수가 구매고객수와 일치하지 않는 현상이 나타나게 된다. 그러므로 백화점에서는 구매고객수를 추정함에 있어서 방문고객수와 구매율이 중요한 지표가 된다.

최근 고객관계관리(Customer Relationship Management, CRM)기법의 도입으로 회원고객의 구매정보를 활용하여 구매고객수를 추정하는 기법들도 개발되고 있으나 백화점 멤버십에 등록하지 않고 구매하는 비회원고객들이 존재하기 때문에 아직까지는 구매율을 산출하여 활용하는 것이 일반적이다.

반면에 대형마트와 수퍼마켓은 백화점의 판매사원에 의한 대면판매방식이 아니라 고객 스스로 구매를 희망하는 상품을 선택하고 구매결정으로 구매가 이루어지는 비대면판매방식을 기본적인 판매방식으로 운영하고 있다. 비대면판매방식을 운영하는 점포의 계산방식은 고객이 점내(in-store)에서 구매를 결정한 상품을 계산대가 설치된 위치까지 직접 운반(self-carry)하여 한 번에 계산하는 일괄계산(one check out)방식을 채택하고 있다. 점포에서 판매하는 모든 상품을 일괄계산방식으로 계산하게 되면 계산을 완료한 고객이 추가구매를 하지 않는다고 전제할 경우 POS시스템에 등록된 판매건수를 구매고객수로 볼 수 있다. 따라서 국내·외 대부분의 대형마트와 수퍼마켓 등 일괄계산방식으로 운영하는 점포에서는 구매고객수를 POS계산기에 등록된 판매건수를 기준으로 산출하는 것이 일반적이다.

편의점(convenience store)은 작은 점포에서 시간편의, 구매편의 등을 제공하기 위한 목적으로 운영되는 점포이다. 이들 점포에서 판매하는 상품은 생활필수품 등의 편의품(convenience goods)이다. 편의품은 최소한의 노력으로 구매하려는 행동의 특성으로 점포에 방문한 고객의 상품 구매비율은 거의 100% 수준에 가깝다. 물론 상표에 대한 선호도가 뚜렷한 상품의 결품(out of stock)이나 미취급 등이 발생하는 경우에 방문한 고객이 구매하지 않는 경우도 있다.

대형마트와 슈퍼마켓 같이 비대면판매와 일괄계산방식으로 운영하는 특징을 지녔지만 편의성을 판매하는 머천다이징 특성으로 인하여 유동고객의 영향이 크다는 점에서 서로 다르다.

2) 객단가

객단가(customer transaction)는 구매고객 1인당 1회 평균 구매한 금액을 의미하므로 매출액을 고객수로 나누어 산출하거나, 판매된 상품들의 평균단가를 고객 1인당 구매한 상품수량을 곱하여 산출한다.

☑ 구매고객수 결정구조

- 객단가＝매출액÷구매고객수
- 객단가＝평균상품단가×평균구매수량

점포의 구매고객수가 점포의 상권구조와 입지, 마케팅 제도 등의 결과에 의해 영향을 받는다면 객단가의 점포의 물리적 공간과 구성상품의 특성, 그리고 점포 내 판매촉진활동의 결과에 영향을 받는다.

(3) 구성상품의 특성

점포에서 판매하는 상품의 구성에 따라 점포를 분류하는 접근방법은 크게 업종별 분류방법과 업태별 분류방법이 있다. 업종별 분류방법(kinds of business)은 점포에서 판매하는 상품을 단순히 '무엇을 판매할 것인가?(What to sell?)'에 의해 분류하는 방법으로 식료품점, 정육점, 아이스크림점포 등이 해당된다. 반면에 업태별 분류방법(type of operation)은 목표고객에게 '어떻게 판매할 것인가?(How to sell?)'를 고려하여 상품구성과 가격, 판매방법, 운영방법 등에 의해 분류하는 방법으로 슈퍼마켓, 백화점, 전문점 등이 해당된다.

이와 같이 점포는 목표고객에게 판매할 상품을 구성할 때 가격이라는 부분을 함께 고려한다. 일반주택가에서 흔하게 볼 수 있는 식료품점도 있지만, 고급주택가 근처에는 고급 식료품점이 있으며, 슈퍼마켓도 가격에 따라 일반슈퍼마켓과 고급슈퍼마켓 등으로 구분된다.

점포에서 판매하는 상품을 저품질의 저가품으로 구성하느냐, 또는 고품질의 고가품으로 구성하느냐에 따라서 점포의 평균상품단가는 차이가 발생하게 된다. 즉, 저가품을 판매하는 일반슈퍼마켓보다는 고가품을 판매하는 고급슈파마켓의 평균상품단가가 높게 나타나며, 이것이 객단가에 중요한 영향을 미친다.

(4) 점포의 물리적 공간

점포는 일정한 규모의 물리적 공간을 갖고 있다. 백화점은 점포의 경영전략에 의해 판매공간, 고객휴게공간, 계산공간, 상품을 보관하기 위한 창고공간, 고객차량을 주차하기 위한 주차공간, 층간 이동에 따른 계단, 에스컬레이터, 엘리베이터 등의 다양한 용도로 구분된다. 물론 편의점 등과 같은 판매공간과 계산공간, 창고공간으로 단순하게 구분되는 점포도 있다.

점포의 물리적 공간 중에서 판매공간은 고객이 상품에 대하여 관심을 갖고, 선택하여 구매를 결정하는 공간을 의미하며, 건축법상 시설용도에 따라 판매시설 또는 판매면적이라고도 한다. 이러한 점포의 판매공간 크기는 진열상품의 수에 비례한다. 판매공간이 크면 클수록 진열상품수가 많아지는 경향이 있다.

진열상품 수가 많다는 것은 고객의 일괄구매(one-stop shopping)를 지원하기 때문에 구매 1회당 구입수량이 많아진다는 것을 의미한다. 즉, 점포의 면적이 크면 클수록 고객 당 평균구매수량이 많아지기 때문에 객단가가 증가한다.

(5) 점내 촉진

마케팅이 장기간에 걸쳐 기업 또는 개인의 목적을 달성하기 위한 일련의 활동이라면, 판촉은 고객들의 직접적인 구매를 유도하기 위해 단기간에 이루어지는 수단이라는 점에서 마케팅과 그 성격의 차이가 있다.

일반적으로 마케팅에서의 촉진(promotion)은 광고, 홍보, 인적판매, 그리고 판매촉진으로 구분된다. 또한, 촉진은 판촉활동 장소에 따라 외부 판촉과 내부 판촉으로 구분하는데, 내부 판촉을 점내 촉진(In-Store Promotion, ISP)이라고 한다.

따라서 점내 촉진은 점포 내부에서 고객의 직접적인 구매를 유도하기 위하여 단기간에 이루어지는 광고, 홍보, 인적판매, 판매촉진 등 일련의 활동으로 정의할 수 있다.

☑ 소매점포의 외부판촉과 내부판촉

구분	외부판촉	내부판촉
광고	• 신문/전단/잡지/라디오 등 4대 매체광고 • 옥외현판, 직접우편 등	• 구매시점광고 (point of purchase, POP) • 진열 및 연출
홍보	• 신문/사내외보/문화행사 지원 등	• 점내 문화행사 및 이벤트
인적판매	• 방문판매	• 대면판매
판매촉진	• 프리미엄	• 가격, 프리미엄, 시음·시식·실연 등

3) 점포수명주기와 매출액 결정구조

점포수명주기(store life-cycle)이론은 사람의 수명주기 단계를 점포에 접목한 이론이다. 사람이 태어나서 유아기, 청소년기, 중년기를 거쳐 노년기로 생을 마감하는 것과 같이 점포도 개점이후 도입단계, 성장단계, 성숙단계, 쇠퇴단계 등의 일정한 수명주기를 지니고 있다고 보는 이론이다.

☑ 점포수명주기별 일반특성

구분	도입단계	성장단계	성숙단계	쇠퇴단계
특징	• 상권점유율 확보기 • 마케팅비용 높음 • 경쟁점포 소수	• 매출/이익 확대기 • 상권 내 경쟁점포 추가 진입	• 전방위 경쟁심화 • 판촉비용·서비스 비용 등의 증가	• 1번지 점포과 쇠퇴점포로 구분 • 이익중심 점포경영
매출액 결정구조	• 고객수 증가	• 고객수 증가 • 객단가 증가	• 고객수 감소 • 객단가 증가	• 고객수 감소 • 객단가 감소

도입단계는 점포 개점이후 상권점유율을 확보하는 단계이다. 개점시점 자점의 고객이 전혀 없는 상태에서 고객점유율을 높여나가는 것이 이 단계의 점포영업 핵심목표로 많은 마케팅비용을 고객수 증대를 목적으로 사용한다.

개점이후 고객의 욕구에 부합하는 점포운영이 지속되면서 고객이 증가하고, 고객 당 구매금액이 증가하는 성장단계에 진입하게 된다. 이로 인하여 성장단계는 매출과 이익이 확대되기 때문에 신규 경쟁점포가 진입하는 특징을 나타낸다.

신규 경쟁점포가 개점하면 경쟁점포로 고객이 유출되면서 자점의 고객점유율은 낮아진다. 고객수 감소에 따른 매출감소를 최소화하기 위하여 점포에서는 머천다이징 개선을 통한 객단가를 증대시키는 전략을 선택하게 된다. 또한 상권 내 경쟁관계는 전방위로 확산되면서 판촉비용과 서비스비용이 증가하는 특징도 나타난다.

쇠퇴단계는 신업태의 등장으로 구매고객수와 객단가가 동시에 감소하는 현상이 나타난다. 또한 업태 내 경쟁의 결과로 경쟁우위의 상권 1번 점포와 경쟁열위의 쇠퇴점포가 확연하게 구분된다. 그 결과 쇠퇴점포는 폐점 또는 업태전환 등의 현상이 나타나며 1번점은 이익중심의 점포경영을 하게 된다.

☑ 점포수명주기곡선과 고객수 · 객단가

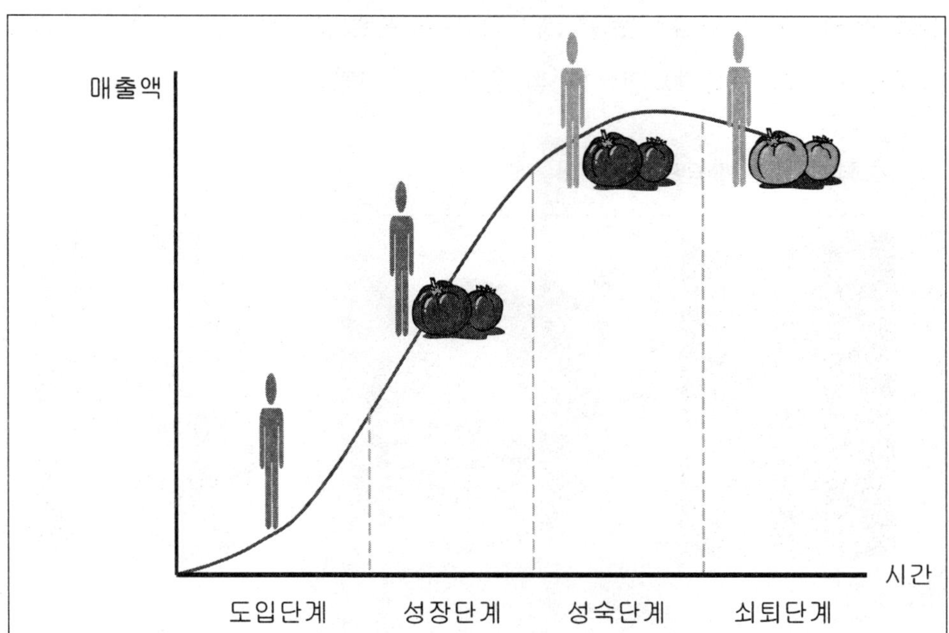

4) 점포혁신과 제2의 성장곡선

(1) 점포혁신의 개념

점포수명주기이론은 모든 인간이 죽는 것과 같이 점포도 폐점 또는 업태 전환을 전제한다. 하지만 1849년 개점한 영국의 헤롯(Harrod)백화점이 현재까지 운영되는 것과 같이 지속경영이 이루어지는 점포도 있다. 그렇다면 지속경영이 이루어지는 배경은 무엇일까? 이를 설명할 수 있는 것이 혁신이론이다.

혁신이론은 미국의 경제학자 슘페퍼(J. Schumpeter)가 주장한 혁신(innovation)이라는 용어에서 출발하여 지금은 기업, 정부, 개인 등을 대상으로 다양한 분야에서 확대되고 있다. 슘페터는 경제성장과 소득증대의 원천이 기업가(entrepreneurs)에 의한 창조적 파괴(creative destruction), 즉 혁신에 있다고 하였다. 특히 기업혁신은 새로운 시장의 개척, 새로운 상품의 개발, 새로운 원료의 활용, 새로운 생산방법 등의 제도도입과 신산업에서의 새로운 조직형성 등에 의하여 이루어진다고 주장하며 기업가정신을 혁신의 핵심가치로 제시하였다. 제조업 중심으로 제시된 기업혁신 방법론을 소매업 관점으로 살펴보면 아래의 점포혁신 개념도와 같다.

☑ 점포혁신 개념도

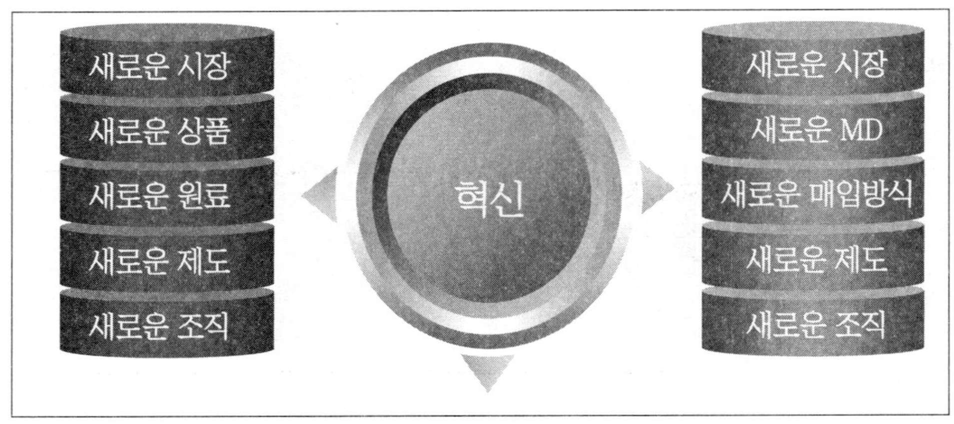

(2) 새로운 시장과 새로운 상품

유통기업의 성장전략은 시장과 상품의 조합관계, 즉 기존시장과 새로운 시장, 기존상품과 새로운 상품의 조합구성에 의해 규모 확대전략, 다점포전략, 신업태 창조전략, 업태 다각화전략로 구분하여 살펴볼 수 있다.

규모 확대전략은 기존시장에서 기존상품을 통해 성장을 이끌어내기 위하여 점포규모를 확대하는 전략을 의미하며, 다점포전략은 기존상품으로 새로운 시장의 개척을 통해 성장을 도모하는 전략으로서 체인스토어에서 많이 활용하는 전략이다. 신업태 창조전략은 기존 시장에서 새로운 상품구성으로 고객을 공략하는 전략으로 유통기업에서 기존에 영위하던 업태와 다른 새로운 신업태를 개발하는 전략을 의미한다. 또한 업태 다각화전략은 기존에 영위하던 업태에 새로운 시장에서 새로운 상품구성의 신업태를 추가하여 성장을 추진하는 전략을 의미한다.

☑ 유통기업의 성장전략

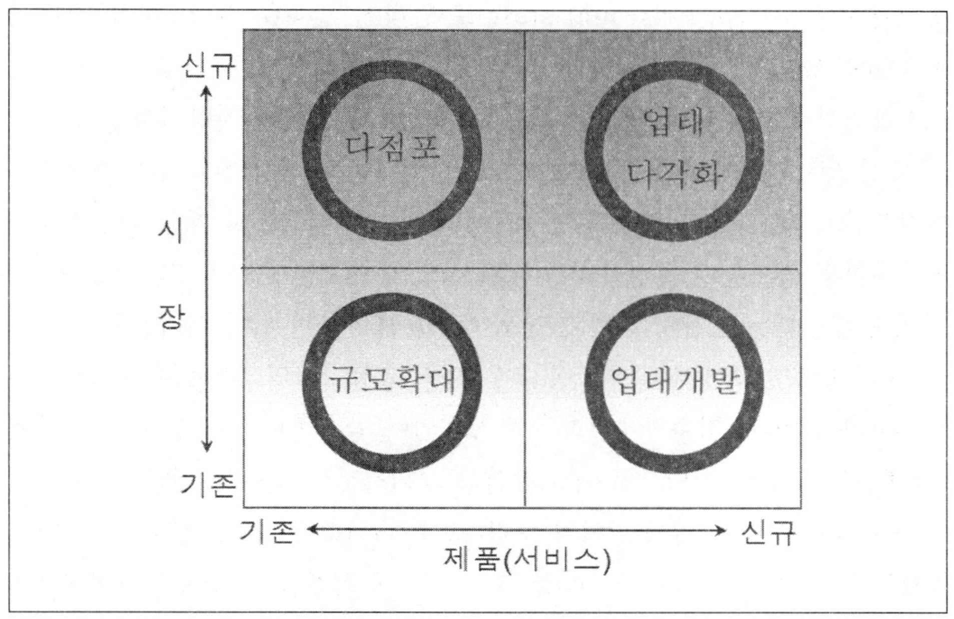

이와 같이 새로운 시장과 새로운 상품구성은 점포에 또 다른 성장기회를 제공한다. 새로운 시장은 지리적 관점에서의 새로운 시장으로 기존점포가 출점하지 않은 국내와 해외시장을 포괄한다. 반면에 새로운 상품은 상품구성의 변화, 즉 머천다이징의 변화를 의미한다. 머천다이징의 변화는 그 수준에 따라서 기존점포의 성장을 강화하는 역할도 하지만 새로운 업태로의 전환을 의미하기도 한다. 예를 들면 식품 및 생활용품의 상품구성비가 80%, 패션의류 및 잡화가 20%로 구성된 점포에서 미국산 쇠고기를 추가로 구성하였을 경우 기존점포의 성장을 강화하기 위한 머천다이징 보강이 이루어진 것으로 판단할 수 있다. 하지만 패션의류 구성비 80%, 잡화류 20% 등으로 점포의 상품구성이 변화되었다면 패션전문점으로 업태가 전환되었을 뿐만 아니라 고객도 바뀌게 된다.

(3) 새로운 매입방식

2차 세계대전 이후 전 세계의 경제적 여건은 매우 어려운 상태에서 저가지향형 점포들이 태동되었다. 미국에서의 대형마트 효시로 볼 수 있는 코벳

(Korvett)이 1948년에 태동되었으며, 독일의 최대 대형마트이며 국내에서 초저가대형마트(hard discount store)로 알려진 '알디(Aldi)'도 바로 1948년에 태동되었다.[1)]

저가지향형 점포들의 태동과 성장은 제조업체 중심의 시장질서가 유통업체 중심으로 전환되면서 유통경로에 많은 변화를 초래하였다. 산업혁명으로 대량생산체계가 도입되면서 유통경로에 상업이 적극적으로 개입되던 현상이 저가지향형 점포들이 등장하면서 점차 상업의 배제현상으로 전환되었다. 고객에게 제공하는 저가의 혜택과 점포이익을 보존하기 위한 저가지향형 점포의 선택으로 일부에서는 후방통합에 의한 유통기업의 역(逆)수직계열화가 이루어지고 있다. 역수직계열화는 유통기업이 안정적으로 수익성 있는 상품을 매입하기 위한 방안으로 제조기업을 자회사로 편입하는 것을 의미한다.

Peterson[2)]은 농산업에 있어서 수직계열화(vertical integration)의 유형을 통합정도가 가장 약한 시장거래와 가장 강한 수직계열화 사이에 상세계약제(specification contract), 관계를 기초로 한 제휴(relation-based alliance), 소유를 기초로 한 제휴(equity-based alliance) 등으로 제시하고 있다. 이에 기초하여 유통기업의 역수직계열화 유형을 아래의 표와 같이 시장거래, 상세계약제, 제휴, 역수직계열화 등으로 재정리할 수 있다.

☑ 유통기업 역수직계열화의 유형

구분	시장거래	상세계약제	제휴	역수직계열화
특징	• 즉시거래 • 가격과 거래조건이 중요함.	• 가격·거래조건 이외 세부조건이 포함됨 • 생산계약 또는 마케팅계약	• 공동의 이해관계에 의한 전략적 제휴 • 합작·자본참여 등으로 별도 조직구성	• 생산과 판매 두 주체가 유통기업 중심으로 하나의 계층을 구성
유형	• 일반적 거래 • 과점적 거래	• 독점적 거래 • PL상품 거래	• 전략적 제휴 거래 • 관계사와 거래	• 사업부조직화

1) 한국체인스토어협회 출판부, 리테일매거진, 2005, 10월호.

2) Peterson, H. Christopher, Wysocki, Allen and Harsh, Stephen B. 2001. "Strategic Choice along the Vertical Coordination Continuum." International Food and Agribusiness Management Review. pp. 149-166.

시장거래는 제조기업의 상품 공급조건과 유통기업의 상품 매입조건이 일치되는 가격과 거래조건에서 거래가 이루어지는 형태로서 일반적인 거래형태와 과점적 거래로 구분된다. 과점적 거래는 제조기업의 규모와 생산능력 등의 제약조건으로 일부 유통기업에 국한하여 거래하는 형태를 의미한다.

상세계약은 가격과 거래조건 이외에 생산 또는 마케팅과 관련된 세부조건이 포함되는 거래형태를 의미한다. 해태음료에서 생산하여 신세계 이마트에 공급하고 있는 봉평샘물과 같은 유통업체 자체상표(Private Label, PL)상품의 거래, 또는 독점적 거래가 해당된다.

제휴는 공동의 이해관계에 의한 전략적 제휴와 합작, 자본참여 등으로 별도의 구성된 조직, 즉 관계사 등을 통한 거래형태가 해당된다. 전략적 제휴는 '효율적 고객대응(Efficient Consumer Response, ECR)'을 통한 제조기업과 유통기업의 공동의 이익증대를 위한 방법으로 미국에서 월마트와 P&G의 제휴가 대표적이다.

역수직계열화는 생산부문이 유통기업 내 하나의 사업부 조직으로 편입되어 계층구조를 형성하는 것을 의미한다. 국내에서는 '가정용 대용식(Home Meal Replacement, HMR)[3]' 판매부문에서 급속하게 증가되고 있다.

국내에서는 대형마트 점포수가 급속하게 증가하면서 유통기업 중심의 역수직계열화가 진행되고 있으며, 대형마트 영위 유통기업의 역량과 상품군별로 다양한 형태의 역수직계열화가 나타나고 있다.

(1) 새로운 제도

마케팅 또는 점포경영상의 새로운 제도가 점포혁신을 이끌기도 한다. 정보통신기술(Information Technology, IT)의 발달함에 따라 협력업체와의 협업에 의한 유통기업의 경쟁력을 강화하기 위하여 즉시대응(Quick

---

3) 가정용 대용식은 관점에 따라서 RTC(ready to cook), 델리(delicatessen) 등의 용어로 혼용되고 있음.

Response, QR), 효율적인 고객대응 등이 도입되었다. 그 결과 점포의 발주와 재고관리 업무영역에서 불필요한 업무요소를 제거하여 효율적인 업무체계를 구축되고, 또한 고객중심의 상품관리가 이루어지면서 점포의 순이익이 증가하는 결과를 나타냈다.

새로운 제도는 효율성 중심의 점포업무개선 뿐만 아니라 효과성 중심의 마케팅활동에도 적용되고 있다. 2007년 현대백화점의 경우 고객중심의 각종 카페 테라스(cafe terrace)를 운영함으로써 상품중심의 판매 마케팅 제도 중심에서 고객의 관심사, 취미를 중심으로 한 문제해결형 마케팅제도를 도입하였다. 블로그를 통한 고객과의 관계를 형성함으로써 고정고객화(lock in)로 새로운 고객수요를 유발하는 전략을 실행한 것이다.

이동통신기술의 발전과 스마트폰의 보급도 유통업계의 새로운 제도와 정책을 가져오게 되었다. 트위터, 페이스북, 미투데이 등으로 대표되는 마이크로블로그(microblog) 또는 소셜네트워크서비스(social networks service)로 고객과 실시간 소통하며, 소셜커머스(social commerce)를 준비하고 있다.

(2) 새로운 조직

점포의 새로운 조직 또한 혁신의 주요 요소로 작용된다. 점포 또는 기업에서 조직구조를 변화시키는 것은 환경변화에 대한 대응한 상품분류의 정비 또는 새로운 구매시스템의 도입 등 과거의 조직구조 틀에서 벗어나 새로운 환경에 맞도록 조직을 재정비하는 것이 일반적이다.

점포의 조직개편은 규모에 따라서 전면적인 개편과 일부 개편으로 구분된다. 전면적인 조직개편은 신임 대통령이 새로운 정책을 수행과 조직 장악력을 높이기 위해 정부조직을 개편하듯이 최고경영자가 새로 부임하는 경우에 많이 발생한다. 반면에 조직의 일부에 대한 개편은 점포의 경영목표를 달성하기 위한 특정 조직의 위상 또는 규모를 개선하거나 조직운영의 효율성을 제고하기 위한 목적으로 활용된다.

새로운 조직의 범위는 점포혁신을 위한 새로운 조직의 신설뿐만 아니라 기존 조직 운영목적의 변경이나, 운영방식의 변화 등을 모두 포함하는 의미로 넓은 의미로는 조직 개편을 포함한다.

☑ 신세계백화점 본점 트위터

(3) 점포혁신의 결과

위에 제시된 방법론에 의해 점포혁신이 성공적으로 이루어지게 되면 해당 점포는 제2의 성장단계에 진입하게 된다.

점포혁신을 위해서는 일정기간 준비가 필요하다. 수명주기의 어느 단계에서나 준비가 가능하지만 점포의 매출과 이익을 고려할 경우 성장기에 준비하여 성숙기 진입초기에 혁신효과가 나타나도록 하는 것이 중요하다. 이때 정상적인 S곡선의 전개추이와 혁신에 따른 제2의 S곡선을 연결하는 성장곡선을 비교할 경우 그림에 표시된 부분과 같이 매출손실이 발생하게 된다. 점포혁신준비에 따라 점포경영에 집중하지 못한 일종의 기회비용(opportunity cost)이다.

☑ 점포혁신의 결과

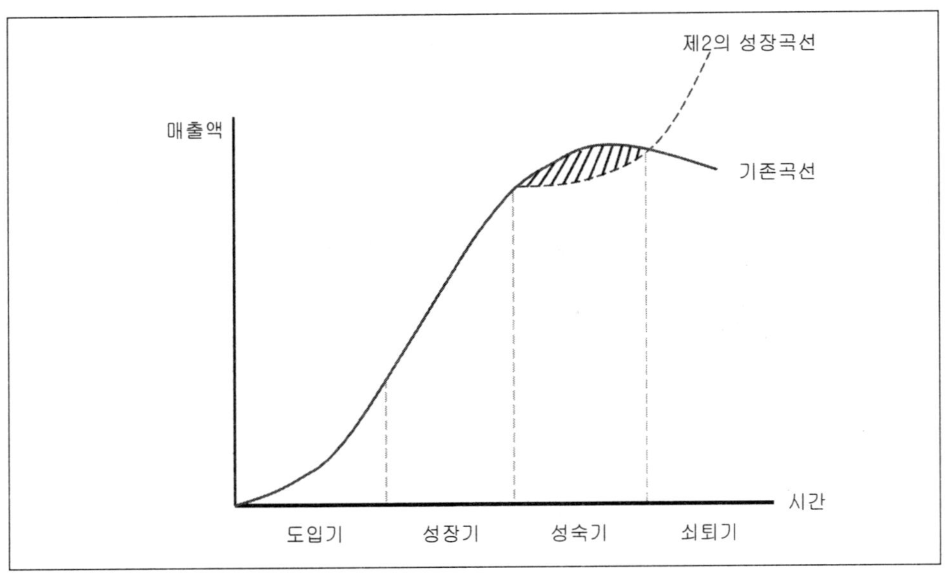

1.2 매출액 결정구조의 확장

구매고객수와 객단가에 의해 결정되는 점포의 매출액 구조를 좀 더 세부적으로 확장하여 살펴볼 수 있다.

상권점유율과 구매빈도에 의해 결정된다. 상권점유율이 구매고객수에 영향을 준다는 것은 상권점유율의 증감에 따라 구매고객수에 증감한다는 것을 의미하는 것으로 상권범위가 고정되어 있다고 전제한다. 하지만 실제 영업 상황에서는 상권범위가 가변적이므로 상권범위의 확대 또는 축소에 영향을 받기도 한다.

또한 객단가는 점포의 판매가격과 고객의 구매수량에 의해 결정된다. 이것은 점포의 상품 또는 판매정책과 점내 판매촉진 기법이 변화된다면 객단가도 변화된다는 것을 의미한다.

따라서 점포경영관점에서 확장된 점포의 매출액 결정구조를 이해하는 것은 매우 중요하다.

1) 구매고객수 확장

(1) 상권범위

상권(business district)이란 점포 이용고객이 존재하는 일정한 지리적 공간범위를 의미한다. 그 공간범위 안에 존재하는 전체 소비자들 중에서 점포로 유인할 수 있는 목표고객과 점포 이용고객으로 구분되며, 전체 소비자 중에서 점포이용고객으로 상권점유율을 산출한다.

점포의 상권점유율은 이와 같이 상권이 고정되어 있는 상황을 전제한다. 하지만 실제로 점포의 상권은 확대 또는 축소가 이루어지고 있으며 이것을 상권규모의 확장 또는 축소라고 한다.

상권규모의 변화는 전체 소비자 중에서 점포 이용고객의 감소 또는 점포 이용이 가능한 잠재고객의 확대를 의미하는 것으로 점포 구매고객수에 변화를 주게 된다. 하지만 상권의 변화로 인한 구매고객수의 변화가 단순히 전체 소비자 중에서 점포이용고객이 일정비율로 증감되지 않는다. 따라서 구매고객수 변동요인으로서 상권범위를 검토하지만 점포매출액 결정구조에서의 구매고객수 결정 요인으로 포함하지 않는다.

(2) 상권점유율

상권점유율은 점포 영업성과의 결과로 점포에서 점유한 상권의 일정비율을 의미한다. 상권점유율은 금액과 목표고객을 기준으로 산출할 수 있다. 금액을 기준으로 상권점유율을 산출하는 경우 목표상권 내 목표고객의 소비총액과 자점 매출액으로 산출된다. 이때 중요한 점은 객관적으로 신뢰성 있는 목표고객의 소비총액에 대한 자료를 확보하여야 한다는 점이다.

반면에 고객을 기준으로 상권점유율을 산출하는 경우에는 상권내 목표고객의 수와 자점의 구매고객수로 산출할 수 있다. 목표고객은 점포의 업태성격에 따라서 특정 연령 또는 소득계층으로 결정되기도 하며 세대(household) 자체가 목표고객으로 규정될 수도 있다. 그러므로 점포에서는 자점의 목표고객을 어떻게 규정할 것인지를 명확하게 정의해야 한다.

이와 같은 관점에서 볼 때 점포 매출액 결정구조에서 고객수를 분석하기 위해서는 상권점유율은 금액이 아닌 고객기준으로 산출되어야 하며, 상권점유율의 개념도 고객점유율로 볼 수 있다는 것을 알 수 있다. 따라서 고객점유율이 증가하거나 감소할 경우 구매고객수가 증감하게 된다.

(3) 구매빈도

점포의 고객점유율은 상권 내 '기타 조건이 동일하다(other things equal)'는 조건 하에서 일정한 수준을 유지하는 경향이 있다. 고객점유율 변동은 점포의 영업상권을 구성하는 여러 조건들의 변화에 기인한다.

조건변화의 대표적인 사례는 경쟁점포와 관련된 것이다. 경쟁점포의 신규 개설이나 대규모 판촉행사 등 영업환경의 조건이 변화되면 점포의 고객점유율도 변동하게 된다.

이와 같은 점유율 이외에 고객수가 감소하는 사례가 발생되기도 한다. 즉, 점유율은 일정한 수준을 유지하고 있는데 고객수가 감소하는 것이다. 이와 같은 현상은 고객이 점포를 이용하는 빈도(frequency)가 변화되기 때문에 나타난다.

예를 들어 자점 고객이 평균 주 1회 구매한다고 가정할 경우 주 1.2회로 구매빈도가 증가할 경우 일일 구매고객수는 증가하게 되며, 주 0.8회로 구매빈도가 낮아질 경우 일일 구매고객수는 감소하게 되는 것이다.

따라서 점포 매출액 결정구조에서 구매고객수를 결정하는 요인으로서의 고객 구매빈도가 중요한 요인에 해당한다. 고객의 구매빈도는 점포에서 취급하는 상품의 종류와 고객 서비스제도 등에 의해 영향을 받는다.

2) 객단가 확장

객단가는 점포의 머천다이징과 밀접하게 관련되어 있다. 머천다이징은 일반적인 개념과 인스토어 머천다이징으로 그 개념이 구분되어 사용된다. 머천다이징은 점포마케팅의 일환으로 상품화계획이라고도 하며 판매할 상품에 관한 결정과 그 상품의 판매량, 판매시기, 가격 등을 결정하는 활동을 포함한다.

반면에 인스토어 머천다이징(In-Store Merchandising, ISM)의 개념은 일본 學習院대학의 다지마 요시히로(田島義博)교수의 저서를 통해 그 개념이 소개되었으며 "점포에서 고객의 요구와 일치하는 상품 및 상품구성을 가장 효과적이고 효율적인 방법으로 전개함으로써 자본과 노동생산성을 극대화하려는 활동"으로 정의하고 있다.

(1) 상품평균단가

상품평균단가는 고객 1명이 구매하면서 지불한 평균금액, 즉 객단가를 고객이 구매한 수량으로 나누어 산출한다. 상품평균단가는 고객이 지불한 금액을 전제로 하기 때문에 점포의 전산시스템에 등록된 상품들의 정상가격 평균이나 판매가격의 평균과는 다르다.

고객이 점포에서 반복구매를 통해 동일한 상품을 구매하고, 구매시점마다 가격이 동일하다고 전제할 경우 점포의 상품 평균단가는 동일하다. 하지만 고객이 구매한 상품, 예를 들면 야채와 화장지의 소비주기(consumption cycle)가 서로 다르기 때문에 점포를 방문할 때마다 고객이 구매하는 상품의 종류와 수량의 차이가 발생하게 된다. 또한 점포의 판촉행사와 상품의 신선도 등에 따라 상품가격이 수시로 변동되기 때문에 동일한 상품을 구매했음에도 상품의 평균단가가 서로 다르게 나타나는 특징이 있다. 또한 상품평균단가는 고객의 상품선택과 구매수량에 영향을 받는다.

(2) 평균구매수량

고객들은 점포에서 자신의 생활문제를 해결하기 위하여 다양한 상품을 구매한다. 고객이 구매한 상품은 개인 또는 가정의 소비습관, 상품의 선호도 등에 의해 다른 고객이 구매한 상품과 그 종류, 브랜드, 수량 등에서 차이가 발생한다.

평균구매수량은 계획구매수량과 충동구매수량의 합계로 결정된다. 고객이 점포에서 구매할 것을 계획하고 목록을 정리하거나, 머릿속에 저장하고 점포를 방문하여 구매하는 형태를 계획구매라고 한다면 점포에서 가격, 진열 등의 외부요인과 목록에서 누락된 상품의 연상작용 등으로 구차구매를 결정하는 형태를 충동구매라고 한다.

예를 들어 상품평균단가가 고정적이라고 가정할 경우 고객이 평균 2개를 구매할 때와 2.5개, 1.5개 구매할 때의 객단가는 달라진다. 따라서 점포에서는 고객의 평균구매수량을 증대시키기 위하여 고객들의 충동구매를 유인하는 다양한 방법들을 활용하기도 한다.

1.3 확장된 매출액 결정구조

1) 확장된 매출액 결정구조

점포매출액 결정구조를 확장한 결과 구매고객수는 상권범위가 일정하다고 가정할 경우 상권점유율과 구매빈도에 의해 결정된다는 것을 살펴보았다. 점포의 영업정책과 경쟁점포의 신설 또는 폐점 등의 요인에 의하여 상권범위가 변동될 경우에도 구매고객수가 변동되는 것을 살펴보았으나 확장된 매출액 결정구조에서는 배제한다.

객단가는 고객이 점포에서 구매하는 상품의 수량과 평균단가에 의해 결정된다는 것을 살펴보았다. 이와 같이 확장된 매출액 결정구조를 다음과 같이 나타낼 수 있다.

☑ 확장된 매출액 결정구조

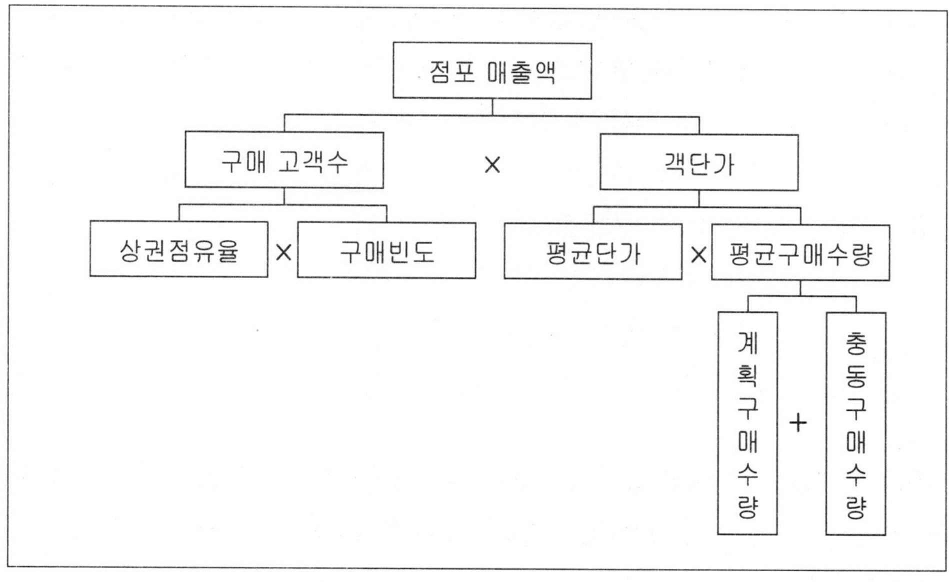

2) 확장된 매출액 결정구조의 활용

점포의 영업환경과 POS시스템의 데이터 분석결과 아래와 같다고 가정할 경우 확장된 매출액 결정구조를 활용하여 점포의 상권점유율을 분석할 수 있다. 만일 다른 데이터를 가정할 경우 예상매출액을 추정할 수도 있다.

☑ 영업환경과 POS데이터 분석결과 가정

1. 상권 내 목표고객수 : 100,000명
2. 점포 일평균 매출액 : 400,000원
3. 점포 일평균 고객수 : 2,000명 (평균 구매빈도 : 2회)
4. 점포 일평균 객단가 : 20,000원 (평균 구매수량 : 10개)

POS시스템의 데이터 분석결과 점포의 일평균 매출액은 400,000원이며 고객수 2,000명, 객단가 20,000원으로 나타났다. 또한 고객조사 결과 점포에서 쇼핑하는 빈도는 평균 주2회, 1회 평균 10개의 상품을 구매하는 것으로 분석되었다.

이와 같은 자료에 기초하여 점포의 상권점유율과 평균상품단가를 산출할 수 있다. 먼저 상권점유율을 산출하기 위해서는 점유된 고객의 숫자를 분석해야 한다. 점유고객은 다음과 같다.

점유고객 = 고객수 ÷ 구매빈도
= 2,000 ÷ (2÷7)
= 2,000 ÷ (0.2857)
= 7,000 (명)

따라서 목표고객 대비 점유고객비율, 즉 상권점유율은 7%가 되며 평균상품단가는 객단가 20,000원을 평균구매수량 10개로 나누어 산출되므로 2,000원이 된다.

3) 확장된 매출액 결정구조 활용시 유의사항

확장된 매출액 결정구조를 활용할 경우 다음과 같은 사항에 유의하여야 한다.

첫째, 점포 대상고객의 기준을 어떻게 볼 것인가 하는 문제이다. 대형마트와 수퍼마켓의 경우 주요 상품군이 가족 모두가 공통적으로 소비하는 식품, 생활용품 등으로 구성되어 있기 때문에 개인보다는 세대로 정의하는 것이 합리적이다. 하지만 백화점과 편의점의 경우에는 개인용 소비상품 중심으로 판매하기 때문에 대상고객을 개인으로 정의하는 것이 타당하다고 하겠다.

둘째, 객단가를 결정하는 중요한 요인에 해당하는 상품평균단가는 고객이 구매한 상품들의 평균가격이라는 의미가 함축되어 있다. 따라서 상품평균단가를 산출할 경우에는 반드시 객단가를 평균구매수량으로 나눈 값으로 산출하는 것이 타당하며 과거의 데이터에 의존할 경우 그 값이 틀리게 된다.

셋째, 고객이 구매한 상품 중에서 충동구매수량이 몇 개인지 산정하기가 매우 곤란하다. 어떤 상품이 계획구매수량인지, 충동구매수량인지 외관상으로는 전혀 알 수 없기 때문이다. 고객이 계획구매를 위하여 쇼핑목록을 작성한 경우 고객의 양해를 구하여 충동구매상품을 확인할 수 있지만 고객이 머릿속에 목록을 가져온 경우 명확하게 충동구매상품을 구분하기 어렵다. 따라서 점포에서는 시식판매 등과 같은 점내 판촉활동 실시여부에 따른 판매량의 변화 등으로 충동구매수량을 측정할 수 있는 도구가 마련되어야 한다.

넷째, 점포 영업전략 운영에 고객수와 객단가를 활용하기 위해서는 과거 시점부터 현재까지 가능한 시계열자료를 확보하여야 한다. 장기간의 자료를 확보하고 각각의 매출액 영향요인별 변곡점에 대한 영업환경 변화에 대한 세부적인 기록이 매출추이분석과 영업전략 수립의 오차를 줄이게 된다. 특히, 비정상적인 매출이 발생된 사례가 있다면 이를 고려해야 한다.

Chapter 02 매출활성화 접근체계

2.1 매출활성화 접근체계 개요

1) 점포 마케팅 체계

침체된 점포매출을 활성화시키는 방법은 점포마케팅체계를 활용하여 살펴볼 수 있다. 점포를 개점하기 위해서는 먼저 거시환경과 미시환경에 대한 점포조사를 통해 마케팅 목표를 설정하고 고객 세분화(segment), 목표고객 선정(targeting), 업태 및 시장위치 설정(positioning) 등의 STP전략수립과 제반 마케팅요소를 믹스하여 점포영업계획을 수립하게 된다. 점포 영업계획이 완료되면 점포는 개점하고 영업을 실행하게 되며 그 성과를 평가하여 피드백하는 순환과정을 거듭한다.

점포매출액의 침체는 점포마케팅체계를 통해 세 가지 관점에서 이해할 수 있다.

먼저 첫 번째 관점은 점포영업 전략의 문제점은 없지만 점포영업이 활성화되지 않는 상태이다. 경쟁점포 대비 경쟁력이 취약하거나 체계적인 영업시스템을 구축하지 못한 경우에 종종 발생하게 된다. 이러한 경우에는 매출액 결정구조의 제 요인을 자극하는 영업활동을 전개함으로써 점포활성화를 견인하는 방법으로 '매출액 결정요인 활용법'이라고 한다.

☑ 점포마케팅체계

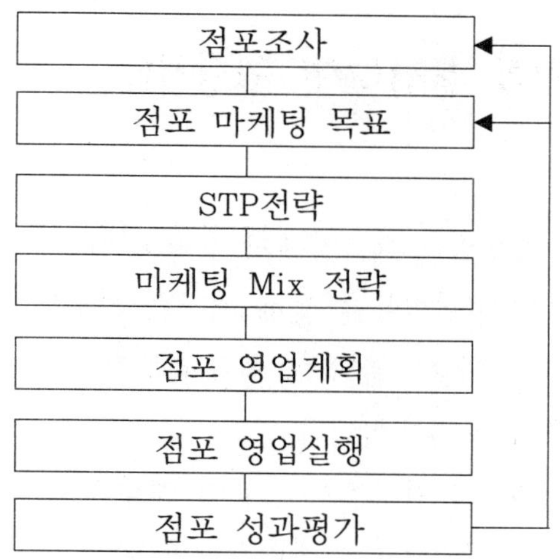

두 번째 관점은 점포마케팅체계의 전개와 실행과정의 문제점으로 인한 점포매출의 부진이다. '10년이면 강산이 변한다.'라는 말과 같이 점포의 영업환경이 변화되었음에도 이를 인지하지 못하고 과거의 점포영업 전략을 고수하거나, 개점 초기부터 잘못된 점포조사로 점포마케팅체계가 잘못 계획된 경우 등이 해당된다. 이와 같은 경우에는 점포문제점에 대한 진단과 점포 영업환경에 대한 재조사 등을 통하여 점포마케팅전략을 다시 수립하여 점포활성화를 견인하는 방법으로 '점포진단 활용법'이라고 한다.

세 번째 관점은 첫 번째와 두 번째 관점이 혼합되어 있는 경우이다. 점포 실무에서 두 가지 관점이 같이 나타나는 경우가 일반적이므로 이들 모두를 이해함으로써 점포의 매출활성화 전략을 검토해야 한다는 관점으로 이와 같은 방법은 '혼합 활용법'이라고 한다.

2.2 매출액 결정요인 활용법

매출액 결정요인 활용법은 제 1장에서 살펴본 확장된 매출 결정구조의 제반 요인들을 자극하는 영업활동을 통해 매출을 활성화시키는 방법이다. 즉, 상권점유율, 구매빈도, 평균상품단가, 평균구매수량 등을 높일 수 있는 방법론을 선택하여 시행하는 활용법이다.

본서에서는 점포진단 및 점포조사를 통한 매출활성화 전략에 대하여 논의하므로 매출액 결정요인을 활용한 매출활성화 전략은 그 활용사례와 장단점 등을 간략하게 살펴보도록 하겠다. 매출액 결정요인을 활용한 매출활성화 전략의 세부적인 내용은 별도로 정리하여 출간할 예정이다.

1) 활용법 예시

(1) 상권점유율 증대방법

점포의 상권점유율은 상권 내 총매출액 또는 총고객수 중에서 점유한 매출 또는 고객수 비율로 표현할 수 있다. 그러므로 상권점유율을 상권 내 고객점유율로 볼 수 있다.

점포의 상권 내 고객점유율은 차별화 또는 경쟁점포 대비 다양한 상품구색, 편리한 교통 및 주차 환경, 점포 이미지, 판매촉진 행사 등 많은 요인들에 의해 결정된다. 이들 요인 중에서 판매촉진 행사를 통해 상권점유율 증대방법을 살펴볼 수 있다.

소매점포는 일정기간 영업을 소구할 수 있는 주제를 선정하여 영업활동을 전개한다. 영업활동의 주제는 일반적인 형태와 가격소구형태, 경품증정형태, 그리고 기념일과 명절 소구형태로 구분된다. 봄맞이 청소용품전 등이 일반적인 영업행사 주제라면 바겐세일, 가격인하 등이 대표적인 가격소구형태에 해당하며 경품과 사은품 등이 경품증정형태에 해당한다. 또한 창립 00주년, 개점 0주년, 구매고객 백만명 돌파, 발렌타인데이 등이 기념일 소구형태에 해당하며 추석과 설날 등이 명절소구형태에 해당된다.

소매점포가 특정시점에서 매출증대 목적으로 가격 또는 경품부 영업행사를 전개하는 것을 주변에서 종종 볼 수 있다. 가격 또는 경품부 영업행사는 판매촉진에 반응하는 고객의 유형 중에서 가격에 민감한 고객을 유인함으로써 매출활성화 목적으로 시행된다. 즉, 상권 내 가격 민감고객을 유인함으로써 일시적인 고객점유율 증대로 점포 매출액을 증대시키는 것이다.

(2) 구매빈도 증대방법

고객의 구매빈도를 증대시키기 위하여 많은 점포들이 시행하고 있는 대표적인 방법론으로는 '마일리지 서비스(mileage service)' 제공이 있다. 마일리지 서비스는 고객이 특정 항공사의 비행기를 계속 이용하게 하기 위한 목적으로 일정 거리마다 무료 항공권을 이용할 수 있는 보너스를 적립하는 항공사의 판매촉진 프로그램으로 시작하여 산업전반에서 다양한 방법으로 활용되고 있다.

점포에서는 구매금액에 따라 일정 포인트를 적립해주는 '포인트 서비스(point service)'로 운영되고 있다. 고객은 적립된 포인트를 통해 미래의 경제적 혜택을 기대하게 되므로 다른 점포로 이탈되지 않고 지속적으로 해당 점포를 이용하게 되어 궁극적으로 구매빈도가 증가하게 된다.

(3) 상품평균단가 증대방법

객단가 증대를 활용한 매출활성화 방법으로 상품평균단가를 증대시키는 방법 중에서 '판매구조의 개선' 방법이 있다.

판매구조 개선은 점포에서 상품을 판매하는 가격구조를 의미하며 백화점의 경우에는 정상가격, 세일가격[4], 행사가격 등으로 판매한다. 백화점에서 특정 상품을 판매함에 있어서 정상가격, 세일가격, 행사가격 등의 구성비를 판매구조라고 한다. 대형마트의 판매구조는 정상가격과 행사가격이 일반적

---

4) 가격인하를 포함함.

이었으나 최근 대형마트에 패션상품이 증가함에 따라 세일가격이 추가되는 사례가 증가하고 있다.

판매구조 개선방법은 사례를 통해 살펴볼 수 있다. 예를 들어 점포에서 상품 A를 판매함에 있어서 정상가격 100원, 세일가격 70원, 행사가격 50원 등으로 판매한다고 가정하겠다. 이때 상품 A의 현재 판매구조가 정상가격 30%, 세일가격 40%, 행사가격 30%일 경우 평균판매가격은 73원이 된다.

이와 같은 상황에서 점포 영업담당자들의 노력으로 정상가격 45%, 세일가격 40%, 행사가격 15%로 A상품의 판매구조가 개선될 경우 평균 판매가격은 80.5원이 되어 종전보다 7.5원 증가하게 된다.

☑ 판매구조 개선사례

구 분		정상가격 (100원)	세일가격 (70원)	행사가격 (50원)	합계	평균
현재	판매수량	30	40	30	100	
	판매금액	3,000	2,800	1,500	7,300	73.0
개선	판매수량	45	40	15	100	
	판매금액	4,500	2,800	750	8,050	80.5

(4) 평균구매수량 증대방법

객단가를 증대시키는 상품 평균구매수량 증대방법은 계획구매와 충동구매를 유발하는 방법론으로 구분된다. 이 중에서 충동구매를 유발하기 위하여 점포에서 많이 활용하는 방법으로는 시음·시식이 있다.

과거에는 밥상이 아닌 곳에서 먹거나 돌아다니며 무엇인가를 먹는 행동을 매우 엄격하게 금기시 하던 시기가 있었다. 하지만 최근에는 대형마트 식품매장의 시식코너는 고객들로 붐비는 장소가 되었다. 시식코너가 이렇게 인기 있는 장소로 탈바꿈한 것은 대형마트에서 무엇인가 먹는 것이 구매할 상품의 사전 체험이라는 측면과 고객들이 무엇인가 먹는 즐거움, 즉 식도락을 즐길 수 있다는 측면이 강하게 작용한 결과이다.

이와 같은 시식의 장점을 활용하여 점내에서 고객에게 제안판매로 충동구매를 유발시키는 방법이 평균구매수량 증대방법에 해당된다.

2) 장 · 단점

매출액 결정요인을 활용하여 점포매출 활성화를 시행하는 방법은 사전에 점포진단이나 점포조사 등의 복잡한 과정을 거지치지 않고 즉시 시행할 수 있다는 점에서 매우 유용하다.

하지만 점포의 매출부진이 목표고객의 욕구와 불일치하는 상품구성, 가격대 등의 요인에 있는 경우 매출액 결정요인을 통한 매출활성화 전략의 수립과 시행은 자칫 무용지물이 될 수 있거나 그 성과가 미미한 수준에 그칠 수 있다는 단점도 있다.

2.3 점포진단 활용법

1) 점포진단 개요

점포매출을 활성화시키기 위한 전략적 접근체계로 점포진단을 활용하는 방법은 점포매출의 부진원인을 다양한 관점에서 분석하여 그 원인을 제거할 수 있는 대안을 수립하여 실행하는 방법이다.

본래 진단(diagnosis)은 '의사가 환자를 진찰하여 병상을 판단'한다는 의학적 용어이다. 의사가 인체의 건강상태를 진단하듯이 자점의 영업성과와 영업활동, 영업조직 등을 포함한 경영활동 전반에 대한 진단과 상권, 고객, 경쟁점포 등의 점포조사를 통하여 점포의 당면문제점을 해결하는 기법을 점포진단이라고 한다.

이와 같은 점포진단의 개념은 광의의 개념과 협의의 개념으로 구분된다. 협의의 점포진단 개념은 상권, 고객, 경쟁점포 등의 점포마케팅조사를 제외하고 자점에 국한하여 당면 문제점을 해결하기 위하여 조사 · 분석 및 대안을 제시하는 활동을 의미한다. 즉, 점포 영업성과와 영업활동, 그리고 점포 조직 등에 대한 진단만으로 자점의 당면 문제점에 대하여 조사·분석 및 대안을 제시하는 것으로 '자점진단'이라고 한다.

반면에 광의의 개념은 협의의 개념에 해당하는 자점진단에 점포마케팅조사의 영역에 해당하는 상권조사, 고객조사, 경쟁점포조사를 포함하는 개념이다. 자점진단에 마케팅환경에 대한 조사가 포함된다. 본서에서는 자점진단을 협의의 개념으로 사용하고 점포마케팅조사를 별도의 개념으로 구분하여 살펴본다.

☑ 점포진단 개념의 구성

구 분	자점진단	점포마케팅조사	비 고
대상영역	영업성과 진단 영업활동 진단 점포조직 진단	상권조사 고객조사 경쟁점포조사	

2) 자점진단

(1) 영업성과 진단

영업성과 진단은 점포의 영업결과로 나타나는 각종 영업정보를 활용하여 점포의 문제점을 진단하고 개선방향을 도출하는 것을 의미한다. 영업성과 진단은 점포의 각종 정보시스템(information system)을 통해 수집된 구체적인 계량정보를 활용한다. 그러므로 점포에서는 POS시스템으로 불리는 판매시스템 이외에 발주시스템, 매입시스템, 재고시스템 및 회계시스템 등이 구축되어 있어야 하며 적정하게 운영되어야 한다.

특히 매출부진과 관련된 영업성과 진단을 위해서는 점포의 단품관리시스템 운영이 전제된다. 단품관리시스템(unit control system)은 고객의 욕구에 대응하는 상품구성을 통해 상품회전율을 높여 효율적인 매장운영으로 매출증가와 이익증대를 도모하기 위한 목적으로 단품(stock keeping unit, SKU)별 발주, 매입, 매출, 재고를 관리하는 시스템이다.

단품관리시스템을 도입, 운영하지 않는 점포는 당면 문제점을 진단하는데 한계가 있다. 예를 들면 식품부문의 매출이 부진한 경우 구체적으로 어떤 상품의 매출이 부진한지, 그 원인은 무엇인지, 그렇다면 대안은 무엇인지 검토해야만 근본적인 문제점을 해결할 수 있다. 하지만 단품관리시스템이 운영되지 않을 경우 식품부문의 매출이 부진하다는 사실만 알게 될 뿐이지 구체적으로 무엇 때문에 부진한지 알 수 없게 된다.

영업성과 진단과 관련된 세부사항은 본서 7장에서 구체적으로 살펴본다.

(2) 영업활동 진단

점포진단을 실시할 경우 점포영업 전반에 대하여 분석한다. 이때 분석방법은 점포진단 대상 업무의 계량적 분석 가능 여부에 따라서 정량분석과 정성분석으로 구분한다.

정량분석(quantitative analysis)은 분석대상을 양(quantity)적 기준으로 분석하는 것으로 영업성과 진단에서 활용되는 각종 계수분석이 해당된다. 이와 반대로 정성분석(qualitative analysis)은 계량화가 어려운 성질(quality)의 점포업무를 분석하는데 사용되는 기법이다.

예를 들면 '점포 계산원의 친절도'를 분석하면서 단순히 '친절하다.'라고 한다면 어느 정도 친절한 것인지, 경쟁점포 또는 업계 평균대비 어느 수준인지 등이 불분명하게 된다. 따라서 점포 계산원의 언어, 행동, 몸짓, 표정 등을 구체적인 평가기준을 통해 매우 친절, 친절, 보통, 불친절, 매우 불친절 등으로 5~1점 까지 배점하여 평가한다면 계량적으로 평가하여 분석할 수 있다.

이와 같이 영업활동 진단은 정량분석으로 하는 영업성과 진단과 달리 정성분석으로 진단이 필요한 점포 업무영역에 대한 진단기법으로 세부사항은 본서 8장에서 구체적으로 살펴보도록 하겠다.

(3) 점포조직 진단

최근 마케팅 믹스전략은 기존의 4P전략, 즉 상품(product), 가격(price), 경로(place), 프로모션(promotion) 이외에 인적자원(people)을 포함하는 5P

전략이 확산되고 있다. 고객과 직접 대면하는 점포관점에서 인적자원은 점포영업에 있어서 매우 중요한 요소라고 할 수 있다. 실제로 실무현장에서 인적자원의 역량에 따라서 매출이 감소하거나 증가하는 등의 변화가 발생하는 사례가 종종 나타난다.

따라서 점포에서는 인적자원의 효과성과 효율성을 극대화하기 위하여 인적자원관리를 실시하고 있다. 인적자원관리는 점포의 목적을 달성하기 위하여 인적자원의 획득·개발에 관한 전반적인 활동으로 인적자원 계획(Human Resource Planning, HRP), 인적자원 개발(Human Resource Development, HRD), 인적자원 활용(Human Resource Utilization, HRU)으로 구성되며 기존의 인사관리보다 포괄적인 개념이다.

인적자원관리와 함께 점포에서는 인적자원의 결합에 따른 상승효과(synergy effect)를 창출하기 위하여 부문화(departmentation), 공식화(formalization), 집권화(centralization) 관점에서 조직을 구성·운영하게 된다. 즉, 점포는 목표를 달성할 수 있도록 인적자원들이 서로 협동하면서 유기적인 상호작용이 가능한 규칙과 절차, 의사결정권한 등을 지닌 여러 집합으로 조직화하게 되는 것이다.

조직화된 점포조직은 영업활동을 수행하는 과정에서 점포의 목표와 가치(goal & value), 기술(technology), 구조(structure), 관리자(manager), 사회심리(social psychology), 환경(environment) 등에 영향을 받아 변화하게 된다. 하지만 점포조직의 특성에 따라 규칙과 절차, 경직된 조직문화, 변화에 대한 개인적 또는 시스템적 요인 등에 의해 변화에 저항하는 현상이 나타나게 된다. 점포조직의 변화요인에 따라 긍정적으로 변화되어야 함에도 변화에 저항하게 되면 조직과 인적자원의 역량이 제대로 발휘되지 못하는 현상이 나타난다.

그러므로 점포의 매출액 활성화를 위해서는 점포조직에 대한 진단이 반드시 필요하다. 점포진단은 점포의 매출침체 원인을 규명하기 위한 관점보다는 규명된 문제점을 해결하고 매출을 활성화시키기 위한 조직의 개선방향 관점에서 진단이 이루어져야 한다. 따라서 본서에서는 점포진단과 점포조사에 따른 매출활성화의 전략적 대안관점으로 제 21장에서 구체적으로 살펴보도록 한다.

3) 점포마케팅조사

(1) 상권조사

실물기반의 점포는 목표 상권의 목표고객 욕구에 부합하는 영업전략으로 최고의 매출액과 이익액을 실현하기 위하여 점포 출점단계부터 상권조사를 실시한다. 점포의 목표 상권은 개점이후 영업활동을 전개하면서 고객의 욕구, 경쟁상황 등 다양한 변수에 의해 영업 상권으로 수정된다. 목표 상권이 계획 상권이라면 영업 상권은 실현된 실제 상권이라고 할 수 있다.

또한 상권은 가변성(variableness)을 지니고 있다. 상권 내 아파트 단지 등 집단주거지가 형성되거나 경쟁점포의 추가 출점, 교통노선의 변경 등 다양한 변수에 의해 시속적으로 변하게 된다. 하지만 실무현장의 많은 관리자들은 상권이 지속적으로 변화한다는 점을 잘 알고 있음에도 불구하고 상권조사를 주기적으로 실시하지 않는 경우가 종종 있다. 상권조사를 정기적으로 실시하는 경우 상권이 변화되는 형태에 대하여 관찰하여 대응전략을 수립할 수 있지만 그렇지 않은 경우에는 상권변화에 맞도록 영업전략을 수정하지 못하고 영업을 수행하는 문제점이 나타나게 된다.

따라서 점포진단 이후 점포의 매출액 침체 원인과 활성화 방안을 상권의 구조적 요인에서 조사하여 분석하는 방법이 바로 상권조사에 해당한다. 상권조사는 본서 제 9장, 10장, 11장에서 구체적으로 살펴보도록 하겠다.

(2) 고객조사

고객은 '점포 또는 기업에서 상품을 구입한 개인 또는 집단'으로 정의된다. 생산자에 대비되는 추상적인 개념의 소비자와 달리 구체적으로 정의된다. 즉, 구체적으로 정의된 점포 고객들의 공통된 특성을 조사·분석한다면 자점을 이용하고 있는 고객의 욕구를 명확하게 이해할 수 있다. 도한 상권 내 목표고객 중에서 자점을 이용하지 않는 고객에 대하여 조사할 경우 자점이 개선해야 할 사항을 도출할 수도 있다.

따라서 자점 고객을 포함하는 상권 내 목표고객에 대한 조사를 통해 매출과 이익액을 극대화할 수 있는 전략적 방안을 검토할 수 있다. 고객조사는 본서 제 12장,13장, 14장에서 구체적으로 살펴보도록 하겠다.

(3) 경쟁점포조사

상권 내 목표고객의 욕구를 만족시킨다는 것은 매출액과 이익액의 향상을 의미한다. 그러므로 자점은 목표고객의 욕구를 만족시키기 위하여 경쟁점포는 치열하게 경쟁을 하게 된다. 만일 자점보다 경영성과가 높은 경쟁점포가 있다면 관리자는 어떤 생각을 하게 될까? 아마도 경쟁점포의 경쟁우위 원천이 무엇인지 조사하여 분석하고자 노력하게 될 것이다.

따라서 경쟁점포조사는 자점보다 경영성과가 높은 점포를 대상으로 그 경쟁우위 원천이 무엇인지 규명하여 벤치마킹(benchmarking)을 하기 위한 목적으로 활용하는 기법이다. 상권 내 신규점포를 출점하고자 하는 점포도 경쟁점포조사를 통해 점포의 영업전략에 반영하기도 한다.

이와 같은 경쟁점포조사는 점포의 경영전략에 의해 영향을 받는다. 경쟁점포조사는 궁극적으로 상권 내 경쟁우위 점포의 제반요인에 대한 분석으로 해당지역에 맞는 영업전략, 즉 지역밀착형 영업 전략을 전제한다. 하지만 다점포를 전개하는 체인스토어(chainstore)의 경우 표준화된 영업전략을 표방하므로 경쟁점포조사 결과의 활용이 제한적일 수 있다. 경쟁점포조사는 본서 제 15장, 16장, 17장, 18장, 19장에서 구체적으로 살펴보도록 하겠다.

제 2 부 점포마케팅전략

Chapter 03 점포마케팅 체계

3.1 점포마케팅의 이론적 체계

1) 기존 연구

점포마케팅전략과 관련된 기존 연구에서 소매믹스(retail mix)라는 개념이 있다. 소매믹스는 '시장에서 소매기관의 실체, 즉 업태를 구성하는 모든 변수들의 조합으로서 개별 소매기관의 전략적 의사결정과정에 유용한 개념'으로 정의하고 있다.

반면에 소매마케팅 믹스는 전체 고객 가운데 표적고객 그룹을 확인하는 작업부터 시작하여 표적그룹과 관계 확립과 시장에서의 지위와 평가를 획득하기 위한 점포개발, 그리고 마케팅 믹스전략까지로 보고 있다. 즉, 소매마케팅 믹스는 STP전략과 점포개발, 소매믹스를 포함하는 개념이다.

소매믹스의 구성요소에 관련된 기존연구는 연구자 특성에 따라서 매우 다양한 형태를 나타내고 있다. 유통산업이 제조관점의 마케팅과 달리 그 체계가 정립되어 있지 않아 연구자 관점에 따라 다양한 방법으로 마케팅 요소체계를 분류하여 연구하고 있기 때문이다. 교과서급 및 논문에서 나타난 연구자들의 소매마케팅믹스의 요소들을 종합하여 살펴볼 경우 다음과 같다.

☑ 기존 연구에서 나타난 소매마케팅믹스전략 구성

구 분		소매마케팅믹스 구성요소
세분화	고객	소비자유형화
	영업전제	유점포, 무점포, 혼합형
	입지	상권별, 집적도, 입지전략
점포	점포규모	점포규모, 통합방향
	점포시설	점포디자인, 레이아웃, 점내시설, 점외시설, 편의성, 분위기
	상품	고객욕구, 상품계획(다양성・구색・품질・특성), 상품개발, 브랜드관리
4P믹스	머천다이징	상품관리, 가격, 비주얼머천다이징, 진열
	가격	가격결정 고려사항, 긍지가격, 경쟁가격, 침투가격, 가격할인
	매입	매입관리, 재고관리, 물류관리
지원	촉진	광고, 판매원관리, 점내촉진, 홍보, 고객서비스(인적・물적)
	조직	조직구성, 인적관리, 조직문화
	정보시스템	소매정보, CRM, 물류정보

기존연구에서 나타난 특성은 다음과 같이 몇 가지 패턴이 나타나고 있다

첫째, 머천다이징관점 소매믹스와 마케팅 커뮤니케이션이 결합되어 있는 형태이다. 머천다이징의 상품과 장소, 가격, 시기, 수량 중 상품과 장소에 해당하는 점포입지, 그리고 가격 중심의 소매마케팅전략믹스와, 마케팅 관점의 고객 커뮤니케이션을 제시하는 방법이다.

둘째, 소매경영관점에서 판매관리와 점포관리로 구분하여 소매마케팅전략믹스를 접근한 형태이다.

셋째, 소매업 관점에서 소매믹스를 제시한 형태로 점포창업과 성장과정을 중심으로 소매마케팅전략믹스를 설명하거나 제조업관점의 마케팅 4P 관점에서 소매마케팅전략을 분류하여 설명하고 있다.

하지만 이들 연구의 공통적인 특성은 최근 점포마케팅에서 전략적 요소로

부각되고 있는 가격과 구매에 대한 기존연구가 미흡하다는 점이다. 가격전략은 몇몇 연구자들이 다루고 있지만 가격설정방법론에 국한되어 있다. 그리고 매입전략의 경우는 매입수량 및 예산 등 매입계획 중심으로 제시되고 있으며, 일부는 상품전략과 개념이 명확하게 구분되지 않는 사례도 나타나고 있다.

또한 소매마케팅 믹스전략과 마케팅 지원시스템이 혼용되어 있는 사례도 나타났다. 소매마케팅 지원시스템은 마케팅목적을 달성할 수 있도록 마케팅 믹스전략이 적정하게 실행되도록 지원하는 요소들로 인사/조직, 재무, 물류, 정보기술, 고객관계관리 및 시설, 보안, 미화 등 점포 유지관리부문이 해당된다.

1) 소매마케팅전략의 체계 제시

일반적으로 소매마케팅은 제조업체의 마케팅시스템과는 큰 차이점이 있다. 제조업체의 유통전략이 주로 유통경로 설계, 유통경로의 계열화, 경로파워와 갈등 관리를 중심으로 구성되고 마케팅 믹스와 유통경로 관리가 제품, 판촉, 가격결정에 집중되고, 결과적으로 경로 성과를 재무적으로 평가하게 된다. 그러나 소매마케팅은 시장에서의 지위와 표적고객을 분석하여 상권분리와 점포구성 및 소매마케팅믹스를 통해 표적고객에 대한 판매서비스에 마케팅 초점이 맞추어진다는 점이다.

이러한 관점에서 볼 때 소매믹스가 아닌 소매마케팅믹스를 제조마케팅관점에서 다음과 같이 비교할 수 있다.

☑제조관점의 마케팅전략 탄생

- 마케팅믹스(marketing mix)라는 용어는 1950년대 닐 보든(Neil Borden)이 고안함
- 제품, 가격, 경로, 촉진 등의 4p 개념은 1960년대 제롬 맥카시(Jerome Mccarthy)'가 창안함
- 2차 세계대전 이후 1950~1960년대 미국 경제를 이끌어갔던 분야는 제조업이었던 환경에서 마케팅이 제조업의 제품관리 중심으로 이론적 체계화됨

☑ 제조마케팅과 소매마케팅의 비교

구 분		제조관점	소매관점
S.T.P전략		• 시장세분화(Segmentation) • 표적시장선정(Targeting) • 포지셔닝(Positioning)	• 시장세분화(Segmentation) • 표적시장선정(Targeting) • 포지셔닝(Positioning)
마케팅믹스	점포전략	-	• 출점정책 • 상권 및 입지선정 • 점포설계/건축 및 인테리어 • 레이아웃 • 영업시간 등
	제품	• 제품생산	• 상품(제품과 서비스)구성 • 상품의 다양성과 깊이)
	가격	• 유통경로별 출하가격	• 최종소비자 판매가격
	경로	• 생산된 제품을 최종소비자까지 전달하기 위한 유통경로	• 점포에서 판매할 상품을 구매하는 매입경로
	촉진	• 매스 커뮤니케이션(4대 매체) • 고객(유통기관)과 최종소비자 판촉 • 제품별/지역별 인적판매	• 지역 커뮤니케이션 (전단, DM) • 최종소비자 판촉 • 내점고객 판매원판매 및 셀프판매

제조관점에서 소매마케팅을 비교하기 위해 마케팅 믹스요소를 소매관점에서의 해석이 필요하며, 제조업체에 없지만 소매마케팅에서는 점포전략이 소매마케팅 믹스전략에 포함되어야 한다.

마케팅 믹스요소 중 제품은 생산이 아닌 상품구성 관점으로, 가격은 출하가격이 아닌 판매가격으로, 경로는 유통경로가 아닌 매입경로로, 그리고 촉진은 매스-프로모션이 아닌 상권기반 지역과 인스토어프로모션(In-Store Promotion)으로 재해석이 필요하다.

소매마케팅에 포함되는 점포전략은 유통업체의 마케팅목표에 부합하는 내용을 포함하여야 하므로 단순히 점포의 입지와 상권, 그리고 물리적인 점포환경에 국한하지 않고 출점정책 및 영업시간, 출점규모 등과 같은 중요한 영업전제까지 포함하였다. 결과 마케팅 믹스에 점포전략을 포함할 경우 소매마케팅전략의 기본적인 체계로 활용이 가능한 것으로 나타났다.

특히 점포전략은 소매마케팅의 다른 믹스요소에 해당하는 상품, 가격, 매입, 촉진요소에 전제되므로 이론적 체계에서 상위개념으로 본다.

3.2 점포영업환경

점포의 영업환경은 거시환경과 미시환경 그리고 내부환경으로 구분된다.

1) 거시환경

거시환경(macro environment)은 점포의 미시환경 내의 모든 행동주체에게 영향을 미치는 인구통계적요인, 경제적요인, 기술적요인, 문화·사회적요인, 그리고 정치·법률적요인 등을 포함한다. 이들 요인들이 서로 유기적으로 작용하여 거시환경의 변화를 가져오게 되어 점포 영업전략에 중요한 영향을 준다.

특히, 거시환경의 변화는 점포에서 판매하던 상품이 아닌 새로운 상품의 판매기회를 제공하거나 소비자들의 상품선호도에 영향을 준다. 예를 들면, 과학과 의료기술 등의 발달은 인간의 수명을 연장시켜 고령화속도가 빨라지게 된다. 그 결과 고령인구의 증가로 일본의 점포와 같이 실버용품을 취급하여 판매할 수 있는 기회가 제공될 수 있다. 또한 입지산업의 특성을 감안할 경우 목표고객의 연령구조가 변화됨에 따라 소비자들의 상품선호도가 변화되는 현상도 나타나게 된다.

그 결과 점포에서는 새로운 영업전략을 실험해 볼 수 있는 기회를 제공되므로 궁극적으로 점포전략에 영향을 주게 된다.

☑ 점포의 거시환경 구성요소

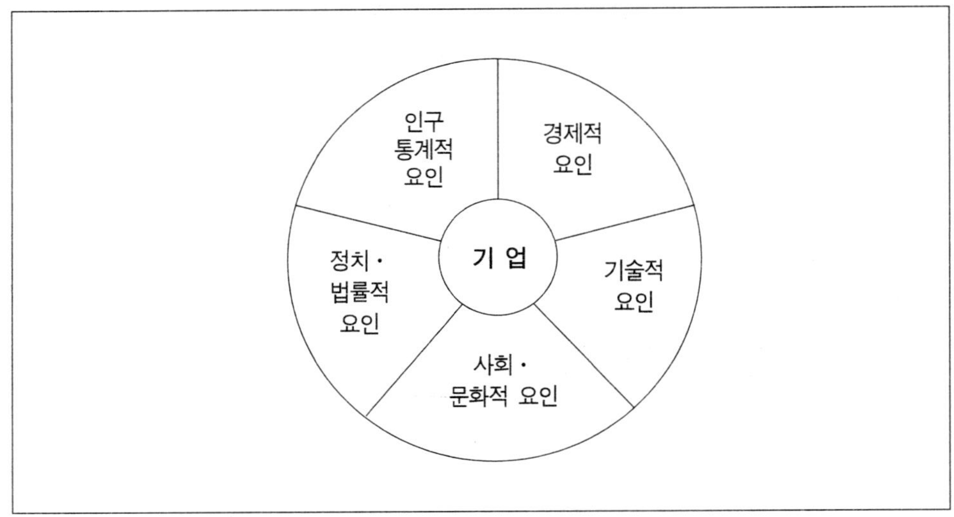

(1) 인구통계적요인

인구통계(demography)란 인구수, 출산율, 사망률, 인구밀도, 인구분포(연령별, 성별, 지역별, 교육수준별, 직업별), 인구의 증감, 이동, 결혼 및 이혼율, 가구수와 가족규모 등과 같은 요인의 통계이다. 인구통계적요인은 인구의 크기 및 특성상 주요한 추세와 동향이 모두 포함되며, 점포 마케팅전략에 주요한 영향을 준다.

인구통계적요인의 변화추이 사례를 고령화와 세대당 가족수, 즉 가족규모를 통해 이들 요소가 점포 마케팅전략에 어떻게 영향을 줄 수 있는지 알아볼 수 있다.

먼저 고령화와 관련된 통계청 자료에 의하면 우리나라는 지난 2000년 65세 인구가 전체의 7.2%로 벌써 고령화사회(aging society)에 진입한 것으로 조사되었다. 2019년이면 65세 인구가 14%가 넘는 고령사회(aged society)에 진입하고, 2026년에는 20%가 넘는 초고령사회(post-aged society)가 될 것으로 전망하고 있다.

또한 2005년 인구센서스 조사결과 전국의 234개 시・군중에서 27%에 해당하는 63개 시・군이 벌써 65세 이상 인구가 20%를 넘은 초고령사회에 진입한 것으로 나타났으며, 전남・경북・충남・전북 4개도는 노인인구 비중이 14%가 넘어 고령사회로 분류되었다.

이와 같이 고령인구가 증가함에 따라 점포 마케팅전략의 수정이 필요하다. 먼저 고령고객이 쇼핑할 수 있도록 주차장에서 점포로 접근하는 동선과 점내 동선체계, 점포규모, 진열 및 배치 등과 같은 점포전략에 대한 선행검토가 필요하며 점포의 판매상품구성에 대한 상품전략 등의 변화를 통해 변화되는 마케팅환경에 대응할 수 있다.

☑ 세대당 가족구성원 변화추이

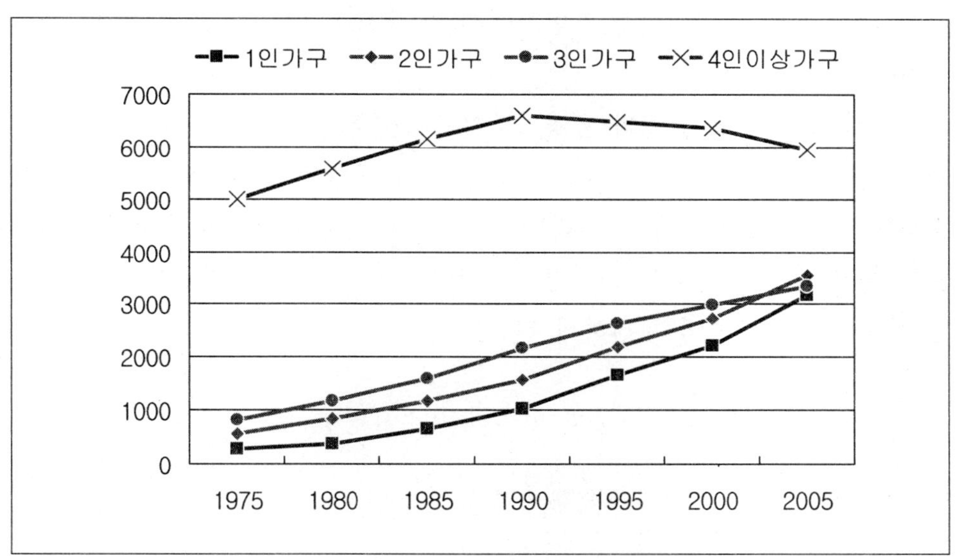

※ 자료 : 통계청

세대당 가족구성원 역시 1990년을 기점으로 크게 변화되고 있다. 전체 세대수가 1990년까지 증가하였으나, 1990년 이후 4인가구수가 감소하기 시작하였으며, 2005년에는 2인가구수가 3인가구수를 추월하였다. 또한 1인가구수도 급증하여 3인가구수 수준에 육박하는 것으로 조사되었다.

세대당 가족구성원의 변화는 점포 마케팅전략에 많은 영향을 주게 된다. 예를 들어 식료품과 생활필수품을 판매하는 슈퍼마켓의 경우 가족구성원의 변화로 식품류의 세대당 소비량이 감소가 예상될 경우 식품류의 판매단위를 소량중심으로 변경하여 새로운 머천다이징을 전개할 필요가 있다.

(2) 경제적요인

경제적요인(economic environment)은 경기순환과 소득, 물가, 고용, 무역조건 등의 일반적인 경제상황에 영향을 주는 요인들을 의미한다. 경제적요인은 전세계 또는 국가단위의 경제주체들의 활동결과로 나타나기 때문에 예측이 어려운 특징이 있어 마케팅통제가 어렵다.

일반적으로 경제적요인의 영향은 점포에서 취급하는 상품에 따라 그 크게 달라진다. 일반소비자가 구매하는 상품은 필수재와 사치재로 구분된다. 필수재의 경우 가격변화에 따라 수요의 변화가 크기 않는 가격 비탄력적인 성격을 갖는 반면 사치재는 가격변화에 따라 수요의 변화가 큰 가격탄력적인 성격을 지니고 있다.

가격에 대한 수요의 변화는 경기주기와 연관된다. 가격이 일정하다고 전제할 경우 가계의 소득이 상대적으로 감소하는 경우 실질적으로 가격이 상승하는 것과 동일한 영향이 나타난다. 따라서 가계의 소득이 감소하고 실업률이 증가하는 경기 쇠퇴기의 경우 일반적으로 사치재와 내구재 성격이 높은 상품일수록 매출이 부진하게 된다.

☑ 경기주기에 따른 상품별 일반적인 수요영향

구 분	일반적인 특성	수요영향	
		사치재	필수재
성 장 기	경제성장률이 증가하는 시기 가계의 소득증가와 기업의 생산시설에 대한 투자가 증가하는 시기	증가	고급제품 중심소비
쇠 퇴 기	경제성장률이 감소하는 시기 실업률 증가와 가계의 가처분소득이 감소하며, 기업의 생산활동 위축	점차감소	변동없음
불 황 기	경제성장률이 쇠퇴하여 침체되는 시기 실업률 급증 및 가계의 가처분소득 불안에 따라 지출부진이 발생하는 시기	감소	저가/행사 상품소비
회 복 기	경제성장률이 저점을 통과하여 성장기로 전환되는 시기 실업률이 점차 줄어들고, 가계의 가처분소득이 점차 증가	점차증가	변동없음

경기주기 이외에 자유무역협정(Free Trade Agreements, FTA)도 중요한

경제적 요인으로 대두되고 있다. 자유무역협정은 영문 머리글자를 따서 FTA라고 한다. FTA는 특정 국가 간의 상호 무역증진을 위해 물자나 서비스 이동을 자유화시키는 협정으로, 국가간 제반 무역장벽을 완화하거나 철폐하여 무역자유화를 실현하기 위한 양국 간 또는 지역 사이에 체결하는 특혜무역협정이다.

☑ FTA추진현황

구 분	주요 국가 및 추진 연도
발 효	• 칠레(2004), 싱가포르(2006), EFTA(2006), ASEAN(2007), 인도CEPA(2010) • ASEAN (인도네시아, 말레이시아, 베트남,미얀마, 필리핀, 라오스, 캄보디아, 브루나이, 태국, 싱가폴)
서명 및 협상타결	미국(2007.60.30), EU(2009.10.15.가서명)
추 진 중	캐나다, 멕시코, GCC, 호주, 뉴질랜드, 페루, 콜롬비아, 터키
공동연구 또는 여건조성중인 국가	일본, 중국, 한-중-일, MERCOSUR TA, 러시아, 이스라엘, SACU, 베트남

※ 자료 : 자유무역협정 국내대책위원회 홈페이지(http://fta.korea.kr) 요약재정리

자유무역협정이 체결되면 국내의 경쟁력 있는 우수상품들이 세계로 수출될 수 있는 판로가 확보되며, 외국의 경쟁력 있는 상품들도 국내시장에 쉽게 진입할 수 있다. 이와 같은 상황을 전제할 경우 고객욕구를 충족시킬 수 있는 양질의 외국상품에 대한 소매점포의 취급비중이 점차 증가하게 될 것이며, 점포 마케팅전략에 매우 중요한 영향을 주게 될 것이다.

(2) 기술적요인

20세기의 대표적인 경제학자 슘페터는 그의 저서 《경기순환론》을 통해 경제발전이론의 중요한 핵심은 '이윤 추구를 위하여 기업가가 행하는 새로운 생산방법과 새로운 상품개발 등의 기술혁신'이라고 설명하며, 기업가정신과 혁신의 중요성을 강조하였다.

현대사회는 기술혁신뿐만 아니라 다양한 혁신의 사고가 지배하고 있다.

경제주체별 기업의 경우 경제 및 경영활동에서의 비즈니스 프로세스혁신(Business Process Reengineering, BPR)에서 조직원의 의식혁신 등으로 그 대상 영역도 점차 확대되고 있으며, 정부와 개인 등 경제주체 범위도 확대되고 있다. 이와 같은 혁신활동의 이면에는 기술발전이라는 동인이 숨겨져 있는 경우가 많다.

기술의 변화는 점포마케팅환경에도 많은 변화를 가져오고 있다. 네트워크와 정보처리기술의 발달, 그리고 바코드의 보급 등과 같은 기술이 발달하면서 판매시점관리(Point Of Purchase, POS)를 통한 '팔리는 상품'중심의 점포운영 기반이 구축되었다. 또한 효율적인 고객대응(Efficiency Customer Response, ECR) 및 공급망관리(Supply Chain Management, SCM) 등의 도입으로 점포에서는 결품에 따른 판매기회손실을 최소화하고, 점포의 재고비용을 줄일 수 있게 되었으며, 고객관계관리(Customer Relationship Management, CRM)의 도입으로 고객 개인별 맞춤서비스를 제공함으로써 고객이 점포에서 구매하는 총액, 즉 생애가치(lifetime value)를 극대화하기 위해 노력하고 있다.

최근에 전 세계적으로 도입이 확산되고 있는 RFID(Radio Frequency Identification) 기술은 고객에게 상품정보 및 생산이력정보 제공, 점포 내 재고위치파악, 보충진열 자동지시, 간편한 계산 등 다양한 형태로 활용될 것으로 전망되고 있다. 이와 같이 기술의 발달은 점포 마케팅에 다양한 형태로 영향을 준다. 점포의 각종 판매 및 일반관리비용을 낮추고, 고객의 욕구에 대응할 수 있는 상품을 구비하여 점포 내에서 고객과의 커뮤니케이션을 촉진시킴으로써 판매증대를 도모할 수 있다. 따라서 발전하는 기술에 대하여 선별적인 도입과 활용으로 점포 마케팅목표와 마케팅전략을 더욱 효율적으로 이행할 수 있게 된다.

☑ RFID (Radio Frequency Identification)

- RFID는 IC칩과 무선네트워크를 이용하여 식품, 동물, 사물 등 다양한 개체의 생산 및 유통정보를 관리할 수 있는 기술로 '전자태그, 스마트 태그, 무선식별' 등으로 사용됨
- RFID는 향후 바코드를 대체할 것으로 예상하고 있으며, 현재 고가 양주의 진품여부 판단, 와인 등의 제품정보 제공, 물류 입·출고 등에서 다양하게 활용되고 있음.

☑ 독일 매트로그룹의 Future Store

※ 자료: 메트로 그룹 내부자료

(3) 사회 · 문화적요인

사회 · 문화적요인(social and cultural environment)은 사회의 기본적 가치, 지각, 선호, 행동 등에 영향을 미치는 기관이나 요인으로 구성된다. 소비자들은 기본적인 가치와 규범을 지니고 사회적 집단을 형성하여 상호작용 함으로써 사회 · 문화적 요인에 영향을 받는다. 이러한 상호작용으로 영향을 받은 소비자들은 자신의 욕구를 충족시키고자 하는 선호도와 구매활동의 변화로 연결된다.

비록 핵심적인 가치관은 상당히 지속적이지만 신념과 선호도, 가치, 행동 등 문화적인 변화는 계속 일어난다. 대중음악그룹, 영화배우 등을 닮은 젊은층의 머리모양, 의복에 미치는 영향을 생각해보면 쉽게 알 수 있다. 또한 교통 및 통신산업, 인터넷의 보급과 발달로 인하여 세계 각국의 전통문화는 점차 소멸되어가고 문화의 보편성이 증대되는 경향이 있다. 이러한 문화의 변화는 궁극적으로 소비자의 라이프스타일을 변화시킨다.

예를 들면 여성의 사회진출 확대에 따라 가정 밖에서 보다 많은 시간을 보내게 됨에 따라 구매하는 상품과 소비수준에 많은 영향을 준다. 먼저 빠르게 쇼핑하고 조리를 할 수 있는 시간절약형 상품으로 가정대용식(HMR, Home Meal Replacement) 또는 즉석식품(RTC, Ready To Cook)의 수요가 증가하며, 자기개발과 편안한 휴식을 위한 교육 및 여행관련 상품의 소비가 증가하게 될 것이다.

또한 황사, 아토피, 천식 등과 같은 환경질병의 확산으로 벗어나기 위해 참살이(wellbeing)를 선호하는 문화가 확산됨에 따라 위험으로부터 상대적으로 안전한 상품을 추구하는 문화도 확산되고 있다. 이와 같이 사회·문화적요인의 변화는 점포에게 다양한 상품의 판매기회와 새로운 점포마케팅 기회를 제공한다.

(4) 정치·법률적요인

정치와 법률은 점포의 신규점포 개설촉진 또는 진입장벽의 형성과 판촉활동 강화 등 다양한 형태로 점포마케팅전략에 영향을 준다.

UR협상 3차 협상으로 타결로 1996년 전면 개방된 유통시장의 경쟁력강화를 위해 정부는 각종 규제를 완화하였다. 대형점포가 출점할 수 있는 용지를 쉽게 확보하도록 녹지에 대한 출점규제를 완화하였으며, 대규모점포 개설 또한 허가제에서 단계적으로 등록제와 신고제로 완화하였다. 그 결과 국내 유통산업에서 대형마트를 중심으로 대형점포의 출점이 급격하게 증가하였으며 일부지역에서 점포의 공급과잉론이 대두되었다. 정부의 정책과 관련 법률의 개정이 신규 대형점포의 개설을 촉진하는 역할을 한 것이다.

하지만 참여정부이후 대기업과 중소기업, 대형마트와 중소상인 간의 양극화 현상을 해결하고, 상생관계를 구축하기 위한 수단으로서 대형마트의 출점을 제한하고, 영업활동을 규제하기 위하여 입법부와 지자체의 다양한 노력이 대두되었다. 입법부에서는 대규모 점포 출점을 제한하기 위하여 대규모점포 개설을 허가제로 전환하고, 영업시간 조정을 명령할 수 있는 형태로 관계법령의 개정을 추진하였으며, 지자체에서는 건축관련 법률의 조례를 개정함으로써 대형점포의 신규출점을 규제하고자 하고 있다. 결국 정치와 법률 환경의 변화는 점포마케팅전략에 있어서 출점점포의 면적과 영업시간 등 점포전략에 중요한 영향을 주게 된 것이다.

정치·법률적요인은 점포전략 이외에 촉진전략, 즉 커뮤니케이션전략에도 영향을 준다. 일반적으로 유통관련 법률은 점포개설과 운영에 관련된 법률과 공정경쟁에 관련된 법률, 그리고 소비자보호에 관한 법률로 구분이 된다.

☑ 대규모점포 규제입법 추진관련 신문기사

한국일보 2007년 4월 17일 화요일 41판

대형마트 규제 입법공방

허가제로 제한 법안제출… 정부는 부정적

중소상인 "슈퍼 슈퍼마켓 저지" 요구 거세

할인점 등 대형 유통 매장의 진출과 영업을 제한하는 법안들이 최근 국회에 잇달아 제출되면서 물밑으로 가라앉는 듯 했던 대형 마트 규제 공방이 더욱 거세질 전망이다.

16일 관련업계에 따르면 정형근(한나라당) 의원 등은 이달 초 대규모 유통점포의 개설요건을 한층 까다롭게 하는 것(등록제→허가제)을 골자로 하는 '유통산업발전법' 개정안을 발의했다. 앞서 지난달에는 재래시장으로부터 500m 거리 이내에는 원칙적으로 대규모 점포를 들어설 수 없도록 하는 '재래시장 및 상점가 육성을 위한 특별법' 개정안이 이원영(열린우리당) 의원 대표 발의로 제출된 바 있다.

현재 국회에는 비슷한 내용의 중소상인 보호법안들이 계류 중인 상태. 지난 2월 국회 산업자원위원회는 ▲대형 점포의 개설 요건을 허가제로 강화하고 ▲지방자치단체가 대형 매장에 대해 휴일 영업이나 야간 영업을 제한할 수 있도록 하는 대형 마트 규제 법안들을 다뤘지만, 정부가 인위적 영업규제에 부정적 의견을 냄에 따라 결론을 내지 못한 상태다.

하지만 신세계 롯데쇼핑 삼성테스코 등 유통 대기업들의 치열한 출점 경쟁 속에 중소 슈퍼마켓이나 재래시장 영세상인의 저항은 날로 거세지고 있다. 신세계 이마트는 슈퍼슈퍼마켓(SSM·할인점과 슈퍼마켓의 중간사이즈) 규모로는 처음 시도한 광명점(350평)을 지난 1월 열었지만, 인근 광명시장 상인들의 반발은 지금도 가시지 않고 있다. 대전, 전주, 광명 등 지자체 10여곳도 영세 자영상인 보호를 위해 주거지역, 준주거지역, 준공업지역 등에 대형 유통점의 입점을 제한하는 등 제동을 걸고 있다.

'대형유통점·SSM 확산 저지 비상대책위원회'를 출범시킨 슈퍼마켓협동조합연합회 등 소상공인 단체들은 대형 마트 규제 법제화를 촉구하고 있다. 이들은 "대기업들이 대형 할인점 출점 경쟁에 이어 최근에는 1,000평 미만 규모의 SSM에 진출하면서 동네상권까지 장악하고 있어 영세 중소상인들은 이제 길거리로 내몰릴 수밖에 없다"며 ▲대형 점포의 24시간영업 규제 ▲도심 진입 제한 ▲일정 인구 이상의 지역에만 출점 허용 등을 법제화해 줄 것을 요구하고 있다.

현행 '유통산업발전법'상 면적 3,000㎡ 이상 대형매장 개설요건을 등록제로 규정한 것 외에는 대형 유통 매장의 출점이나 영업을 규제할 법적 근거는 없다. 산업자원부는 대형 마트 규제 추진과 관련, "허가제 전환 등을 통한 유통업체의 출점 제한이나 영업품목 제한은 시장접근을 제한한다는 점에서 세계무역기구(WTO)에 제소될 우려가 있다"며 반대하고 있다.

미국의 경우 카운티 차원에서 대형유통점의 대명사인 월마트 입점을 규제하는 움직임은 있지만 연방정부나 주정부 차원의 제한은 없다. 반면 프랑스 독일 영국 이탈리아 등 유럽 일부 국가에서는 대형 점포의 일요일 및 공휴일 영업을 통제하고 있다. 프랑스의 경우 라파랑법에 의거, 면적 300㎡이상의 유통 매점은 지역상업시설위원회의 건축 및 토지사용 허가를 받고 6,000㎡이상의 경우 공청회 개최를 의무화하는 등 출점을 제한하고 있다.

대형 할인점 관계자는 "규제법안이 아니더라도 지역 상인들의 반대와 지자체 인허가 지연 등 이미 간접적 규제로도 출점에 제한을 받고 있다"며 "대형 유통매장의 입지 제한 등 규제는 소비자들이 값싼 제품을 구입할 기회를 앗아갈 수 있다"고 말했다. 문향란기자 iami@hk.co.kr

●외국의 대형유통 매장 규제 현황

국가	출점 제한	영업시간 제한
미국	연방 차원의 등록 규제 없음	없음
일본	1,000㎡ 이상 유통시설 신고제	없음
프랑스	300㎡ 이상은 지역상업시설 위원회 허가 (교통환경영향, 유통매장 밀도 등 평가)	일요일:오전10시~오후8시
독일	1,200㎡ 이상 유통시설 허가제	주중:오전 6시~오후8시 일요일:폐점
영국	2,500㎡ 이상 교통환경평가, 1만㎡ 이상 환경영향평가	일요일:오전 10시~오후 6시 (총 6시간 이내, 280㎡ 이상 점포)
이탈리아	인구 1만명 이하 시는 1,500㎡, 1만명 이상 시는 2,500㎡ 이상만 시정부 허가	주중:오전7시~오후10시 일요일:폐점 원칙

2) 미시환경

미시환경은 점포의 경영목표를 달성하는데 직접·간접으로 영향을 주는 이해관계자들로 구성된다. 이해관계자는 고객(customer)과 자점(company), 경쟁점포(competitor), 그리고 공급자(supplier)와 협력자(cooperator)로 구성되며, 점포관리의 성공여부는 이들 요소에 의해 결정되므로 과업환경이라고도 한다. 즉, 과업환경은 점포 영업관리의 성공여부를 결정하는 핵심 환경요인으로 매출활성화를 위해서는 이들 요소를 중심으로 세밀한 조사가 필요하다.

☑ 점포의 미시환경 구성요소

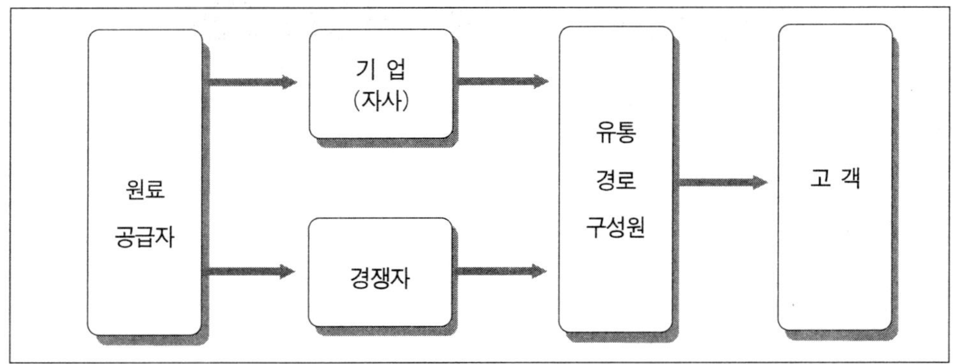

따라서 점포의 매출활성화를 위한 점포진단에 점포조사의 핵심 범위가 바로 과업환경에 해당하는 고객과 자점, 경쟁점포를 포함한다. 공급자는 점포 영업전략 믹스요소인 매입전략에서 공급자에 대한 조사와 평가 등을 다루게 되므로 본서에서는 공급자요인을 제외하였다. 반면에 고객과 자점 및 경쟁점포의 영업활동에 기초가 되는 물리적인 지역범위로서 상권 및 입지에 대한 요소를 포함하여 점포조사 대상으로 설정하였다. 미시환경에 관한 세부적인 사항은 본문을 통해 살펴보도록 한다.

3) 내부환경

내부환경(internal environment)은 점포 내의 매입, 회계, 재무, 마케팅,

전산, 영업, 물류, 인사 등 각 부문들로 구성된다. 내부환경은 거시환경 및 미시환경으로 시장에서의 새로운 마케팅 기회가 포착된 경우 이를 점포에서 수행할 것인지 여부를 결정짓는 매우 중요한 환경요인이다.

거시환경과 미시환경 분석을 통해 자점에서 실버(silver)족을 새로운 목표고객으로 선정하여 관련 상품을 도입, 판매할 계획을 수립하였다고 하더라도 관련 상품을 구매할 수 있는 역량이 부족하거나, 재무구조가 지원되지 않은 경우 점포에서 실버관련 상품을 판매할 수 없게 된다.

이와 같이 점포의 새로운 매출창출 기회를 포착하고 실행을 통한 매출증대가 단순히 마케팅과 판촉부서의 노력에 의한 것이 아니라 점포 전체의 노력을 반영하므로 내부환경 구성요소들의 유기적인 상호작용, 즉 내부환경믹스를 통해 플러스 시너지를 창출해야 한다.

☑ 점포의 내부환경 구성요소

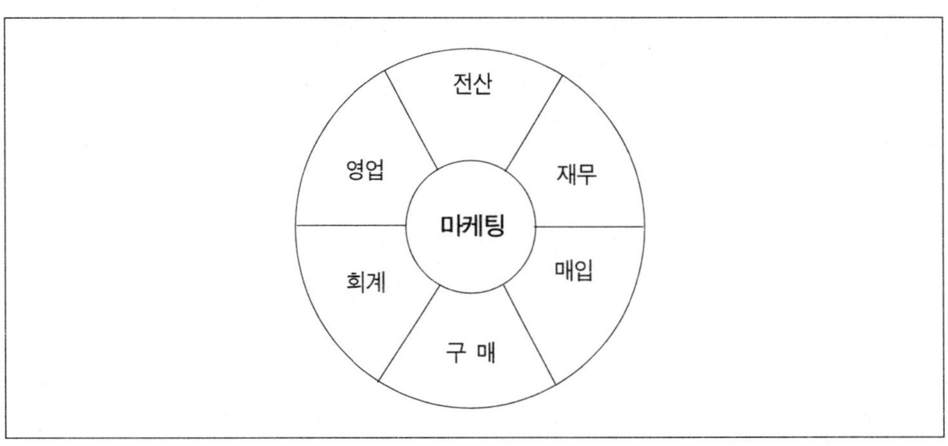

점포에서 외부환경, 즉 거시환경과 미시환경 분석을 통한 새로운 마케팅 기회와 시장에서의 위협요소를 도출하고 내부환경분석을 통해 자점의 강점과 약점을 도출함으로써 점포의 전략적 대안을 선택한다.

점포의 전략적 대안은 점포의 기존 마케팅믹스전략의 수정을 의미한다. 따라서 외부환경에 대한 조사만큼 내부환경에 대한 분석 또한 중요하다. 점포의 내부환경을 분석하는 방법론으로는 가치사슬분석과 핵심역량분석이 있다.

본서에서는 점포영업환경 분석으로 시장에서의 기회와 위협요인을 도출하고, 자점의 강점과 약점을 점포진단을 통해 분석함으로써 매출활성화를 위한 전략적 대안을 도출하는 전체적인 과정을 다루고 있다.

3.3 S.T.P전략

1) 시장세분화

시장세분화(segmentation)는 동일한 점포마케팅전략에 의해 욕구가 충족되어질 수 있는 고객집단을 의미한다. 사회가 발전함에 따라 다양한 라이프사이클과 소비욕구가 등장하면서 시장도 다양한 형태로 세분되고 있다.

일반적으로 시장을 세분하는 방법은 지리적 세분화, 인구통계적 세분화, 라이프스타일 세분화, 구매상황 세분화, 편익 세분화 등이 있으며, 최근에는 각각의 세분화 방법을 복합적으로 활용하는 복합적 세분화 방법을 많이 활용한다.

또한 세분된 시장은 실행가능성(actionability), 확인가능성(identifiability), 접근가능성(accessibility), 그리고 시장의 규모(size)로 평가된다.

2) 표적시장선정

표적시장선정(targeting)은 각 세분된 시장의 매력도를 평가함으로써 유통업체의 마케팅 목표를 달성하기 적합한 표적시장, 즉 표적고객을 선정하는 것이다.

점포는 표적시장 선정을 통해 특정 고객군에게 집중하여 그들의 욕구와 기대수준에 부합하도록 소매업태를 결정하여 점포의 마케팅전략 믹스의 체계를 구축하는 것이 매우 중요하다.

소매업태의 결정은 점포마케팅 믹스전략의 방향을 설정하는 핵심전략에 해당된다. 따라서 유통업체에서는 다양한 고객욕구로 시장세분화에 복합적 고객세분화 방법을 활용하는 것처럼 서로 다른 이업태간의 장점을 결합하여 업태 간 영역을 파괴하여 복합업태를 영위하는 사례가 증가하고 있다.

3) 포지셔닝

포지셔닝(positioning)이란 고객의 마인드에 경쟁점포와 다른 자점의 이미지를 창출하는 점포마케팅 믹스전략의 설계와 실행을 의미한다. 즉, 포지셔닝은 점포관리자의 마인드가 아닌 고객의 마인드에 있는 이미지가 중요함을 강조한다.

이것은 국내 백화점업태에서 G백화점이 명품백화점으로 차별된 포지셔닝을 구축하고 있는 사례와 같이 동일한 소매업태를 영위하더라도 점포이 운영하는 소매마케팅 믹스전략이 상이한 경우 고객들은 점포별로 서로 차별화된 이미지로 인지한다는 것이다.

따라서 점포에서는 자점의 이미지와 표적시장 고객이 원하는 이미지가 일치하도록 노력하는 것이 매우 중요하다.

3.4 점포 마케팅 믹스전략

1) 점포전략

유통업체는 마케팅목표를 달성하기 위하여 점포의 출점정책, 출점점포의 규모, 출점대상 입지선정과 상권설정, 점포규모결정, 점포시설디자인, 레이아웃 및 영업시간 등의 기본적인 영업전제를 수립하게 되는데 이를 점포전략이라고 한다.

점포전략은 마케팅목표를 달성하기 위해 소매마케팅믹스의 상품, 가격, 매입, 그리고 촉진요소와 일관성 및 상호보완성의 원칙하에 통합적으로 운영하기 위한 기본전략에 해당한다. 따라서 점포전략은 소매마케팅 믹스전략에 있어서 다른 믹스요소보다 상위 개념으로 본다.

점포마케팅 믹스전략에서 점포전략은 점포전략 구성요인과 같이 고객의 욕구와 기대수준을 파악함으로써 마케팅 목표를 달성하기 위한 출점정책, 입지선정과 상권설정, 점포규모결정, 점포시설건축 및 디자인, 레이아웃과 영업시간 결정 등의 결정으로 이루어진다.

이때 영향을 주는 요소로는 기업 내부환경과 경쟁환경, 그리고 법률과 제도 등의 거시환경에 영향을 받게 된다.

☑ 점포전략 구성요인

고객의 욕구/기대

점포전략

출점정책
입지선정과 상권설정
점포규모결정
점포시설건축
점포디자인
레이아웃

거시/미시환경

내부환경

경쟁환경

(1) 출점정책

유통산업에서 기업이 지속적인 성장을 위해서는 출점이 필수적이다. 출점은 유통기업의 생사를 좌우하는 중요한 요소이며, 잘못된 출점은 도산과 연결될 수 있는 위험요소이기도 하다.

출점정책은 출점목적, 출점형태, 그리고 출점전략 등으로 결정된다. 점포의 출점목적이 신규 사업의 창출을 위한 방안인지, 아니면 기존사업을 강화하기 목적인지 명확하여야 한다. 출점목표에 따라 점포전략의 다른 구성요인에게 영향을 주기 때문이다.

출점형태는 점포를 어떠한 기준에 의해 출점할 것인가를 결정하는 방법론을 의미한다. 유통업체 사업초기에는 마케팅목표에 부합하는 표준점포를 개발하는 '점포기준형'을 나타내며, 본격적인 성장기에는 점포 표준모델이 출점할 수 있는 입지를 물색하는 '입지기준형'의 출점이 나타난다. 또한 성숙기에는 시장상황에 따라서 점포규모와 입지기준이 변하게 되며, 이업태 복합화 등으로 출점하는 형태로 나타나며, 이를 '시장기준형'이라고 한다.

출점전략은 출점대상 상권에 경쟁점포보다 미리 출점하는 선점전략과 경쟁점포의 출점을 차단하기 위해 특정 상권에 연쇄적으로 출점하는 도미넌트(dominant)전략 등이 있다.

(2) 입지선정과 상권설정

입지란, 소매점포가 출점한 위치로 점포의 가시성, 점포주변의 유인시설, 도로와 교통체계 및 유동고객의 이동 동선 등에 의해 영향을 받게 되므로 이를 고려하여 입지를 선정하게 된다. 일반적으로 다른 조건이 동일하다(other thing's equal)는 전제하에서 점포규모와 입지영향력은 반비례하는 특성이 있다.

상권은 점포의 영업력이 미치는 공간적, 시간적 범위를 의미하며 상권의 규모, 상권의 질, 교통량, 통행량 등에 영향을 받는다. 점포출점 타당성 분석을 위한 상권 내 수요예측기법으로는 레일리(Reilly)의 법칙과 컨버스(Converse)공식, 허프 모델(Huff model), 케인의 흡인력 모델 등이 있다. 반면에 기존 점포의 마케팅목표와 전략 수정을 위한 상권분석기법은 고객의 수요에 기초하여 상권분석을 실시한다.

(3) 점포규모결정

일반적으로 점포의 적정규모란 '고객들에게 상품의 부문별 라인으로 봐서 풍부하다는 느낌을 주어야 하고, 또 경쟁업체와의 경쟁관계를 고려해서 부족함이 없는 상태의 면적'을 의미한다.

점포면적은 이해하는 관점에 따라 건축규모, 대지면적, 연면적, 영업면적 등 다양하게 해석될 수 있으며, 일반적으로 영업면적을 의미한다.

점포전략에 의해 출점대상 입지의 규모가 결정되었지만 상권 내 고객수요가 낮아 경제적 타당성에 문제가 발생되거나 또는 고객의 초과수요가 발생하는 문제점이 예상되는 경우 점포규모를 조정한다.

(4) 점포설계/건축

점포의 물리적인 환경을 구축하기 위해서는 점포의 설계와 건축과정이 필요하다. 점포의 설계와 건축과정에서 고객의 욕구와 기대에 부응하고, 편안하게 이용할 수 있도록 시설을 결정해야 한다. 시설은 층별 시설용도의 설정과 영업공간에 해당하는 매장의 배치형태와 면적, 에스컬레이터, 계단, 등과 같은 공유시설의 위치, 그리고 포지셔닝전략에 따른 효과적인 이미지전달을 위한 외장디자인(exterior)과 내장디자인(interior)을 고려하여야 한다.

(5) 점포디자인

점포의 디자인은 시각적 자극에 의해 고객에게 즉시 인지되므로 점포이미지에 영향을 주는 중요한 요소이다. 따라서 점포는 마케팅목표와 전달하고자 하는 이미지 컨셉(concept)에 부응하도록 점포의 외장과 내장을 디자인하여야 한다.

점포디자인은 궁극적으로 고객이 가고 싶은 곳, 사고 싶은 곳으로 연출되어야 하며, 점포의 외양과 느낌은 점포와 브랜드를 상징하고 강화시킬 수 있어야 한다. 또한 점포를 통해서 전략적으로 고객왕래를 유도할 수 있어야 하며, 고객이 가능한 많은 상품을 볼 수 있도록 만들어야 한다. 주의를 끌도록 디스플레이를 연출하고 최대한 효과를 가져 오도록 상품을 위치시키며, 가능한 유동적으로 소매공간을 만들 수 있는 설비를 선택해야 한다.[5)]

---

5) 김정희(2004), 소매마케팅, 도서출판 두남, pp281.

(6) 레이아웃

레이아웃(lay out)은 점포내의 각종 시설의 설계와 통로의 배치로 고객동선을 유효화 함으로써 매출증가를 도모하는 기술이다. 레이아웃 기법을 제조업에서 20세기 초반부터 가공과 보관의 차원에서 과학적으로 연구되어 공정관리, 재고관리 부문에서 심도 있게 관리되어져 왔다. 소매업에서는 경험축적에 의해 진행되어 왔으며, 최근 과학적 소매경영시스템이 도입되면서 점포 내에서 고객의 동선에 기초한 레이아웃 연구가 활발하게 이루어지고 있다.

레이아웃은 판매원 판매와 셀프판매, 그리고 판매하는 상품의 특성에 따라서 설계와 배치방법이 다르다. 판매원판매 형태의 백화점은 점포가 다층구조로 되어 있어 고객동선을 유효화하기 위해 '샤워효과(shower effect)'와 '분수효과(fountain effect)' 원칙을 활용한다.

반면에 셀프서비스판매 형태의 대형마트는 매장 내의 고객을 점포가 의도한 대로 한 방향으로 유도하는 '원-웨이 컨트롤(one-way control)'과 '일괄계산(one check out)'을 지원하는 입구와 출구의 동일선상 배치 원칙이 적용된다.

(7) 영업시간

영업시간은 고객에게 구매의 편의성을 제공하는 시간을 의미한다. 영업시간은 점포에서 판매하는 상품의 특성과 점포의 마케팅 전략에 의해 결정된다.

제품은 구매습관에 따라 편의품, 선매품, 전문품으로 구분된다. 일반적으로 편의품을 판매한 점포는 24시간 영업 또는 영업시간이 길고, 연중무휴 영업의 특징을 나타낸다. 반면에 전문품을 판매하는 점포는 영업시간이 짧으며, 휴일에도 특별한 사유가 없으면 영업을 하지 않는 특징이 있다.

2) 상품전략

소매업의 상품전략은 '고객에게 어떠한 상품을 판매할 것인가?'에 기초한다. 제조업의 상품전략이 특정상품의 제조관점이라면 소매업은 이미 제조된 다양한 상품과 점내 제조가공이 가능한 상품들의 조합관점이다. 따라서 점포의 상품전략은 고객의 욕구와 기대수준을 파악함으로써 어떠한 상품을 구성할 것인지에 대한 상품계획과 상품다양성, 상품구색의 갖춤 그리고 상품품질수준의 결정으로 이루어진다.

☑ 상품전략의 구성요소

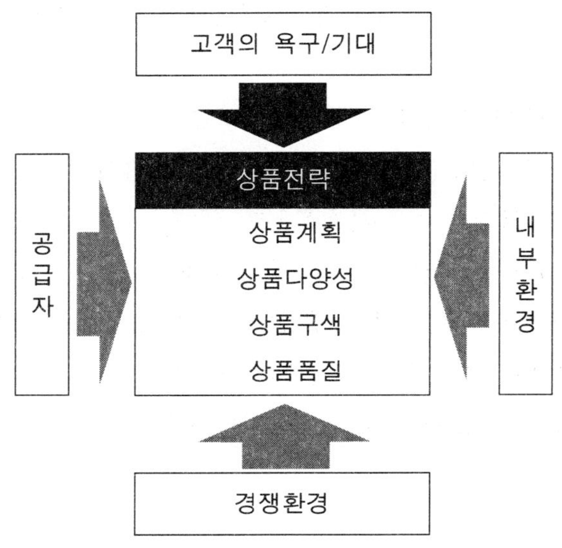

(1) 상품계획

상품계획은 '기업의 마케팅 목표를 실현하는데 가장 유익하도록, 특정의 상품 또는 서비스를 장소, 시기, 가격, 그리고 수량으로 시장에 내어놓는데 따르는 계획과 감독'이라는 미국마케팅협회의 머천다이징(merchandising) 정의와 밀접하게 관련되어 있다.

점포의 상품계획은 점포목표를 달성하기 위해 고객에게 제공하는 적절한 상품의 조합, 즉 상품믹스(product mix)를 개발하고 확보・관리하는 것으로 상품의 다양성과 상품의 구색 등을 결정하는 것을 말한다.

(2) 상품다양성

상품의 다양성(variety)은 점포가 제공하는 다양한 상품군을 의미하며, 유통기업에서 종종 상품의 폭(breadth of merchandising)이라고 불린다.

상품의 다양성은 고객의 다양한 구매 욕구에 대응하며, 점포 내점 및 구매빈도를 증대와 객단가를 구성하는 1회 평균 구매수량에 영향을 준다.

(3) 상품구색

상품의 구색(assortment)는 동일 상품군 내에서 서로 다른 품목들을 의미한다. 상품품목은 상품계열 내에서 크기나 가격, 형태 등에 따라 명확히 구분되는 상품으로 단품 또는 재고유지단위(stock keeping unit, SKU)라고도 한다.

경쟁점포보다 많은 상품의 구색은 상권 내 고객점유율 증대와 객단가 구성요소인 상품의 평균단가에 영향을 주게 된다.

(4) 상품품질

점포에서 판매하는 제품은 규격제품과 비규격 제품으로 구분된다. 또한 규격제품은 식품과 생활용품 같이 대량생산되는 대량생산품과 의류 같은 한정생산품으로 구분된다. 그러므로 백화점과 대형마트 등 대형점포의 경우 상품계획이 경쟁점포와 서로 다르므로 점포간 품질차이가 발생한다.

이와 같은 특성으로 고객들은 품질이 다른 상품을 가격대비 품질수준의 만족도로 평가하여 경쟁점포와 비교하게 된다. 따라서 점포에서는 고객의 욕구와 기대수준에 부합하도록 상품의 품질수준을 유지하는 것이 중요하다.

3) 가격전략

점포의 가격은 고객에게 판매를 전제한다. 점포의 고객관계관리 전략과 연계하여 고객별로 판매하는 가격이 다르게 제시되기도 하지만 기본적으로 단일판매가격을 지향하고 있다. 점포의 가격전략은 가격수준 및 설정·운영에 관한 기본적인 정책과 공급자로부터 공급받는 상품을 어떻게 가격을 결정할 것인지에 관한 가격설정, 그리고 가격운영으로 구성된다.

☑ 가격전략의 구성요소

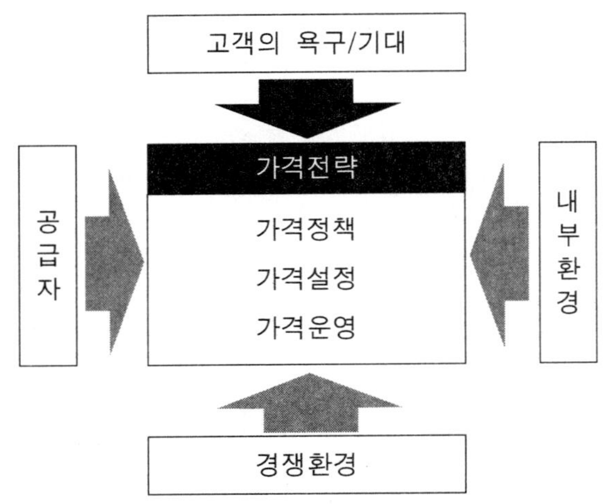

(1) 가격정책

가격정책은 점포의 일반적인 경영목표 또는 경쟁우위, 경쟁회피, 고객차별화 등 특정목적을 달성하기 위한 가격설정과 가격운영의 기본 방향을 의미한다. 소매점포의 가격정책은 '매일최저가격'과 '고-저가격', '대표가격' 그리고 '가격차별화'가 있다.

매일최저가격(everyday low price, EDLP)은 가격을 항상 저렴하게 유지하며, 지속적으로 가격을 파괴하는 전략이다, 고-저가격(hi-low price)은 촉진용 상품을 대량 구매하여 일부는 가격인하용으로 판매하여 저가격 이미지를 구축하고, 일부는 정상가격으로 판매하여 높은 이윤을 달성하고자 하는 가격정책이다.

대표가격(typical price)은 점포에서 판매하는 상품의 가격대(price zone) 중에서 특정가격대(price line)에 집중함으로써 고객이 그 가격대를 점포의 대표가격으로 인식시키는 것으로 다이소의 가격전략이 해당된다. 또한 가격차별화(price discrimination)는 고객관계관리 활동으로 고객유지, 충성도

강화, 동일상품의 규격을 변경으로 경쟁회피, 그리고 판매량, 판매시간, 묶음판매 등으로 매출과 이익을 증대시키기 위한 목적에 의해 결정된다.

(2) 가격설정

가격설정은 상품재고 평가에 의한 점포의 상품자산 측정과 점포이익 결정의 기준점이 된다. 상품자산의 측정은 기말 재고상품에 대해 매가에 의한 재고액에서 원가에 의한 재고액을 결정하는 매가환원법(retail inventory method)을 활용한다. 또한 점포의 이익기준을 설정하기 위해서는 원가에 일정한 비율의 마진을 붙여서 가격을 설정하는 원가가산법(mark-up pricing)을 활용한다.

가격설정은 유통시스템을 누가 통제하느냐와 어떠한 매입형태를 취하느냐에 따라서 그 권한이 제조업체 또는 소매업체로 귀속된다. 유통시스템을 제조업체에서 통제하거나, 특정매입을 운영하는 경우 제조업체에서 가격설정을 하게 된다. 반면에 유통시스템 통제력이 소매점포가 크거나, 직매입을 운영하는 경우 가격결정권한은 소매업체에 귀속된다.

(3) 가격운영

가격운영은 다양한 가격변동요인에 의해 상품별로 가격을 유지하거 인상 또는 인하, 할인 등과 같은 형태로 고객에게 판매가격을 제시하는 것을 의미한다.

점포 영업활동에 있어서 가격변동에 주요 원인은 상품공급관점에서 생산원료의 가격변동과 생산기술의 발전 등이 해당되며, 상품판매관점에서는 상품의 신선도 저하, 계절상품의 마감시즌 도래, 그리고 경쟁점포 출점 및 매출부진에 따른 적극적인 판촉활동 등에 의하여 변동된다.

4) 매입전략

점포마케팅믹스전략에서 매입전략은 매입시스템과 브랜드 결정, 공급자의 선정, 전략적 파트너십 등에 의해 결정된다.

☑ 매입전략의 구성요인

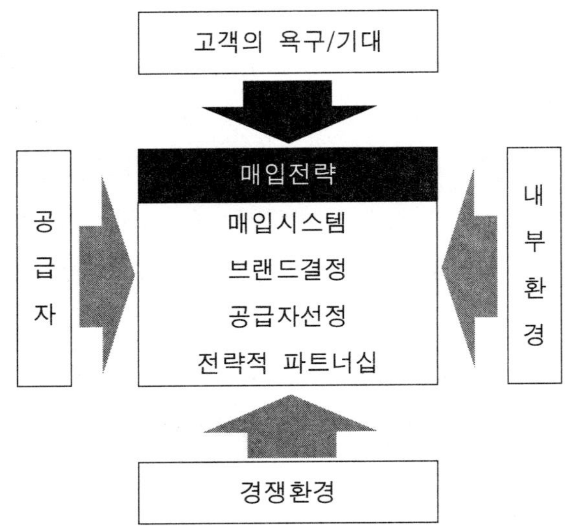

(1) 매입시스템

매입시스템은 점포의 매입대상 상품별의 선정과 매입수량 산출 등과 같은 매입계획과 매입방법, 대금결제방법, 전산시스템 및 업무처리 기준 등의 유기적인 결합을 의미하는 포괄적인 개념이다.

☑ 매입의 유형분류

분류기준	매 입 유 형
상품소유권 기준	직매입, 특정매입(Ⅰ,Ⅱ), 임대을, (임대갑)
매입권한 기준	본부매입, 점포매입, 병행매입
매입담당기구 기준	자사매입, 공동매입, 외부매입(제 3자 매입), 가맹본부매입
매입규모 기준	대량매입, 소량매입
매입계획 기준	즉시매입, 시차매입, 정기매입, (PB상품)사양서 발주매입

※ 출처 : 윤명길 · 고창룡(2003), 할인점경영과 실무

매입의 유형은 상품소유권과 매입권한, 매입담당기구, 매입규모, 매입계획 등에 의해 결정되며, 대금결제방법은 지불수단에 따라 어음과 현금으로 구분할 수 있으며, 지급기일에 따라 다양한 형태로 나타난다.

(2) 브랜드전략

특정점포에서 판매하는 브랜드는 고객이 그 점포를 평가하는 중요한 요소이므로 상품매입과 관련된 가장 중요한 의사결정이다. 점포에서 취급하는 브랜드는 고객의 점포 충성도와 점포 이미지에 영향을 미친다. 또한 점포의 이익과 소매업체와 공급업체간 관계의 유연성을 반영하는 특징이 있다.

☑ 브랜드의 유형분류

구 분	제조업체 브랜드	유통업체 브랜드
유형분류	• 내셔널브랜드와 로컬브랜드 • 소유브랜드와 라이센스브랜드 • 국내브랜드와 해외브랜드	• 저가브랜드 • 모방브랜드 • 고품격 프리미엄브랜드 • 유사브랜드

(3) 공급자 선정

상품 공급자는 유통채널 구조별로 다르다. 전통적인 유통채널 구조에서는 제조업체, 도매상 등이 있으며, 계약형 유통채널 구조에서는 프랜차이즈 본부가 있다. 또한 기업형 유통채널로서 제조업체에서 직접 점포를 운영하는 형태가 있다.

소매점포의 상품 공급자 선정은 안정적인 물량확보와 점포의 이익, 경쟁점포와 차별화 등에 있어서 매우 중요한 요소이다. 그러므로 소매점포에서는 제조업체 본사와의 거래를 희망하지만 유통경로상 유통업체와 제조업체의 리더십 영향력에 의해 결정된다.

한편, 가격파괴형 유통신업태의 등장으로 과거의 전통적인 유통경로가 축소되고 후방통합이 이루어지고 있다. 후방통합의 궁극은 유통업체에서 제조업체에 자본출자, 인수 등을 통해 수직적 계열화를 역으로 구축하는 것이며, 다양한 형태의 사례가 발생하고 있다.

(4) 전략적 파트너십

유통업체와 공급업체의 관계는 "이익이라는 파이를 나누는 것"에 기초를 두고 있다. 근본적으로 양자는 배타적으로 자신의 이익에 관심을 가지고 있기 때문에 한쪽이 많이 차지하면, 다른 한쪽은 손해를 보는 윈-로스(win-lose) 관계에 기초하고 있다.

하지만 정보기술의 발전으로 유통업체와 제조업체가 공동으로 ECR, SCM 등을 활용하여 공동의 마케팅목표를 달성하기 위한 전략적 파트너십을 구축함으로써 공동의 이익증대를 위해 노력하고 있다.

5) 촉진전략

점포마케팅믹스전략에서 촉진전략은 광고, 홍보, 인적판매, 판매촉진, 고객편의시설, 서비스정책 등에 의해 결정된다. 촉진전략은 점포의 정례적인 영업행사를 통해 역동적으로 운영되며, 영업행사는 계절과 시사, 축하 등의 특정주제(theme)를 부여하고 광고와 판매촉진요소를 적절하게 믹스함으로써 그 효과를 극대화하고자 노력한다.

☑ 주제별 영업행사 유형

구 분	영업행사 사례
가격소구형	바겐세일, 가격인하, 상반기 히트상품 초특가전 등
경품소구형	개점1주년 사은 대축제, 개점1주년 기념 경품 대축제 등
제안 및 한정소구형	봄맞이 미각 식품전, 보신상품전, 바이어 추천상품전
기념일 및 이벤트 소구형	설날선물 대축제, 어린이날 선물상품전, 개점 50주년 기념 등
사회이슈 소구형	북한 어린이돕기 대바자회, 올림픽 금메달 대축제 등
제휴프로모션 소구형	△△카드 구매고객 사은품 증정 등

☑ 촉진전략 결정요인

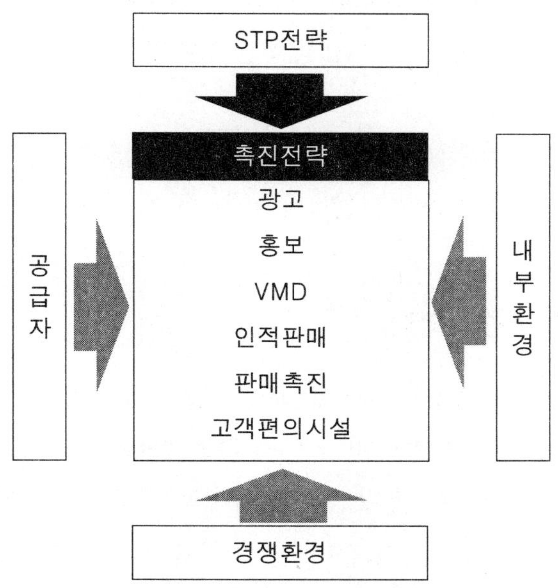

(1) 광고

광고는 매체분류에 의해 점포 외부광고와 내부광고로 구분된다. 점포 외부광고는 TV, 신문, 라디오, 잡지, 전단(leaflet) 등의 비인적 매체를 통해 점포의 제품과 서비스 등을 알리고 촉진하는 수단 일체를 의미한다.

반면에 점포 내부광고는 점포 내부에서 활용되는 일체의 표시(sign)를 의미하여 구매시점광고(Point Of Purchase, POP)와 비상품성 광고로 구분된다. 구매시점광고는 상품 및 각종 영업행사를 고지함으로써 고객의 구매를 유발하는 광고이며, 비상품성 광고는 계절연출과 정보제공을 위한 광고이다.

일반적으로 점포에서는 일정기간의 영업행사 판촉 테마와 행사상품을 점포의 상권범위에 집중함으로써 단기간 내 광고효과를 극대화하기 위해 노력한다. 따라서 고객의 집중구매가 예상되는 각종 기념일과 명절 등에 광고가 집중되는 경향을 보인다.

(2) 홍보

홍보는 점포의 이미지를 제고하거나 점포에서 판매하는 상품의 정보와 판매동향을 고객에게 알림으로써 긍정적인 이미지를 형성하거나 구매를 자극하는 것을 의미한다.

홍보는 매체를 이용한 방법과 점포 시설견학을 활용하는 방법, 그리고 각종 문화행사 지원 및 사회공헌활동에 대한 참여 등으로 운영된다.

(3) 비주얼 머천다이징

비주얼 머천다이징(Visual Merchandising, VMD)는 '상품계획을 어떻게 시각화 하는가'에 대한 방법이며 상품 연출을 통해 알기 쉽도록 표현하여 구매의욕을 높이는 것을 의미한다. 즉, 상품계획과 전개를 어떻게 보여줄 것인가에 대한 표현전략으로 디스플레이와 진열을 포함하는 활동이다.

☑ 비주얼 머천다이징 사례

미국 홀푸드마켓의 농산물 진열상태, 당근, 적상추 등의 적황색 채소류와 녹색 채소류를 적정한 간격으로 진열함으로써 시각적으로 구매의욕을 고취함.

(4) 인적판매

인적판매는 판매원판매 또는 종업원판매라고 하며, 내점고객을 접객하면서 판매를 실현시키는 방법을 말한다.

인적판매는 항상 고객과의 접점에서 대면하기 때문에 판매원의 접객자세와 화술, 상품정보 제공과 설명 등이 고객의 구매에 영향을 줄 수 있다. 반면에 일부 점포에서는 인적판매를 최소화하고 고객 스스로 상품을 선택하여 구매하도록 셀프판매형태를 운영하기도 한다.

따라서 인적판매는 점포의 마케팅목표에 부합하도록 고객에게 어떤 상품을, 어떠한 방법으로 인적판매 서비스를 제공할 것인지에 대한 전략적인 검토가 필요하다.

(5) 판매촉진

판매촉진은 점내에서 고객을 대상으로 제품 또는 서비스의 구매를 촉진시키기 위하여 실시하는 모든 단기적이고, 빠른 고객반응을 유발하는 촉진활동이다. 판매촉진은 일반적으로 고객의 충동구매를 유발하기 위한 목적으로 운영되며 가격행사, 경품행사, 실연행사 등으로 구분된다.

가격형사는 일시적으로 가격할인을 통해 정상상품, 행사상품 등의 판매증대와 재고상품, 계절상품 등의 소진 목적으로 운영된다. 경품행사는 특정 상품이나 점포 내에서 일정기준 이상의 상품을 구매하는 고객을 대상으로 거래에 부수하거나 추첨을 통해 경품을 증정함으로써 해당 상품의 판매증대 또는 객단가 증대의 목적으로 운영된다.

또한 실연행사는 제품 사용법을 고객에게 직접 보여주는 실연(demonstration) 판매와 식품류의 시음판매행사와 시식판매행사를 포함한다.

(6) 고객편의시설

편의시설은 점포 본연의 판매목적을 위한 시설이 아닌 판매보조시설을 의미한다. 판매보조시설은 창고, 직원휴게실, 직원식당 등과 같은 점포편의시설과 주차장, 식당가 및 푸드 코트(food court), 휴게시설, 은행, 스포츠클럽, 문화센터, 카센터 등의 고객편의시설로 구분된다.

고객편의시설은 상품구매 이외의 목적을 위해 고객을 점포로 유인하여 상품구매를 유발하는 역할을 담당한다. 따라서 구매고객이 감소하는 상황에서 점포 내점고객을 증대시키는 고객편의시설의 유효성은 점차 증대되고 있다.

(7) 서비스정책

서비스는 고객에게 차별된 쇼핑경험으로 제공하여 경쟁점포와 차별화할 수 있는 수단이다. 서비스에 만족한 고객은 그 점포고객으로 유지된다. 그러므로 서비스는 궁극적으로 고객의 재구매를 촉진시키는 것으로 역할을 하기 때문에 촉진활동의 일환에 해당한다고 볼 수 있다.

점포의 서비스는 상품과 더불어 고객에게 제공되는 것으로서 크게 필수서비스와 기대서비스, 선택서비스로 분류한다. 필수서비스는 점포 운영과 더불어 반드시 필요한 기본서비스로 점포마다 운영방법에 차이가 나지만, 대체적으로 점포 이용시간의 유지, 주차시설 제공, 고객의 불만접수 및 처리, 구매정보 지원, 제품의 전시 등이 있다.

기대서비스는 필수적인 것은 아니지만, 고객이 점포를 방문 및 구매 전·후에 기대할 수 있는 서비스라는 개념으로 배달, 신용판매, 수선 등이 있다. 또한 선택적 서비스는 필수적이지 않고, 고객들이 특별한 상황이 아니면 기대도 하지 않는 서비스로서 점포에서 다른 경쟁자와 차별화 할 때 많이 이용되는 서비스이다.

Chapter 04 점포마케팅조사

4.1 점포마케팅조사 개요

1) 정의와 의의

점포의 마케팅 목표는 매출액 또는 이익액 등과 같이 구체화된 수치목표로 설정하여 운영하는 것이 일반적이다. 점포에서 수치화된 마케팅 목표를 달성하기 위하여 영업활동을 수행하지만 그 성과가 목표와 많은 차이를 종종 나타낸다. 목표 대비 성과의 차이는 점포 영업현실을 감안하지 않고 과도한 목표를 설정하였거나 인적자원관리 또는 노사갈등과 같은 점포 내부문제, 그리고 상권 내 영업환경 변화에 대한 대응 부족 등으로 발생된다.

목표대비 성과의 차이가 발생한 경우 점포책임자는 그 원인을 분석함으로써 대안을 수립하기 위해 고민하게 된다. 이와 같이 점포의 마케팅활동과 관련된 문제를 체계적이고, 객관적으로 수집·분석하여 전달하는 일련의 활동을 점포마케팅조사(retail marketing research)라고 한다.

점포 마케팅조사는 점포의 현안문제 뿐만 아니라 새로운 성장기회의 모색에도 유용하다. 점포가 성장하기 위해서는 영업환경 변화에 지속적으로 대응해야 한다는 것은 누구나 다 아는 일반적인 명제다. 하지만 영업환경이 변화되는 상황에서 점포의 새로운 성장을 위해서는 무엇으로(What to do?) 어떻게(How to do?) 대응할 것인가에 대해서는 고민이 많다.

이와 같은 상황에서 마케팅 리서치는 시장의 변화 동향과 고객의 욕구변화를 조사·분석함으로써 점포의 새로운 성장기회를 포착하고, 변화 대응의 위험을 최소화할 수 있는 정보를 제공할 수 있다는 의의를 지닌다.

2) 점포마케팅조사 시점

점포에서 마케팅조사는 언제 필요할까? 마케팅조사는 점포경영의 다양한 의사결정을 지원하는 중요한 정보를 제공하는 역할을 하기 때문에 수시로 조사활동을 전개하는 것이 좋다. 하지만 조사목적과 방법에 따라 많은 인력과 비용의 제약조건이 있어 중소형점포에서는 긴급한 상황이 아니면 마케팅조사를 실시하지 않는 것이 현실이다.

일반적으로 점포의 마케팅조사는 다양한 조사점포의 현안문제점을 해결하기 위한 대안과 점포성장을 위한 새로운 기회, 즉 신(新)성장동력을 모색하기 위하여 실시한다.

☑ 점포마케팅조사의 목적과 필요시점

점포조사 목적	점포조사 필요시점
• 시장(상권)분석 • 기존점포 영업성과 평가 및 개선 • 점포마케팅전략의 기회 포착 등	• 신규점포를 개설할 경우 • 새로운 MD를 전개할 경우 • 상권 내 경쟁적 위치분석 등

3) 점포마케팅조사 충족요건

점포마케팅조사를 통해 점포의 현안문제의 대안제시 또는 새로운 성장동력 모색 등과 같이 점포 마케팅활동에 유익한 것이 되기 위해서는 다음과 같은 요건이 충족되어야 한다.

☑ 점포 마케팅조사의 필요조건

① 목적의 명확한 정의
② 조사방법론의 무결성
③ 마케팅조사의 경제성
④ 조사 결과정보의 적합성
⑤ 정보수용 의사결정

(1) 목적의 명확한 정의

점포마케팅조사는 점포의 영업활동의 기반이 되는 의사결정이 합리적으로 이루어지도록 그 판단의 기회를 제공한다. 즉, 점포를 둘러싼 시장 환경의 변화에 대응하는 의사결정을 구체적으로 수립하기 위한 유용한 정보를 제공하는 데 그 목적이 있는 것이다.

마케팅조사 목적은 조사대상과 조사범위, 조사방법론 등에 영향을 미친다. 목적이 명확한 경우 조사 대상과 범위, 방법론 등을 객관적이고 체계적으로 수립하여 조사를 시행할 수 있다. 하지만 목적이 불분명한 경우 경쟁점포들이 조사하니까 그냥 우리 점포도 한번 조사한 의미밖에 되지 않으며, 분석된 결과물의 활용수준도 낮을 수밖에 없다.

따라서 의사결정이 필요한 영업활동 분야에 대한 문제인식을 통한 명확한 마케팅조사 목적의 정의는 점포의 매출활성화 전략수립에 있어서 매우 중요한 단계에 해당한다.

(2) 조사방법론의 무결성

명확한 마케팅조사 목적이 수립되면 그 목적에 맞는 의사결정을 수립하기 위한 유용한 결과물을 도출할 수 있는 마케팅조사 방법론을 수립해야 한다.

조사방법론은 조사목적에 기초하여 의사결정에 필요한 정보를 수집할 수 있도록 조사대상의 선정과 표본추출, 조사할 내용의 결정 및 조사 수단을 포함한다. 또한 조사방법론은 시스템 구성원리와 같아서 조사목적과 조사대상, 표본추출방법, 조사내용, 조사수단 등은 서로 영향을 주고받는다.

따라서 마케팅조사 목적에 부합하는 조사방법론 구성 요인들을 잘 검토하여 유용한 정보를 수집하는데 결함이 없는 완전한 계획을 수립하여야 한다. 이와 같이 조사목적에 부합하는 완전한 조사계획을 조사방법론의 무결성(integrity)이라고 한다.

(3) 마케팅조사의 경제성

간단한 조사라고 하더라도 점포마케팅조사에는 일정수준의 시간과 인력, 비용이 투입된다. 점포마케팅조사를 세밀하게 실시함으로써 점포 영업활동에 필요한 정보를 완전하게 획득할 수 있지만 이를 위해서는 많은 노력이 필요하다.

일반적으로 점포마케팅조사에 투입되는 시간, 인력, 비용 등의 노력은 정보의 양에 비례하기 때문에 점포마케팅전략 수립 및 실행의 위험성이 상대적으로 낮아진다. 하지만 시장과 상권, 점포의 문제 해결을 위한 대안모색이 다급한 경우 시간적이 제약이 발생하며, 투입비용 등의 예산에 대한 제약도 나타난다.

따라서 점포마케팅조사는 조사를 통해 얻어질 수 있는 편익(profit) 대비 투입되는 비용(cost)을 각각 산출함으로써 적정한 수준에서의 마케팅조사가 가능한지를 검토해야 한다. 만일 점포 마케팅조사가 경제성이 없다면 전략적인 판단을 통해 조사의 진행여부를 결정해야 한다.

(4) 조사결과의 적합성

조사결과의 적합성(suitability)은 합목적성과 대표성, 사실성으로 구분하여 살펴볼 수 있다.

먼저 합목적성(telonomy)이란, '마케팅조사가 주어진 비용과 시간 안에 이루어져 의사결정에 도움을 주는 정도'를 의미한다. 대표성(representativeness)은 조사결과가 적용되는 집단(모집단)과 조사자가 접촉하는 집단(표본집단)이 얼마나 일치하는지를 의미한다. 또한 사실성(reality)은 조사상황이 구매상황이나 사용상황과 그대로 일치해야 그 결과를 현실에 적용시킬 수 있다는 것을 의미한다.

점포에서 고객들의 '한우소비 실태'와 관련된 마케팅조사를 할 경우 점두에서 내점하는 고객을 대상으로 조사하는 것 보다는 직접 축산물 대면코너 앞에서 구매하는 고객을 대상으로 조사해야 그 결과를 마케팅에 반영하기 적합하다.

(5) 정보수용 및 의사결정

점포마케팅조사가 그 가치를 발휘하기 위해서는 그 결과가 활용되어야 한다. 결과로 활용되기 위해서는 결과자료가 마케팅조사목적에 활용될 수 있도록 일정한 가치가 부여된 형태로 해석되어야 하며, 그 정보가 보고서에 포함되어야 한다.

4.2 점포마케팅조사의 유형

점포마케팅조사는 그 목적에 따라 탐색조사와 기술조사, 그리고 인과조사로 크게 구분된다.

1) 탐색조사

탐색조사(exploratory survey)는 일반적으로 조사에 대한 아이디어와 통찰력을 얻기 위해서 마케팅조사 시작단계에 주로 사용되는 예비조사 성격의 마케팅조사이다.

즉, 점포 마케팅활동문제에 대한 예비지식의 확보, 또는 마케팅조사 개념의 명확화 등을 위하여 활용되는 조사방법이다. 일반적으로 탐색조사는 문헌조사(docimenfary survey), 전문가 의견조사(survey on esperts opinion), 사례조사(case study), 관찰조사(observation survey), 표적집단면접법

(Focus Group Interview, FGI) 등이 있다.

☑ 탐색조사의 유형과 특징

구 분	세 부 특 징
문헌조사	• 정부·대학·연구기관·은행·상공회의소 등에서 발행하는 각종 통계 및 학술 연구지, 상업잡지 등을 활용 • 기존에 발행된 자료를 활용하므로 경제적이고, 신속한 방법 • 다른 목적에 의해 발행된 2차 자료이므로 ① 조사목적과의 관련성 ② 조사목적에 활용 타당성 ③ 활용하고자 하는 자료의 정확성과 신뢰성 등이 전제됨.
전문가 의견조사	• 해결하고자 하는 마케팅 문제에 대한 전문적인 견해와 경험을 지닌 전문가의 의견을 청취하여 필요한 정보를 획득하는 방법 • 문제해결과정에 도움이 되는 새로운 아이디어 획득 또는 조언의 목적으로 실시
사례조사	• 실제 발생했던 사건의 원인과 결과를 분석하여 마케팅의사결정자들의 문제해결에 활용하는 방법 • 사후적인 조사방법 • 마케팅 문제해결의 시사점만 제공
관찰조사	• 특정문제를 해결하기 위하여 고객의 행동, 소비상품 특성 등을 직접 관찰하여 조사하는 방법 • 관찰자가 피관찰자 집단에 직접 참여하는 참여관찰 • CCTV, 위장카메라, 점내 고객행동 모니터링 등의 비참여관찰 • 단순하고, 명백한 문제에 국한하여 활용
표적집단면접법	• 특정문제에 전문적인 지식을 지닌 조사자가 8~12명의 비교적 동질적인 응답자 집단을 대상으로 실시 • 특정주제로 편안하고, 비공식적인 분위기에서 자유토론 형식으로 조사하여 필요한 정보를 획득하는 방법 • 2~3개 집단에 대한 FGI 실시로 정보 왜곡현상 방지

2) 기술조사

마케팅조사는 경제환경이나 소비자의 변화와 같은 전반적 시장상황과 소비자 행태를 분석하기 위한 목적으로 이루어진다. 제조업의 제품과 관련된 시장조사, 제품의 시장점유율 및 유통경로조사 등과 소매유통업의 점포 매출액에 영향을 주는 각종 요인들의 특성에 대한 조사 등이 대부분이다. 이와 같은 마케팅조사는 마케팅 주체나 관련 변수들의 특성에 대하여 응답자가 직접 기록하는 형태로 이루어지기 때문에 기술조사(descriptive research)라고 한다.

기술조사는 종단조사(time series analysis), 횡단조사(cross sectional analysis)로 크게 구분된다.

☑ 종단조사와 횡단조사

구 분		세 부 특 징
종 단 조사		• 동일한 현상에 대하여 일정한 시간간격을 두고 동일한 조사대상에게 반복적으로 측정하는 조사방법 • 동일한 특정의 조사대상을 패널로 이용 • 시장점유율조사, 제품선호도 및 구매의사 조사 등
	고 정 패 널	• 시간경과에 따른 동일 조사대상자의 반응과 변화를 측정하는 방법
	다목적 패널	• 시점별 다른 목적의 조사를 위해 패널 중에서 표본을 재추출하여 그들에게만 반복적으로 조사하는 방법
횡 단 조 사		• 특정시점에 조사의 대상이 되는 모집단에서 추출된 표본으로부터 필요한 자료를 획득하고 도출된 결과를 분석하는 조사

3) 인과조사

인과조사(casual study)는 점포의 특정한 마케팅현상으로 야기된 마케팅 변수들 간의 원인과 결과간의 관계, 즉 인과관계에 관한 가설을 조사하는 것이다. 점포 마케팅분야에서 원인과 결과관의 관계를 정확하게 파악하는 일은 현상을 이해하고 설명, 예측하는데 매우 중요한 의미를 지니고 있다. 이러한 인과관계를 규명하는 데는 실험설계가 주로 행해진다.

언론을 통해 편의점에서 여름철 날씨의 온도와 음료수 또는 맥주의 판매량과의 상관관계를 분석하여 보도하는 사례가 인과조사의 대표적인 사례에 해당한다.

☑ 인과조사 활용 사례

[날씨마케팅] 유통 : 'LG25 이렇게 한다'

한국경제신문(2001-02-02)

1일 오전 8시 50분.발주 마감시간 10분전. LG25 대전 실전점의 점주인 이남진(36)씨는 본사에 상품주문을 앞두고 고민에 빠진다.

"탄산음료는 재고가 충분하니까 추가 발주할 필요가 없는데..하지만 내일부터 3일간 기온이 올라가 예년수준을 회복한다는 예보가 있구만..그렇다면 추가발주를 해두는 것이 좋겠어" 수요를 예측하고 상품을 미리 준비하는 과정으로서 "발주"는 점포운영의 핵심활동이다. LG25의 점주는 매일 아침 발주무선단말기(EOB)를 손에 들고 진열대를 돌며 발주수량을 본부로 전송한다. 이때 EOB 액정화면에는 개별상품의 판매량과 재고량이 날씨개황정보와 함께 표시돼 있다. 날씨변화에 따라 개별상품 판매량이 어떻게 변화했는지를 알려주며 또 앞으로의 기상예보를 통해 "적정발주량"까지 권고하고 있는 것이다. 소비자의 요구에 신속히 대응해야 하는 유통업체에게 날씨의 변화는 경영의 중요한 판단자료가 된다. 날씨가 맑거나 흐릴 때,기온이 높을 때와 낮을 때 소비자들의 구매행동은 큰 차이를 보이기 때문이다.

LG25는 지난 98년부터 날씨와 기온 변화에 따라 소비자들이 어떤 상품을 선호하는지를 데이터베이스화해 놓고 기상예보에 따라 팔림새를 예측하고 있다.

LG25에 따르면 기온변화에 따른 매출 증감폭과 변동방향은 상품의 특성에 따라 판이하게 나타난다. 소주와 양주 등 도수가 높은 술은 기온의 상승에 따라 매출이 감소한 반면 아이스크림과 탄산음료는 기온의 상승에 따른 팔림새가 크게 증가한다. 또 맥주와 아이스크림은 기온의 변화가 같더라도 기준온도가 높을 경우 매출 변동폭이 크다. 아이스크림의 경우 섭씨 5도에서 10도로 상승할 때 매출신장은 없지만 15도에서 20도로 높아질 때 17%의 신장율을 보인다. 또 25도에서 30도로 높아질 때 36%의 매출증가를 기록한다. 날씨가 흐리거나 맑은 정도 또한 중요한 변수다. 똑같이 기온이 높더라도 맑은 날 보다는 흐린날 아이스크림의 판매량이 20%이상 높아지게 되므로 재고를 충분히 보유해야만 한다.

LG25는 날씨에 따른 매출변동 자료를 전국의 6백30여 점포의 POS(판매시점정보관리시스템)를 통해 공유하고 최근 15일간의 기상예보를 각 점포로 전송한다. 점포경영주는 이들 정보를 개별 점포의 상황을 고려하여 상품발주 진열 판촉활동 등에 활용한다.

LG는 점포에서 상품 발주때 사용하는 무선단말기 화면에 기상개황을 그래픽으로 표시하고 있다. 또 지난해 여름부터는 이에 따른 적정 발주량까지 자동으로 권고해주는 시스템을 운영하고 있다. 강말길 LG유통 사장은 "유통업체는 소비자의 요구에 맞춰 최적의 상품과 서비스를 제공해야한다"며 "팔림새를 예측하지 못해 결품과 과다재고의 악순환을 계속하는 소매점포는 경쟁력을 확보할 수 없다"고 강조했다.

Chapter 05

점포마케팅조사 절차

5.1 점포마케팅조사 절차 개요

점포 마케팅조사는 크게 5단계로 구분된다. 먼저 점포에서 나타난 현상의 문제점을 해결하기 위한 조사목적을 명확하게 정의하고, 그 목적을 달성할 수 있는 합리적인 리서치 방법론과 일정 등에 대한 계획을 수립한다. 수립된 점포 마케팅조사계획에 의해 2차 자료와 1차 자료를 수집하고, 그 자료의 분석과 의미해석으로 조사결과를 제시하게 된다.

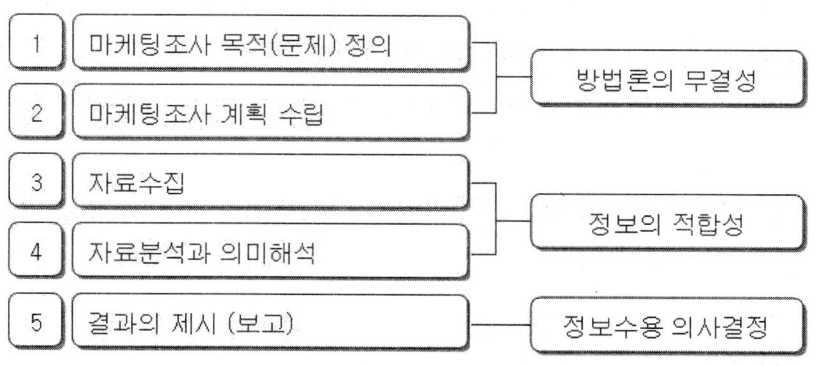

5.2 마케팅조사 목적 정의

1) 마케팅조사 목적의 의의

마케팅조사의 첫 번째 단계는 조사문제를 정확히 파악하는 것이다. 이 단계는 전체적인 마케팅조사의 방향을 설정하기 위한 단계로서, 마케팅 활동의 수행결과 발생하는 문제점을 파악하고 그 해결책을 제시하며, 새로운 시장기회를 발견하기 위한 가장 중요한 단계이다.

마케팅조사문제를 지나치게 넓게 정의하거나 잘못 정의하게 되면 마케팅조사를 올바르게 수행할 수 없게 된다. 따라서 조사문제를 정확히 정의하기 위해서는 마케팅조사를 통하여 해결해야 할 마케팅문제는 무엇이며, 이러한 마케팅문제를 발생시키게 된 배경은 무엇인가에 대한 분석이 이루어져야 한다. 일반적으로 상황분석, 문헌조사, 전문가의견조사, 사례연구 등이 배경분석에 자주 이용된다.

2) 마케팅조사 계획 수립

점포 마케팅조사의 두 번째 단계는 마케팅조사 계획수립 단계이다. 이 단계는 마케팅조사문제의 해결에 필요한 자료를 수집・분석하기 위한 조사계획을 수립하는 단계로서, 조사프로젝트를 수행하고 통제하기 위한 청사진이라고 할 수 있다.

일반적으로 점포의 마케팅조사를 위한 계획수립은 다음과 같은 세 가지 주요활동으로 이루어진다.

① 브레인스토밍
② 가설설정
③ 필요한 정보의 파악

(1) 브레인스토밍 실시

브레인스토밍(brain storming)은 기획기법 중에서 확산기법의 자유연상법 형태이다. 브레인스토밍은 미국의 오즈번에 의해 창안되었으며, 독창적인 문제를 향해 돌진하기 위해 머리를 사용하는 회의형태인 '브레인스톰(brainstorm)'에서 유래되었다. 즉 뇌(brain)에서 폭풍(storm)과 같은 발상을 하는 회의풍경에서 이름이 유래된 것이다.

브레인스토밍은 점포 마케팅조사 목적과 관련된 수많은 아이디어와 리서치의 방향을 설정하기 위해 실시되며 판단보류와 자유분방, 질보다 양, 결합개선 등 4가지 기본적인 규칙이 있다.

☑ 브레인스토밍의 4가지 기본규칙

- 판단보류(deferment of judgment) : 참가자가 제시한 아이디어를 다른 참가자가 반론할 경우 새로운 발상이 어렵다. 따라서 참가자는 아이디어만 제시하고 판단은 나중에 한다는 규칙
- 자유분방(free-wheeling) : 참가자가 많은 아이디어를 제시하기 위해서는 기존의 사고 틀에서 벗어나 자유롭게 생각하고 아이디어를 제시할 수 있다는 규칙
- 질보다 양(quantity yield quality) : 아이디어의 양이 많아지면 양질의 아이디어도 발생된다는 사고에서 출발하는 규칙
- 결합개선(combination and improvement) : 참가자 중에서 제시한 아이디어의 질을 발전시켜 나가는 것을 의미

☑ 브레인스토밍 전개기법

① 서로 다른 독립적인 분야의 전문가로서 외향적이며 의견이 많은 사람을 중심으로 참가자 선정
② 분위기 조성 및 중재자 역할을 담당할 진행자 선정
③ 참가자 전원이 서로 마주볼 수 있도록 좌석 배치
④ 회의는 아무런 제약 없이 진행
⑤ 발언 내용은 모두 기록하고, 키워드로 요약한다.
⑥ 진행시간은 1회 1~2시간이 적정하며, 필요한 경우 휴식 후 다시 진행
⑦ 제시된 아이디어는 하루 정도 지난 뒤에 평가

브레인스토밍의 결과로 얻을 수 있는 이점은 점포 마케팅조사의 방향설정이다. 방향이 설정되면 다음 활동으로 마케팅조사를 위한 기본가설을 설정한다.

(2) 가설설정

가설은 점포 마케팅조사를 실시하는 동안에 검증해 볼 수 있는 명제이다. 가설로 시작한 뒤 이 가설을 입증하거나 반증 또는 수정하게 하는 증거로서 자료를 수집하게 된다.

☑ 가설설정 사례

- 상권의 목표고객 인구구성이 고령화사회에 진입하였다. 고령고객이 증가함에 따라 가공식품부문의 구매가 신상품보다는 기존브랜드 중심으로 이루어질 것이다.
- 고객수를 증대시키기 위해서는 점포 내 부가서비스를 제공하는 시설의 확대가 필요하다. 상권구조분석 결과 상권 내 금융점포가 부족하므로 점포 내 d 은행업무자동화기기(Automatic Teller Machine, ATM)를 도입하면 이를 이용하기 위한 목표고객의 내점이 증가할 것이다.
- 국내 세대당 구성인구수 변화추이를 분석한 결과 1인 세대와 2인 세대가 급격하게 증가하고 있다. 세대당 인구수가 감소하면 규격(중량)이 작은 상품의 판매량이 증가할 것이다.

(3) 필요한 정보의 파악

가설과 점포마케팅 목적에 부합하는 일련의 마케팅조사가 필요한 목록을 작성한다. 작성된 목록이 완성되면 이들 질문에 대한 답을 알려줄 수 있는 데이터를 조사함으로써 필요한 정보를 파악한다.

5.3 자료수집

점포 마케팅조사를 위한 조사계획 수립이 완료되면 조사목적 달성을 위하여 자료를 수집하게 된다.

'단순한 사실(fact)의 집합'으로서 자료(data)는 '어떠한 정황, 또는 그것에 대한 지식'으로서의 정보(information)와 개념적 차이가 있다. 하지만 이를 혼용하여 사용하는 사례가 많다. 따라서 자료와 정보, 그리고 지식에 대한 개념을 먼저 살펴보고, 그 유형과 수집방법에 대하여 검토하고자 한다.

1) 자료와 정보, 그리고 지식

자료는 연구, 조사, 분석 등을 하기 위한 재료로서 단순한 사실의 집합이다. 반면에 정보는 자료에 해석이 포함되어 유용성이 부가된 사실을 의미하며 어떠한 정황, 또는 그것에 대한 지식을 의미한다. 또한 지식(knowledge)는 정보를 인간논리에 의해 문장화한 것을 의미 하므로 논리적인 문장으로 구성된 정보를 포함한다.

☑ 사실-자료-정보-지식의 체계

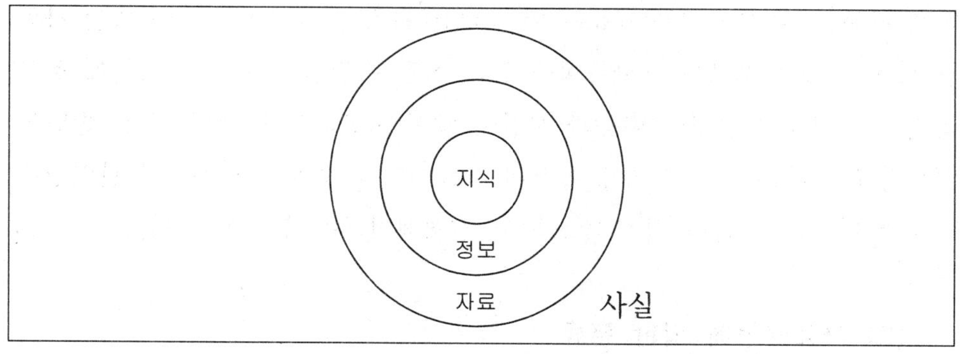

점포에서 매출분석 사례를 통해 자료와 정보, 그리고 지식을 쉽게 이해할

수 있다. 점포의 매출액은 고객수와 객단가로 결정된다. 점포에서 구매한 고객수 자체는 자료에 해당된다. 하지만 이들 고객수를 계산원 배치계획을 수립하기 위하여 시간대별 구매고객수로 분석할 경우에는 매우 유용한 정보가 되며, 고객수가 시간대별로 일정한 패턴을 보이고 있음을 논리적인 문장형태로 정리하게 되면 지식의 형태를 취하게 된다.

2) 자료의 유형분류

자료는 수집목적과 자료의 원천, 그리고 자료의 형태에 따라서 그 유형을 분류한다.

☑ 자료의 유형분류

구 분	세 부 내 용
수집목적 기준	1차 자료, 2차 자료
자료원천에 기준	내부자료, 외부자료 외부자료 : 언론자료, 협회자료, 정부자료, 국제자료 등
자료형태에 기준	출판, 데이터베이스, 비디오, 신디케이트(syndicate)

(1) 수집목적에 의한 분류

자료는 수집목적에 따라 1차 자료(primary data)와 2차 자료(secondary data)가 있다. 1차 자료는 조사자가 점포 마케팅조사 목적을 위해 직접 수집하는 자료를 말하며, 2차 자료는 이미 다른 목적에 의해 발간되어 있는 자료를 말한다. 1차 자료는 조사목적을 위해 직접 수집한 자료이기 때문에 조사목적과 관련성이 높지만 비용과 시간이 많이 소요되는 단점이 있다. 반면에 2차 자료는 다른 목적에 의해 발간된 자료이기 때문에 조사목적과 관련성은 낮지만 비용과 시간이 적게 소요되어 경제적이라는 장점이 있다.

(2) 자료원천에 의한 분류

자료를 생성하는 원천이 어디에 있는지에 따라 크게 내부자료(internal data)와 외부자료(external data)로 구분한다. 내부자료는 점포에서 생성하는 각종 자료 형태로 재무 및 매입·매출·재고, 기타자료들이 해당된다. 반면에 외부자료는 점포 외부에서 생성되는 각종 자료형태로 언론자료, 협회자료, 정부자료, 통계자료, 국제자료 등이 있다. 또한 외부자료는 일반적으로 2차 자료라는 특징을 지니고 있다.

(3) 자료형태에 의한 분류

자료는 문자, 사진, 영상물, 그리고 전자적인 기호형태로 존재한다. 자료가 존재하는 형태에 따라서 문자와 사진은 출판자료, 영상물은 비디오자료, 그리고 전자적인 기호형태는 파일 또는 데이터베이스자료라고 한다.

또한 문자, 사진, 영상물, 전자적인 기호형태가 서로 결합된 혼합형태의 자료를 신디케이트(syndicate) 자료라고 한다.

3) 자료수집 방법론 결정

자료수집 방법론은 점포 마케팅조사의 목적과 제약조건에 의해 결정해야 한다. 수집되는 자료가 점포 마케팅조사의 목적에 부합하면서 시간, 예산 등의 제약조건을 충족해야 하기 때문이다.

점포 마케팅조사의 목적이 경쟁점포와 경쟁대응에 관련된 것이라면 시간의 제약조건이 매우 중요할 것이며, 단순히 점포에 적정한 부대시설 도입을 결정하기 위한 마케팅조사에 많은 예산을 투입하기는 쉽지 않다. 따라서 제약조건을 충족하는 자료수집 방법론을 결정해야 한다.

자료수집 방법론은 수집목적에 따른 자료의 유형에 따라 다음과 같이 구분할 수 있다. 자료수집단계에서는 일반적으로 2차 자료를 먼저 수집하며, 나머지 부족한 부분을 1차 자료 수집으로 보완한다.

☑ 자료유형별 수집 방법론

1차 자료	2차 자료
• 전문가조사 • 소비자 면접조사 • 소비자 설문조사	• 내부자료 검색 • 인터넷자료 검색(일반자료, 문헌, 신문, 전문데이터베이스) • 통계자료검색 • 전문자료구입(소매점 조사자료, 소비자 패널자료)

4) 2차 자료 수집

이미 다른 목적으로 만들어진 2차 자료의 수집방법은 다양하다. 2차 자료를 수집하는 방법은 크게 점포 내부에서 자료를 수집하는 방법과 인터넷자료를 검색하는 방법, 통계청 및 한국은행 등에서 제공하는 각종 통계자료의 수집, 그리고 전문 조사기관에서 유료로 제공하는 소매점포 조사자료 및 소비자 패널자료 등의 구입 등이 있다.

(1) 내부자료 수집

점포에서는 여러 가지 목적으로 예산, 판매통계, 손익계산서 및 재무제표, 재고, 각종 보고서 및 계획서, 전산자료 등의 다양한 자료들이 수시로 작성된다. 점포 마케팅조사를 위해서는 이들 내부자료를 효율적으로 활용하는 것이 매우 중요하다. 특히 체인스토어를 경영하는 기업의 경우에는 다점포 전개에 따른 각각의 점포에 산재되어 있는 자료를 통합·관리할 수 있는 인트라넷(intranet) 또는 지식경영시스템을 구축함으로써 내부자료 활용도를 제고시킬 수 있다.

점포 마케팅조사에는 일반적으로 단품관리시스템과 판매시점관리시스템, 고객관리시스템 등에서 생성되는 데이터베이스와 손익계산서 등이 공통적으로 활용된다.

(2) 인터넷 검색

인터넷은 전문데이터베이스가 아닌 일반적인 형태의 자료를 검색하는데 매우 유용하다. 인터넷 검색은 다음, 야후, 네이트 등과 같은 포털사이트와 구글 등과 같은 전문검색사이트를 활용할 수 있다.

인터넷을 활용하여 다양한 형태의 자료를 검색할 수 있으며, 자료의 성격에 따라서 일반자료와 문헌자료, 신문 및 전문데이터베이스 등으로 검색자료를 구분한다.

일반자료는 포털사이트 또는 전문검색사이트에서 점포 마케팅조사와 관련된 키워드 검색으로 나타난 웹페이지나 사전적 정의, 이미지, 동영상 등의 결과를 의미한다.

문헌자료 검색은 국가전자도서관 등과 같이 도서관 및 학술관련기관에서 제공하는 논문, 정기간행물, 부정기간행물 및 단행본 등의 문헌에 대한 자료 검색을 의미한다.

신문검색은 점포 마케팅조사에 계획수립 또는 일반적인 동향분석 등의 목적으로 자료를 수집할 때 사용된다. 최근자료는 각 언론사 및 인터넷 포털사이트를 통해 검색할 수 있으나 과거자료는 한국언론재단(www.kinds.or.kr) 홈페이지fmf 이용하면 편리하다.

전문데이터베이스는 전문영역에 대한 자료를 체계적으로 데이터베이스로 구축한 형태를 의미하며, 유통산업과 관련된 전문데이터베이스는 많지 않다. 일부 언론사 및 협회 등과 같은 단체에서 사업활동과 관련하여 구축하여 무료 또는 유료로 제공하고 있는 형태가 있다.

☑ 국가전자도서관 홈페이지

※ 주1. 국가전자도서관(Http://www.dlibrary.go.kr)

※ 주2. 국립중앙도서관, 국회도서관, 법원도서관, 한국과학기술원 과학도서관, 한국과학기술정보연구원, 한국교육학술정보원, 농촌진흥청 농업과학도서관, 국가지식포털, 국방전자도서관 등 국내 각 분야별 주요 도서관의 소장도서를 한번에 검색할 수 있다는 장점을 지님.

(3) 통계검색

통계자료는 점포 마케팅조사에 많이 활용되는 대표적인 2차 자료이다. 통계자료는 통계청 홈페이지를 통해 통계데이터베이스서비스를 제공하고 있으며, 점포 마케팅조사 목적에 맞도록 관련통계를 검색하여 자료를 수집한다.

국내에서는 204개 기관에서 769개 통계가 작성되고 있으며, 통계부문별 세부 내용은 아래의 국내통계현황과 같다.

☑ 국내통계현황

통계부문	작성통계수		통계종류별		작성방법별		
	통계수	구성비	지정	일반	조사	보고	가공
합계	769	100.0	92	677	333	375	61
인구	28	3.6	3	25	4	19	5
고용 · 임금	48	6.2	7	41	38	10	0
물가 · 가계소비	16	2.1	10	6	16	–	–
보건 · 사회복지	135	17.6	6	129	54	79	2
환경	34	4.4	1	33	12	22	–
농림 · 수산	72	9.4	15	57	31	39	2
광공업 · 에너지	33	4.3	6	27	20	9	4
건설 · 주택 · 토지	46	6.0	3	43	16	24	6
교통 · 정보통신	58	7.5	4	54	25	33	0
도소매 · 서비스	17	2.2	8	9	15	2	0
경기 · 기업경영	80	10.4	20	60	58	11	11
국민계정 · 지역계정	11	1.4	4	7	1	1	9
재정 · 금융	30	3.9	–	30	4	26	–
무역 · 외환 · 국제수지	12	1.6	2	10	4	5	3
교육 · 문화 · 과학	69	9.0	2	67	29	37	3
기타	80	10.4	1	79	6	58	16

※ 출처: 통계청(2007. 5. 1 현재)

점포 마케팅조사에 공통적으로 많이 활용되는 통계자료는 인구, 임금, 가계소비 및 도소매, 서비스 통계이며 조사 목적에 따라 그 내용은 달라진다.

(4) 자료구입

많은 2차 자료들이 인터넷을 통해 공개되어 있다. 또한 문헌자료의 경우 필요한 경우 도서관을 이용하게 되면 무상으로 해당 자료를 수집할 수 있다. 하지만 전문영역의 자료를 시계열별 또는 특정목적별로 체계적으로 구비하고 있는 경우에는 그 자료를 유상으로 구입해야 하는 사례가 종종 발생된다.

유상으로 구입해야 하는 자료의 경우 전문보고서, 연감 등과 같이 문서로 되어 있는 경우도 있지만 데이터베이스로 되어 있는 경우가 일반적이다. 데이터베이스형태의 자료를 구입할 경우 해당 전문보고서 작성에 사용된 자료 또는 일반적으로 공개된 보고서의 원시자료(raw data)가 파일형태로 제공된다. 원시자료는 다양한 형태의 정보로 가공처리할 수 있으므로 점포의 마케팅조사에 중요한 자료가 되기도 한다.

☑ 구입해야 하는 전문자료

자 료 명	구입처	자료형태	비 고
국가통계원시자료	통계청 쇼핑몰	데이터베이스	
소매유통조사 외	AC닐슨코리아	-	
소비자패널 조사보고서	각 리서치 회사	보고서/데이터베이스	

따라서 전문데이터베이스를 유상으로 구입할 경우에는 전문데이터베이스가 제공하는 자료가 마케팅조사 목적과 일치하는지, 활용할 수 있는 자료의 수준은 어느 정도인지 사전에 검토해야 한다.

5) 1차 자료 수집

1차 자료는 의사결정에 필요한 자료를 조사점포 또는 조사기관이 직접 만들어내는 자료를 의미한다. 1차 자료를 수집하기 위한 방법론은 매우 다양하다. 그 중에서 점포의 마케팅활동과 관련하여 빈번하게 사용하는 방법은 표적집단면접법과 전문가조사, 그리고 소비자 설문조사 등이 있다.

(1) 표적집단면접법

표적집단면접법(Focused Group Interview, FGI)은 점포를 이용하는 소수의 고객과 의사결정이 필요한 문제와 관련된 집중적인 대화를 통하여 자료를 수집하는 소비자 조사법이다. 표적시장으로 예상되는 소비자를 일정한 자격기준에 따라 6~12명 정도 선발하여 한 장소에 모이게 한 후 면접자의 진행 아래 조사목적과 관련된 토론을 함으로써 자료를 수집하는 마케팅조사 기법이다.

표적집단면접법은 점포의 머천다이징 개선 등과 같이 소비자의 구매심리 상태를 파악하는 정성적(qualitative) 조사방법이며, 설문조사 등과 같은 정량적 조사에 앞서 탐색조사로 이용된다. 따라서 표적집단면접법은 진행하는 조사전문가는 참가자들 간의 상호작용을 통하여 유익한 정보가 도출되도록 하여야 하므로 참가자 전원이 자유스러운 분위기에서 자신의 의견을 말할 수 있도록 분위기를 조성해야 한다.

(2) 전문가조사

유통기업에서 소매업태별 동향분석, 수요예측, 소비자동향 등과 관련된 의사결정 자료를 수집하기 위해서 제조업자, 유통업자, 학자, 컨설턴트 등 산업 내 다양한 전문가들을 활용한다. 이들 전문가는 일반소비자 및 기업 내 인적자원과 달리 전문가적 관점과 다양한 산업구조 관점에서 의견을 제시할 수 있는 점에서 많이 활용된다.

전문가조사는 방법론에 따라서 집단토의법, 개별측정치 통합법, 델파이법 등으로 구분된다. 집단토의법(group-discussion methods)은 전문가들이 각각의 견해를 토의를 통해 교환하고 합의된 형태의 집단추정치로 예측하는 방법론이며, 개별측정치 통합법(pooling of individual estimates)는 전문가 각각이 제시한 개별 추정치를 조사전문가의 분석을 통해 단일 추정치로 예측하는 방법론이다.

델파이법(Delphi method)은 의사결정이 필요한 특정문제에 대해 산업 내 전문가들의 독립적인 의견을 우편으로 수집하고, 이 의견들을 요약·정리하여 다시 전문가들에게 배부하여 일반적인 추정치가 도출될 때까지 반복하여 의견을 수렴하는 방법이다. 이 방법은 많은 시간을 요하므로 신속한 의사결정을 필요로 하는 경우에는 사용하기 곤란하다는 단점이 있다.

(3) 소비자설문조사

설문조사(survey)란 점포의 의사결정이 필요한 문제에 대한 자료를 수집하기 위하여 일정한 정보·지식을 가진 것으로 생각되는 고객에게 질문을 하고, 그 결과를 분석하여 조사목적을 달성하려는 방법이다.

설문조사는 일반적으로 동일한 질문을 목표고객집단 중에서 선정한 표본고객에게 제시하여 그 회답이나 의견을 구하는 형식으로 사용된다. 구체적으로는 응답자 스스로 기입하는 자기식(self-administration) 방식의 조사표를 배부하여 의견을 묻게 되는데, 조사표의 구조가 복잡하거나 정확한 조사를 요구하는 경우 조사자가 응답내용을 조사표에 기입하는 방법이 사용되기도 한다. 조사표는 설문지, 왕복엽서나 전화, 그리고 인터넷 등을 이용한다.

설문조사는 자문 사항이 정성적인 경우에 간편한 방법으로 꽤 정확한 정보를 얻을 수 있기 때문에 자주 사용되고 있다. 시장조사 분야에서는 소비자를 대상으로 하는 엽서나 전화에 의한 설문조사 자료가 중시되는데, 이 경우에는 표본의 정확도를 충분히 고려한 다음에 그 결과를 판정해야 한다.

6) 소비자 설문조사 표본설계

(1) 표본설계 프로세스

표본설계(survey sampling and design)는 마케팅조사의 대상이 되는 모집단을 잘 대표할 수 있는 표본을 추출하고 추출된 표본에서 조사된 정보를 이용하여 모집단의 특성을 추정하는 전 과정을 말한다.

통계학적 관점에서 표본설계는 조사결과에 대한 정확도 결정을 통한 기본단위와 추출단위의 결정, 표본추출방법의 결정, 표본크기 결정, 모수추정 방법 등으로 구성된다. 이러한 통계학적 표본설계는 소매점포 실무자들이 현장에서 손쉽게 활용하기에 많은 어려움이 있다.

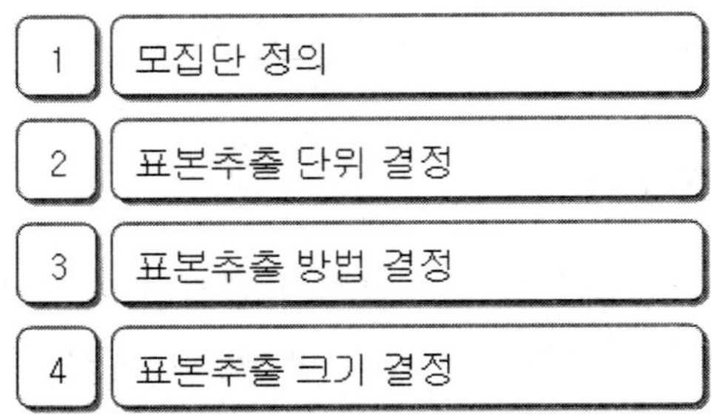

소매점포 마케팅조사를 위한 표본설계에 있어서 특히 유의하여 고려해야 할 사항은 아래와 같다.

① 최소비용과 노력으로 전체고객을 잘 반영할 수 있는 표본 추출방법
② 표본오차를 허용범위 수준으로 유지하면서 비용을 최소화하기 위한 표본의 크기
③ 표본에서 조사된 자료를 이용하여 모수를 추정하기위한 추정방법 등이다.

(2) 모집단 정의

모집단(population)이란, 조사대상이 되는 모든 개체의 집합을 말한다. 점포에서 내점고객을 대상으로 점포이용에 따른 상품만족도를 조사하고자 한다면 점포에 내점하는 전체고객이 모집단이 된다. 또한 점포의 고객점유율 증대를 위하여 목표상권 내 고객들의 상품 수요욕구를 조사하고자 한다면 목표상권내 목표고객 전체가 모집단이 된다.

(3) 표본추출방법 결정

정확한 마케팅조사를 위하여 소매점포의 모든 내점고객, 또는 출점을 계획하고 있는 상권의 모든 목표고객을 대상으로 마케팅조사를 실시한다는 것은 매우 어렵다. 전체고객을 대상으로 할 경우 고객별 조사여부를 관리하기 어려울 뿐만 아니라 마케팅조사에 소요되는 시간과 비용이 많이 소요되며

적절한 시기에 의사결정할 수 있는 자료를 수집하지 못하게 된다. 그 결과 영업환경 변화에 대한 적절한 대응이 늦어지게 되는 비효율성이 발생한다.

이와 같은 문제점을 해결하기 위하여 조사목적에 부합하는 고객집단의 특성을 분석함에 있어서 오차를 최소화할 수 있는 일정한 크기의 표본을 추출하여 조사한다. 이를 표본추출이라고 하며, 방법론으로는 확률표본추출법과 비확률표본추출법이 있다.

☑ 표본추출방법의 유형

구 분		세 부 내 용
확률표본 추 출 법	단순무작위 추출법	• 전체고객으로부터 표본을 균등한 확률로 추출하는 방법 • 성별, 연령, 시간대별 내점고객수 등을 활용하지 않기 때문에 모집단 특성을 반영하지 못할 수 있음.
	체계적 추출법	• 고객조사 표본은 요일, 시간, 조사위치 등 일정한 기준에 의하여 체계적으로 추출하는 방법
	층화추출법	• 전체고객 중에서 연령별 고객 등과 같이 몇 개의 계층군(층)으로 나누어 각 층마다 표본을 무작위로 추출하는 방법 • 단순무작위추출법의 대표성 문제를 해결하기 위한 방법
	군집추출법	• 전체고객으로부터 연령별 고객 등과 같이 특정 기준에 의해 하위집단 또는 군집을 나눈 후 무작위로 하나의 군집을 선정하여 해당 군집의 모든 대상으로 표본으로 추출하는 방법
비확률표본 추 출 법	판단추출법	• 조사자의 임의적 판단 기준으로 표본을 추출하는 방법 • 확률포본추출법이 곤란하거나, 비용의 제약, 표본의 크기가 너무 작은 경우 등에 이용
	눈덩이 추출법	• APT부녀회장 등과 같은 특정 조사대상자가 다른 응답자를 추천하게 함으로써 표본을 확대하는 방법 • 유사집단만 조사하게 되는 문제점을 지닐 수 있음
	편의추출법	• 점포 구매고객 중 특정집단, 시간대 등을 고려하여 표본을 추출하는 방법 • 적은 시간과 비용으로 신속한 정보의 획득이 수 가능함
	할당추출법	• 전체고객이 성별, 연령별 등 조사목적에 따라 여러 특성으로 구성되어 있는 것을 고려하여 각 특성에 따른 층별 표본이 같도록 비례 할당하여 표본을 추출하는 방법

확률표본추출법(probability sampling)은 모든 고객이 표본으로 선정될 확률을 동일하게 갖도록 한 후 무작위로 표본을 추출하는 방법이다. 모든 고객을 표본의 대상으로 하기 때문에 객관성을 확보할 수 있다. 하지만 표본을 추출할 수 있는 체계가 준비되어 있지 않다면 현실적으로 적용하기 어려운 단점이 있다.

비확률표본추출법(nonprobability sampling)은 모집단인 상권내 목표고객에 대한 표본을 추출할 때 무작위방법이 아닌 다른 방법으로 표본을 추출하는 방법이다.

(4) 표본 크기의 결정

일반적으로 표본의 크기가 큰 경우가 작은 경우에 비하여 신뢰성 있는 결과를 제공한다고 볼 수 있다. 하지만 반드시 표본의 크기가 크다고 반드시 신뢰성이 높은 결과를 제공하는 것은 아니다. 즉 표본의 크기보다는 모집단의 특성을 반영할 수 있는 표본 대상의 선정이 더욱 중요하기 때문이다.

따라서 점포 마케팅조사 목적에 부합하는 표본대상 선정이 전제된 경우 효과적인 조사를 위한 적정수준의 표본결정이 중요하다.

☑ 대형점포 마케팅조사 목적별 표본의 크기

구 분	설문조사		집단면접법	
	점포개설	MD평가	점포개설	MD개선방안
표 본 수	500	200	2개 집단	2개 집단

※ 주. 점포개설의 경우 대형점포를 전제하며, 타당성분석이 아닌 점포계획설계 목적임.

마케팅조사 목적별로 표본의 크기도 달라져야 한다. 점포개설에 따른 점포의 시설 및 상품배치 계획 등을 계획하기 위한 목적으로 마케팅조사를 실시하는 경우와 현재 점포의 시설 또는 상품의 적정성을 평가하기 위한 표본의 크기는 당연히 차이가 발생한다.

또한 점포의 크기, 즉 상권의 크기에 따라 표본의 크기도 차이가 발생한다. 따라서 점포 마케팅조사에 있어서 표본의 크기는 대형점포 마케팅조사

목적별 표본의 크기를 참조하여 자점의 환경에 맞도록 선택한다.

5.4 자료분석과 의미해석

1) 자료 분석과 해석 프로세스

표본집단에 대한 설문조사가 완료된 경우 조사표를 분석하기 위한 절차를 준비해야 한다. 응답된 조사표는 응답자별 조사내용에 하나의 자료에 불과하므로 이들을 체계적으로 분류하고 연관내용을 분석해야만 의사결정에 필요한 자료들을 생성할 수 있다.

이를 위해서는 먼저 응답된 조사표가 조사자의 의도에 부합하도록 작성되었는지 여부를 검토한다. 또한 의견서술형 질문이 있는 경우 일정한 기준에 의해 응답내용을 유형화하는 편집과정을 거쳐 분석 프로그램에 기록하는 정리 과정을 거친다. 이후 조사표 구조항목을 고려하여 분석 프로그램으로 통계적 결과를 도출하여 그 결과가 지닌 의미를 해석하는 과정이 필요하다.

1	수집된 자료의 검토
2	자료정리(편집·부호화)
3	결과 도표화
4	결과 분석과 의미 해석

2) 수집된 자료의 검토

점포 마케팅조사로 수집된 자료를 활용하기 위해서는 먼저 조사된 내용이 완전하게 작성되었는지 검토해야 한다. 조사목적을 반영한 질문에 정확하고, 완전하게 응답하였다면 활용하는데 문제점이 없겠지만 그렇지 않은 경우 자료에 대한 편집 또는 폐기처리를 해야 한다.

즉, 설문조사로 점포 마케팅조사를 실시한 경우 설문조사 항목에 맞도록 응답하였다면 그대로 사용해도 무방하지만 그렇지 않은 경우 응답자의 응답내용을 충분하게 이해하고 수정을 해야만 자료로 활용할 수 있는 경우에는 편집의 과정이 필요하다.

이때 수집된 자료가 질문에 제시된 응답기준을 따르지 않았거나, 무응답한 문항이 많은 경우 등 수정이 아니라 자료의 추가 또는 임의변경이 필요한 경우에는 조사결과의 오류를 최소화하기 위해 해당 자료는 폐기한다.

3) 자료정리

점포에서 마케팅조사 결과를 도출하기 위해서는 수집된 자료를 체계적으로 정리해야한다. 설문조사 항목에 숫자 또는 기호 등과 같이 체계적으로 정리할 수 있는 경우에는 그 기호에 따라 체계적으로 정리할 수 있다. 하지만 고객의 다양한 의견을 수렵하기 위하여 예시항목을 제시하지 않은 경우에는 응답한 내용을 일정 기준에 의해 분류해야 하며, 이를 편집(editing)이라 한다.

또한 점포마케팅조사로 생성된 1차 자료를 숫자 또는 문자, 기호 등과 같은 형태로 변환하여 일정한 값으로 부여하는 과정을 부호화(coding)과정이라고 한다. 부호화과정은 수작업으로 하는 방법과 컴퓨터 소프트웨어를 활용하는 방법이 있다.

표적집단면접법과 같이 대화를 통한 점포 마케팅조사를 실시하는 경우에는 녹음 또는 기록된 대화내용을 정리해야 하므로 상대적으로 수작업을 많이 활용하며, 설문조사와 같이 일정한 기준에 의해 구조화된 점포마케팅조사는 컴퓨터 소프트웨어를 활용한다.

점포 마케팅조사 결과를 분석하는데 많이 활용되는 컴퓨터 소프트웨어로는 EXCEL과 SPSS, SAS 등이 있다.

4) 결과 도표화

분석결과는 숫자 또는 문자나 기호형태로 제시한다. 수작업 또는 컴퓨터 소프트웨어를 활용하여 일정한 규칙을 지닌 숫자 또는 문자, 기호로 바꾸는 부호화 과정과 입력(punching)과정을 거쳤기 때문에 출력되는 결과물도 입력된 형태와 동일하다.

따라서 결과물에 대한 분석단계에서 컴퓨터소프트웨어에 따라 출력된 결과물과 부호화규칙을 정리한 코드표가 필요하다.

☑ 숫자중심의 조사결과 사례

※ 신문 구독여부 조사결과

Value Label	Label	Freq.	Per.
예	1	170	78.3
아니요	2	47	21.7
합 계		217	100.0

신문구독여부를 조사한 결과 78.3%는 신문을 구독하고 있으며, 나머지 21.7%는 신문을 구독하지 않는 것을 분석하여 제시하고 있음.

사례분석과 같이 신문 구독여부에 대한 조사결과에 분석하여 보고하기 위해 문서를 작성하는 경우 문자로 기술할 경우에는 설명이 필요하다. 예시된 항목(label)이 많을 경우에는 더욱 긴 문장의 설명이 필요하게 되며, 의사결정자에게 많은 시간의 할애를 요구하게 된다.

일반적으로 점포 내 의사결정자들은 팀별로 이루어지는 각종 보고사항 등 많은 양의 정보를 접하게 된다. 따라서 점장을 비롯한 의사결정자들이 빠른 시간에 마케팅조사결과를 이해하고 판단할 수 있도록 보고서 작성의 기본 체계를 가져가야 한다.

도출된 결과자료에 대한 해석과 판단을 쉽게 하기 위해서는 설명문구보다는 그래프형태가 적절하다.

☑ 마케팅조사결과에 자주 활용되는 그래프

구 분	그래프형태	그래프 설명
원그래프	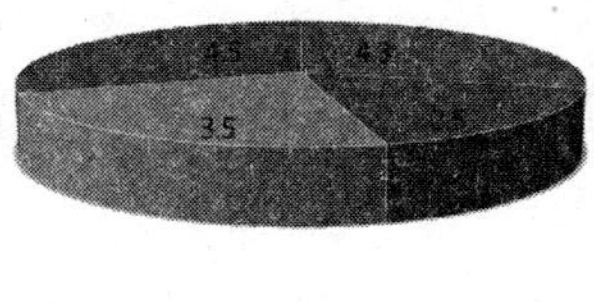 4.5 4.3 3.5 2.5	• 분석항목별 비율을 보는 그래프 • 특정 분석항목별 비율을 부채꼴 형태로 표시함으로써 크기를 표현할 때 활용
띠그래프	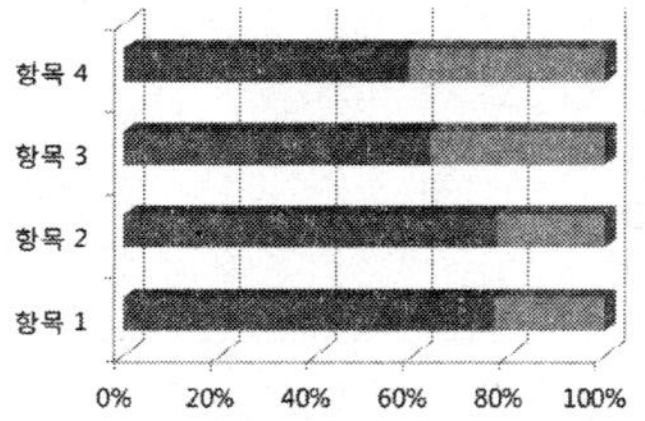 항목 4 항목 3 항목 2 항목 1 0% 20% 40% 60% 80% 100%	• 분석항목별 비율을 보는 그래프 • 원그래프와 달리 단일항목 분석이 아닌 연령별 거주지 등과 같은 교차항목분석에 주로 사용되는 형태
막대그래프	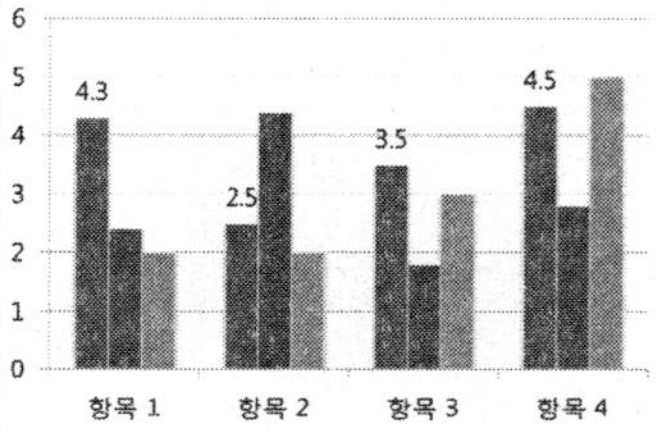 6 5 4 3 2 1 0 4.3 2.5 3.5 4.5 항목 1 항목 2 항목 3 항목 4	• 수량의 크기를 비교하는 그래프 • 상반기 부문별 매출실적 등과 같이 특정시점에 비교대상별 크기를 비교분석할 경우에 활용
선형그래프	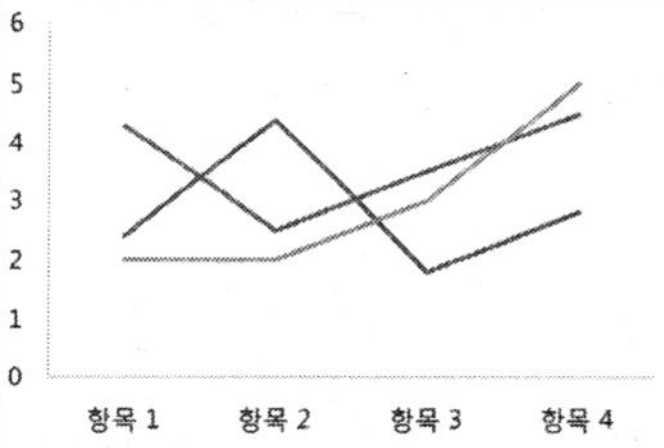 6 5 4 3 2 1 0 항목 1 항목 2 항목 3 항목 4	• 수량의 변화상태를 표현하는 그래프 • 막대그래프와 달리 시간의 관점에서 장기간의 변화추세 등의 분석에 활용
면적그래프	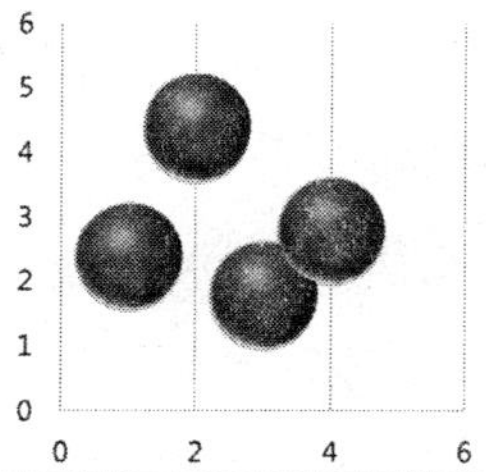 6 5 4 3 2 1 0 0 2 4 6	• 부문별 면적의 크기, 고객만족도의 크기 등과 같이 수량의 크기를 비교하기 위한 목적으로 사용하는 그래프
레이더챠트	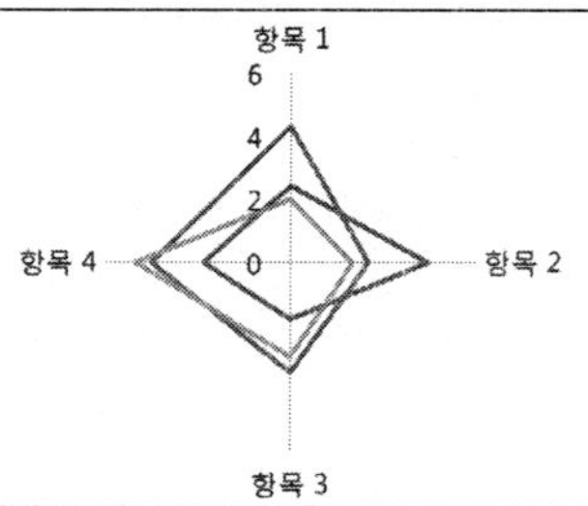 항목 1 6 4 2 0 항목 4 항목 2 항목 3	• 경쟁요소별 자점과 경쟁점포를 비교분석 할 경우 사용되는 그래프

5) 결과분석과 의미해석

분석(analysis)이란, 얽혀있거나 복잡한 것을 풀어서 개별적인 요소나 특징으로 분류하는 것이다. 점포마케팅조사에서는 수집한 자료를 가공하여 어떠한 의미를 전달할 수 있도록 응답항목별로 분류하여 백분율(%)로 표시하는 것이 일반적이다.

앞의 사례에서 살펴본 것과 같이 신문구독여부의 조사결과를 구독자가 전체응답자의 78.3%로 나타난 값이 분석이 된다. 결과분석은 컴퓨터 소프트웨어로 도출한 값을 그래도 활용하거나, 간단한 가공작업을 통해 얻을 수 있다.

이와 같은 분석결과는 수치 또는 도형 등과 같은 기호로 표현되어 있는 상태이기 때문에 이를 점포의 마케팅목적으로 활용되어지기 위해서는 새로운 정보와 결합하여 문자로 정리해야 한다. 즉, 자료분석을 통해 얻어진 결과를 새로운 정보와 결합하여 점포 마케팅조사 목적에 적합한 새로운 정보를 생성하는 해석(interpretation)작업을 해야 한다.

해석은 점포 마케팅조사 항목에 대한 교차분석(crosstabulation analysis) 결과와 유통산업동향에 관한 전문지식이 전제된다.

5.5 결과의 제시

점포 마케팅조사 결과를 점포영업에 활용하기 위해서는 조사결과에 대한 체계적인 정리에 기초한 보고서 작성과 보고, 그리고 의사결정자의 정보수용 및 의사결정이 필요하다.

1. 보고서 작성
2. 의사결정자 보고
3. 의사결정 및 시행

1) 보고서 작성

점포에서 실시한 마케팅조사를 마무리하기 하기 위해서는 그 결과를 정리하여야 한다. 결과정리는 일반적인 문서작성체계에 의해 보고서 형태로 작성한다.

☑ 일반적인 보고서 작성체계

1. 조사개요 : 일반적인 6하 원칙에 준하여 작성한다.
   - 조사목적
   - 조사기간
   - 조사대상 : 성별, 연령별, 기타 조사대상의 모집단에 대한 설명이 필요
   - 조사지역(장소)
   - 조사방법 : 마케팅조사방법론 및 표본추출방법에 대한 설명
   - 조사자(조사기관)

2. 조사결과
   - 조사결과 개요 : 분석표본수, 분석방법, 신뢰도 등
   - 단일항목별 분석결과 : 조사항목별 분석결과
   - 교차항목별 분석결과 : 2개 이상의 항목간 독립성과 연관성에 관련된 분석

3. 시사점 및 향후 마케팅 활용계획
   - 시사점 : 조사결과가 주는 전략적 시사점 요약
   - 향후 마케팅활용계획 : 단기활용계획 또는 즉시 실행할 계획 등을 정리 (즉시 실행할 계획의 경우 세부계획은 별도 수립)

2) 의사결정자 보고

점포는 시스템 통제방법에 따라 독립점포와 체인스토어로 구분된다. 독립점포는 독립채산재로 운영되며 모든 의사를 점포 자체에서 결정하는 점포형태이며, 체인스토어는 본부와 지점형태로 구분되어 있기 때문에 점포의 의사를 위임전결권한 규정에 의거 본부에서 결정하는 경우가 있다.

또한 의사결정자에게 보고하는 형태는 크게 구두보고와 문서보고가 있다. 구두보고는 대면보고, 유선보고로 구분되며, 문서보고는 기안보고, 회의보

고, 팩시밀리(Facsimile) 전송보고, 그리고 이메일(e-Mail)보고 등으로 구분된다.

구두보고는 간단한 보고사항으로 예산의 집행이 필요 없는 경우에 많이 활용되며, 문서보고는 업무진행 중간점검 또는 그 결과를 보고하는 형태로서 업무지침을 받거나 예산과 관련된 경우에 많이 활용되는 보고형태이다.

따라서 의사결정자 보고는 점포운영시스템의 통제방법과 보고내용의 성격에 따라 그 형태를 갖추어야 한다. 점포 마케팅조사계획 및 결과보고는 예산의 집행과 그 결과를 점포 마케팅활동에 반영해야하므로 문서보고를 취하는 것이 일반적이다.

3) 의사결정 및 시행

점포 마케팅조사 결과에 대한 수용여부를 결정하는 것이 의사결정에 해당된다. 점포 또는 기업에서 일반적으로 행해지는 의사결정형태는 보류와 보완, 그리고 승인의 형태로 구분된다.

보류는 점포 마케팅조사 결과가 제시하는 마케팅활용 방안 등의 정보에 대한 의사결정을 쉽게 내릴 수 없는 상황에서 이루어진다. 조사방법론이나 결과 등에 대한 문제점은 없으나 활용함에 있어서 현실성이 부족하거나, 많은 예산이 필요한 경우, 시행을 앞두고 내부의 다양한 의견을 수렴할 필요성이 있는 경우에 보류결정이 이루어진다.

보완은 점포 마케팅조사 방법론, 분석결과, 마케팅 활용방안 등에 일부 문제점을 포함하고 있거나, 내용을 추가해야할 필요성이 있는 경우에 이루어지는 의사결정이며, 승인은 재가 또는 결재 등의 용어로도 활용되며 보고서 원안대로 시행하도록 하는 의사결정을 의미한다.

제 3 부 점포진단

Chapter 06 점포진단 체계

6.1 점포진단 개요

1) 점포진단 정의

점포진단이란, 의사가 인체의 건강상태를 진단하듯이 점포의 영업활동을 포함한 경영활동을 체계적으로 조사·분석하여 좀 더 나은 경영상태를 운영, 유지할 수 있도록 조사·분석을 통해 적정한 대안을 제시하는 것을 의미한다.

인간은 자신의 건강을 유지하기 위하여 건강진단을 받거나, 질병이 발병한 경우 치료를 위한 목적으로 의료서비스를 받는다. 이와 같이 점포진단도 현상적으로 나타나는 문제점은 없으나 새로운 성장동력의 모색, 경쟁력 강화 등의 목적을 위하여 실시하기도 하며, 점포의 매출 또는 이익하락 등 발생된 문제점을 해결하기 위한 방안으로 운용되기도 한다.

점포진단은 관련분야에 대한 전문지식과 경험이 풍부한 전문가에 의해 실시되어야 한다. 점포 경영활동을 전문지식이 없는 진단자에 의해 조사 및 분석되는 경우 적절한 대안을 기대하기 어렵다. 따라서 외부 또는 내부의 전문가에 의해 점포진단을 실시하는 것이 바람직하다.

일반적으로 점포진단은 외부 전문컨설턴트에 의해 실시되지만 체인스토어를 운영하는 유통기업에서는 다점포를 관리하기 위한 방안으로 슈퍼바이저(supervisor)를 운영함으로써 지점 또는 가맹점에 대한 점포진단을 실시한다.

6.2 점포진단 유형

1) 점포진단의 유형

점포진단은 진단주체와 진단영역을 기준으로 유형을 분류한다. 진단주체를 기준으로 분류할 경우 점포진단을 점포의 내부 인적자원에 의해 실시되는 경우 자가진단이라고 한다. 이와 반대로 점포 외부의 전문컨설턴트에게 요청하여 실시되는 경우를 전문가진단이라고 한다.

☑ 점포진단의 유형

구 분		세 부 내 용
진단주체 기준		• 자가진단, 전문가진단
진단영역 기준	영업부문	• 점포컨셉, MD개선, VMD개선, 매장배치(Lay-Out) 등
	운영시스템	• 본점・지점 운영시스템, 조직, 인적자원, 전산시스템, 매입시스템, 재고관리시스템 등

점포진단 영역은 영업부문과 운영시스템 분야로 구분된다. 영업부문은 점포매출액의 증가세가 둔화되거나, 감소추세로 전환되는 등 매출액 중심의 영업성과에 문제점이 발생하는 경우 이를 해결하기 위한 목적으로 시행된다. 진단영역은 점포컨셉(store concept)과 판매상품 구성 진단, 매장배치 및 진열 및 연출 등의 VMD진단 등이 해당된다.

영업부문 점포진단은 각 영역이 서로 연관성을 지니고 있기 때문에 종합진단을 실시하지만 특별한 경우에는 각 영역별 개별진단이 실시되기도 한다.

운영시스템은 불필요한 낭비요소를 제거함으로서 점포운영의 효율성을 증대시키기 위한 목적으로 각 영역별 개별적으로 진단하는 것이 일반적이다. 운영시스템 진단 영역 중에서 본점과 지점 운영시스템에 대한 진단은 체인스토어 형태의 다점포를 운영하는 경우에만 국한된다.

6.3 점포진단 절차

점포 영업활동의 핵심문제점을 도출하여 영업활성화 전략을 수립 · 실행하기 위한 점포진단 절차는 문제점 인지로부터 시작된다.

인지된 문제점이 나타나는 원인에 대하여 영업회의와 자점진단, 그리고 상권환경 및 고객 · 경쟁점포 등에 대한 분석이 순차적으로 진행된다. 이 과정에서 중간에 핵심 문제점이 도출되면 진단결과를 판단하여 전략적 대안을 수립하여 영업활성화 전략을 시행한다.

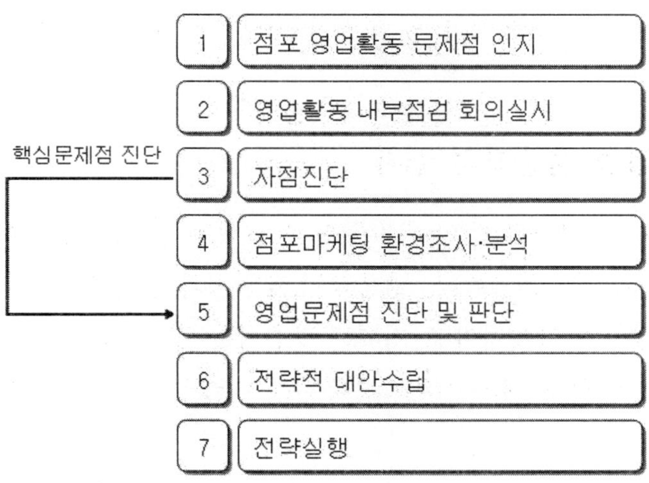

1) 영업활동 문제점 인지

기업이 영속성을 지니기 위해서는 일정한 이익과 성장이 필요하다. 일정한 이익과 성장에 영향을 주는 중요한 요소는 매출이다. 매출이 정체 또는 감소하게 되면 기업에서는 비용을 절감함으로서 이익이 창출되도록 노력한다.

점포에서의 매출과 이익은 다른 업종보다 체감도가 더욱 높다. 상품과 서비스 제조에 의한 부가가치를 창출하지 않고 판매, 즉 매출형태에 의해 부가가치가 창출되기 때문이다.

점포 영업활동의 문제점은 이익과 이익의 근원이 되는 매출의 정체와 감소로 요약된다. 하지만 점포의 상품구성 형태에 따라서 매출액이 월별, 계절별로 변동이 발생할 수 있기 때문에 점포의 매출이 정체 또는 감소한다고 무조건 영업활동에 문제점이 있다고 단정하기는 어렵다.

따라서 점포 영업활동의 문제점으로 매출과 이익액이 정체 또는 감소되는 현상은 월별 계절지수를 감안한 시계열에 의한 추세분석과 전년, 전기 실적 대비 비교분석이 좋은 방법이다.

특히 소매점포의 매출이 하락하는 경우 일정시점이 경과한 뒤에는 급속하게 하락하는 사례가 있으므로 추세분석과 비교분석은 주기적으로 실시하여 문제점을 조기에 발견하고, 인지하는 것이 매우 중요하다.

2) 영업활동 점검회의 실시

점포에서는 일정기간 동안에 시행한 영업행사 성과를 평가하기 위하여 영업활동 점검회의를 실시한다. 일상적인 영업성과는 정기회의를 통해 점검하지만, 매출감소와 특별행사가 기획된 경우에는 정기회의와 무관하게 회의주관자의 판단에 의해 개최되며, 그 유형은 아래와 같다.

☑ 점포 영업관련 회의 유형

구 분		팀장주관	점장주관	본사주관
정기회의	일일	업무점검	업무점검	-
	주간	실적점검	실적점검	-
	월간	-	실적점검 및 계획	실적점검 및 계획
비정기회의			매출감소 대책회의 특별행사 점검회의 기타 경영공지회의	매출감소 대책회의 특별행사 계획회의 기타 경영공지회의

(1) 영업관련 회의소집 통지

영업활동 성과로서 매출 또는 이익에 문제점이 인지된 경우 그 문제점의 원인을 종합적으로 파악하기 위하여 회의를 활용한다. 영업회의는 회의소집 범위와 회의 주제에 따라서 회의를 주관하는 팀장, 점장, 본부장 또는 대표이사의 명의로 소집한다.

회의를 준비하는 부서에서는 영업성과 문제의 심각성과 회의주관자의 일정 및 지침에 의하여 개최일시를 결정하고, 회의소집통지문 작성하여 해당 참석자에게 전달한다.

☑ 회의안건 주요 통지사항

- 회의형태 : 정기회의 또는 긴급회의 등 어떠한 유형인지를 명시
- 회의안건 : 회의 주제 및 세부 내용
- 회의일시 : 회의 개최일시
- 회의장소 : 회의 참석인원을 감안하여 장소를 결정
- 회의주관 : 회의 소집 및 진행을 주관하는 사람이 누구인지 명시
- 진행순서 : 회의진행 및 발표순서
- 참 석 자 : 영업부서 및 영업기획, 마케팅, 판촉 등 관계부서 담당자
- 기　　타 : 회의자료 제출여부, 양식첨부여부 등 회의진행과 관련된 참고내용.

(2) 회의를 통한 영업활동 핵심 문제점 도출

영업성과 점검회의는 영업활동 과정에서 인지된 문제점의 원인을 찾아 개선함으로서 매출활성화를 도모하기 위한 목적으로 시행된다. 그러므로 각 조직단위별로 영업성과 문제점의 원인을 분석하고, 분석된 내용을 종합하여 개선방안을 도출하는 것이 중요하다.

이때 중요한 것은 조직단위별 분석내용을 점포 차원에서 종합하여 다시 분석해야 한다는 것이다. 각 부문별 영업담당자의 경우 영업성과의 우수사례 또는 문제점을 담당상품 중심의 미시적 관점에서 분석하는 경향으로 세밀한 분석이 가능하지만 고객의 구매행동 또는 경쟁환경 등의 변화에는 다소 둔감할 수 있기 때문이다. 따라서 각 조직단위별 분석결과를 점포단위 시각으로 종합하여 분석하여 핵심문제점과 개선방향을 도출하여야 한다.

3) 자점진단

자점진단은 회의를 통해 영업활동의 핵심 문제점을 찾지 못하거나, “아마도 특정원인 때문에 영업활동이 부진한 것 같다”라는 가설적 분석내용을 뒷받침하기 위해 체계적으로 진단하는 방법이다. 의료행위와 비교할 경우 의사가 환자에게 나타나는 증세를 문진(問診)하는 것을 영업회의로 진단하는 것이라면 청진기와 간단한 도구를 통해서 증세의 정도와 원인을 알아내기 위한 방법이 바로 자점진단에 해당한다.

이때 의사가 환자의 질병을 진찰하기 위한 청진기와 진료 도구는 자점진단 과정에서는 계수분석, 체크리스트, 그리고 점포 관찰법 등이 주요 진단도구로 사용된다.

계량분석법과 체크리스트법, 그리고 관찰법은 점포 내부현상과 정보를 활용한다는 점에서 고객 및 경쟁점포분석과 구분된다. 경쟁점포는 자점과 다른 영업주체에 의해 영업활동을 하는 점포라는 관점에서 당연히 자점진단에서 제외가 된다. 하지만 고객은 보는 관점에 따라서 자점진단에 포함할 수 있다.

☑ 자점진단 방법론

구 분	세 부 내 용
계량분석법	• 점포의 각종 수치정보를 통해서 영업활동을 진단 • 재무제표와 각종 영업관리 및 효율성/생산성 계수 중심으로 분석
체크리스트법	• 각 부문별 영업활동을 스스로 자가진단표(체크리스트)로 진단 • 점포관리자 또는 본부 수퍼바이저에 의해 조직, 인적자원, 상품관리,고객관계관리 등의 항목별로 점검
관 찰 법	• 점포 내 고객의 구매행동을 관찰함으로서 문제의 핵심을 진단 • 상품배치, 진열방법, 동선체계 및 판매원의 대면판매 등 판매진단

고객분석을 자점진단에 포함하는 경우는 자점을 이용하는 고객을 고객관계관리 활동을 시행하고, 이들 고객에 한정하여 분석을 실시하는 사례이다. 이것은 고객분석 범위가 자점 이용고객에 국한하기 때문에 점포관점에서 판매의 효율성 즉, 객단가 증대를 위한 방안에 분석의 초점이 맞춰지는 단점이 있다.

점포는 '고객 생활지원 서비스업'으로서 지속적으로 새로운 상품의 개발과 도입이 필요하다. 이와 같은 점포의 머천다이징활동은 상권에서 새로운 고객을 창출할 수 있는 기회를 모색할 수 있기 때문에 점포에서는 자점 이용고객뿐만 아니라 상권 전체고객에 대한 이해가 필요하다. 따라서 본서에서는 고객분석을 자점진단이 아닌 독립적인 분석영역으로 제 5부에서 자세히 다루고 있다.

4) 점포마케팅 관련 조사 · 분석

점포의 영업활동에 영향을 주는 요인은 매우 다양하다. 점포의 구성 상품과 구매경로, 입지, 가격, 프로모션 등의 마케팅전략 요인과 인구, 경기동향, 법률 등과 같은 요인들이 영업활동에 영향을 준다.

이들 요인 중에서 마케팅전략 요인을 제외한 요인들을 환경요인이라고 한다. 점포 영업환경 요인은 외부환경요인과 내부 환경요인으로 구분하며, 외부환경요인은 거시환경요인과 미시환경요인으로 구분한다.

거시환경요인(macro-environmental factor)는 점포를 둘러싸고 있는 외부환경의 변화추세를 통해 영업활동에 나타날 영향의 가능성과 정도를 판단하는데 활용된다.

반면에 미시환경요인(micro-environmental factor)은 점포의 영업활동에 직접적으로 영향을 줄 수 있는 환경요인에 해당한다. 따라서 시장에서 자점의 강점과 약점, 그리고 기회와 위협요소를 도출하기 위한 목적으로 활용한다.

미시환경요인은 점포의 상권주변 환경을 포함하는 개념으로 유통산업과 소매업태별 동향을 포함한다. 따라서 동일 상권에서 영업활동을 전개하는 점포들의 특성에 따라서 환경요인이 다르게 작용할 수 있다.

☑ 점포환경요인의 유형

외부환경요인		내부환경요인
거시환경요인	미시환경요인	
• 인구통계동향 • 경제적 동향 • 사회문화적 동향 • 정치·법률적 동향 • 기술적 동향	• 유통산업 및 업태별 동향 • 고객 • 경쟁점포 • 공급업자	• 재무적 요인 • 기업 및 조직문화 • 운영시스템 • 인적자원 역량 등

점포의 환경요인과 고객·경쟁점포에 대한 분석은 영업활성화를 위한 점포진단 과정에서 자점진단을 실시한 결과 핵심 영업문제점을 도출하지 못하였거나, 핵심 영업문제점을 도출한 경우 그 문제점의 확인과 개선을 위한 전략적 대안을 도출하기 위한 목적으로 실시한다.

5) 영업문제점 진단 및 판단

점포영업 활동과정에서 나타나는 문제점은 다양한 요인들의 인과관계로 나타난다. 점포 영업문제점이 특정한 요인에 의해 나타나는 사례도 있지만, 점포를 구성하고 있는 여러 요소들이 상호 유기적인 활동을 하고 있기 때문에 여러 가지 요소로 귀결되는 것이 일반적이다.

또한 회귀분석과 같이 점포 영업문제점의 영향을 값으로 분석할 수 있다면 매우 유용할 것이다. 하지만 회귀분석을 위해서는 각 요인들의 인관관계를 분석하기 위한 많은 양의 시계열(時系列) 수치자료가 필요하기 때문에 이를 준비하고 생성하는 작업에 더욱 많은 시간이 소요되는 문제점도 있다.

따라서 영업문제점을 도출하는 과정에서 분석자는 개인경험에 의한 통찰력 등 직관과 과학적인 분석기법을 함께 활용하도록 해야 한다.

영업문제점 분석자가 기본적으로 갖추어야 하는 능력과 시각은 다음과 같다.

① 점포 영업 및 운영시스템 전반에 대한 이해
② 대형마트, 편의점, 슈퍼마켓, 편의점, 프랜차이즈 등과 같이 다점포를 운영하는 기업의 점포인 경우 체인스토어 본·지점 운영시스템에 대한 이해
③ 영업활동 요소들의 상호작용에 대한 이해
④ 도출된 문제점들이 발생하게 되는 인과관계에 대한 이해
⑤ 기존에 분석된 인과관계에 얽매이지 않고, 인과관계를 다시 확인하는 자세
⑥ 개인적 주관과 생각에서 벗어난 객관적인 시각
⑦ 다양한 문제점을 핵심 영역별로 종합하는 능력

☑ 관점의 차이

출처 : 라스민닷컴 http://www.rismin.com

좌측의 그림은 무엇인가?
오리?
토끼?
보는 사람마다 다른 관점에서 그림을 이해 할 수 있는 이중 이미지를 지닌 그림이다.

점포의 문제점은 이중 이미지보다 더욱 복잡한 마케팅요인들의 상호작용에 의해 나타나게 되므로 한 가지 관점이 아닌 다양한 관점에서 문제를 이해하고 해결방안을 모색해야 한다.

6) 전략적 대안수립

점포 영업활동의 전략적 대안을 수립하기 위해서는 먼저 문제점의 원인에 대하여 폭 넓은 분석이 전제되어야 한다. 자점과 환경요인 및 고객, 경쟁점포에 대한 분석결과 도출된 영업의 문제점을 종합적으로 검토하여 점포영업을 활성화할 수 있는 대안을 수립한다.

점포의 전략적 대안은 자점의 강점과 약점, 그리고 상권 내 시장에서의 기회와 위협요소에 대한 분석을 통해서 수립하며, 이를 SWOT분석이라고 한다.

(1) SWOT분석

SWOT분석(Strength · Weakness · Opportunity · theater Analysis)은 고객의 소비와 구매행태의 변화와 경쟁사의 동향, 새로운 유통업태의 출현 등과 같은 시장환경 변화에 따른 위협과 기회요인을 파악하고, 기존 경쟁점포 대비 자점 핵심역량의 강점과 약점을 파악함으로서 마케팅 전략의 대안을 수립하는 분석법이다.

강점과 약점은 상권분석과 경쟁점포 조사·분석을 통해 도출할 수 있으며, 기회와 약점은 거시환경과 미시환경요인 분석을 통해서 시장과 상권에서의 기회와 위협 요소를 분석할 수 있다.

(2) 강점과 약점, 기회와 위협요소 활용

내부분석과 외부분석으로 도출된 강점과 약점, 그리고 기회와 위협요소를 활용하는 전략은 다음과 같다.

- 강점 : 강점은 유지·강화한다. 강점의 유지·강화를 통해 경쟁점포의 약점을 심화시킨다.
- 약점 : 약점을 보완한다. 약점 보완으로 경쟁점포 강점을 완화한다.
- 기회 : 시장에서의 기회를 살려 새로운 상품을 도입하고, 고객을 창출한다.
- 위협 : 위협요소를 기회로 바꾼다.

(3) SWOT분석에 의한 전략적 대안의 방향성

점포의 영업 활성화전략은 SWOT분석에 점포 내부역량의 강점과 약점, 그리고 외부환경의 기회와 위협요소를 매트릭스(matrix) 도표로 분석한다.

점포활성화를 위한 전략적 대안을 수립함에 있어서 다음의 사항을 주의해야 한다. 우선 SWOT분석 도표 상에서 자사의 현재위치를 파악한 후 반드시 자사에 맞는 전략을 채택해야 한다.

또한 SWOT분석을 통해 동태적인 전략적 대안을 검토해야 한다. 예를 들어 분석도표 상에 자사의 위치가 D영역에 있는 경우 가장 이상적인 영역인 A영역으로 곧바로 진입할 수 없다. B또는 C영역을 통해 A영역으로 진입해야 하며, 그 중에서 C영역을 통하는 것이 보다 현실적이다. 따라서 점포에서는 A영역으로 진입하기까지 동태적인 대안을 검토해야 한다.

☑ SWOT 분석을 통한 전략적 대안 검토

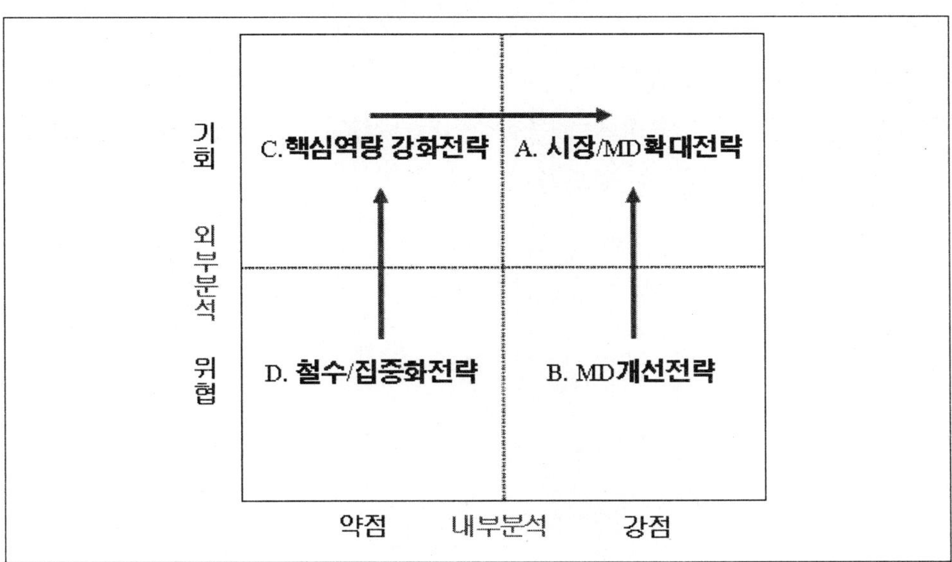

- 기회와 강점(OS) : 외부환경의 기회를 자점의 강점으로 최대한 활용한다.
- 기회와 약점(OW) : 외부환경의 기회를 약점으로 놓치지 않도록 필요한 보완과 핵심역량을 강화한다.
- 위협과 강점(TS) : 외부환경의 위협을 기회로 바꾸기 위하여 강점을 활용한다.
- 위협과 약점(TW) : 위협요소가 약점으로 인해 최악의 상황이 되지 않도록 기회요소로 전환할 수 있게 노력한다.

7) 전략실행

점포영업 문제점진단을 통해 영업활성화 전략으로 선택된 대안은 보고서로 정리하여 내부협의와 최고경영진의 의사결정을 통해 실행한다. 하지만, 영업활성화 전략의 실행이 의도한 것과 같이 쉽게 이루어지지 않고, 내부적인 장애요소에 의해 지연되기도 한다.

먼저 투자가 결정된 사업이 존재할 수 있으며, 또한 영업개선이 기대되지만 위험이 있는 경우 관계자들이 의사결정을 지연시키는 조직풍토 등은 전략실행에 있어서 큰 장애요소가 된다.

전략실행에 장애가 되는 요소들은 점포의 재무구조와 투자계획을 포함한 현재 상태, 기업 및 조직문화, 의사결정 시스템, 점포운영시스템, 인적자원의 역량 등이 포함된다. 점포마케팅에서는 이들을 내부 환경요인이라고 한다.

따라서 전략실행계획을 수립함에 있어서 이들 장애요인이 존재하는지를 미리 검토하고, 그 결과에 따라서 직원 의식개혁을 위한 계획 등을 포함시키도록 한다.

점포 영업활성화 전략이 실행되면 실행을 주관하는 조직 또는 담당자는 전략실행의 성과를 지속적으로 관찰하면서 나타나는 현상을 지속적으로 보완하여 목표가 달성될 수 있도록 관리한다.

Chapter 07 영업성과지표분석

7.1 계량분석 개요

1) 계량분석과 자료

계량분석(Quantitive Analysis)이란, 점포의 마케팅활동의 의사결정에 필요한 자료를 수집한 후에 분석하는 기법을 의미한다. 계량분석에 소요되는 자료의 형태는 숫자로 표현되는 수치자료(numerical data)들로써 그 특성에 따라서 범주형자료와 시계열자료로 구분된다.

범주형자료(categorical data)는 특정시점에 특정목적으로 조사된 자료로 설문조사 응답집계자료, 재고조사 자료, 부문별 취급품목수, 계산대수 등이 해당된다. 또한 시계열자료(time series data)는 시간흐름에 따라 영향을 받는 자료로써 시간대별 점포고객수가 대표적인 사례에 해당한다.

이들 수치자료는 통계분석, 데이터마이닝, SPSS 등의 분석도구와 점포 영업성과분석을 위한 공식까지 다양한 방법으로 분석된다. 특히 수치자료는 단순한 명료한 형태의 자료이기 때문에 다른 자료와 결합하여 영업성과를 분석할 수 있는 자료를 산출할 수 있다. 이와 같이 산출된 자료들을 계수자료(calculation data) 또는 계수정보라고도 한다.

점포의 계수정보는 영업성과분석을 위한 해당 공식에 의해 산출되며, 서로 약속된 기준에 의해 표시되기 때문에 객관성을 지니고 있다. 그러므로 경쟁점포 또는 산업표준과 비교가 가능하다.

2) 계수정보의 유형

계수정보는 활용목적에 따라 영업관리정보, 재무정보, 그리고 점포관리정보로 구분한다. 영업관리정보는 점포 각 영업담당자들이 매출과 이익관리, 그리고 판매 및 재고, 발주관리를 위하여 활용하는 판매관리정보와 영업성과의 효율성을 분석하기 위한 효율성정보로 구분된다.

재무정보는 재무제표에 의한 대차대조표, 손익계산서, 이익잉여금 처분계산서(또는 결손금처리계산서), 각 부속명세 등으로 구성된다. 점포 영업활동에 있어서는 손익계산서를 가장 많이 활용하며, 점포단위의 수익성, 안정성, 생산성, 성장성, 활동성 등을 분석하기 위하여 대차대조표와 일부 자료들을 활용한다.

점포관리정보는 점포의 효율적인 운영을 위해 분석되는 계량정보이다. 영업관리정보가 수익창출 중심의 계량정보인 반면, 점포관리정보는 비용절감을 위한 목적으로 활용되는 특징이 있다.

☑ 계수정보 유형별 주요지표

영업관리정보		재무정보	점포관리 정보
판매관리정보	효율성(생산성)정보		
• 매출액 • 이익액 • 고객수/객단가 • 상품손실률(로스율) • 진열상품 결품률 등	• 매출이익률 • 매가인하율 • 1인당 매출액 /이익액 • 평당 매출액 /이익액 • 재고회전률 등	• 대차대조표 • 손익계산서 • 이익잉여금처분 계산서 (결손금처리계산서) • 각 부속명세서 등	• 계산대 가동률 • 주차장 회전률 • 시간대별 고객수 • 상품손실률

3) 계수정보의 중요성

계수정보는 점포의 경영 또는 영업상태를 점검하는 중요한 지표이다. 특히 경쟁점포 또는 산업표준 등과 비교할 경우 경영 또는 영업활동에 있어서 어느 부문이 강점이고 약점인지 비교하여 분석할 수 있다. 그러므로 다음의 내용과 같이 계수정보의 중요성을 살펴볼 수 있다.

① 점포의 재무구조를 알 수 있다.
② 각 부문별 영업활동의 성과와 문제점을 판단할 수 있다.
③ 점포운영시스템의 효율성을 평가하여 개선할 수 있다.
④ 상권 내 시장점유율 분석을 통해 경쟁구조를 분석할 수 있다.
⑤ 각종 성과지표로 업무담당자별 인사와 보상이 수반된다.

4) 계수정보의 전제조건

점포진단에 있어서 계량정보의 정확성이 가장 중요시된다. 점포에서 생성되는 각종 수치자료가 부정확한 상황에서 이들 수치자료에 근거하여 산출된 계량정보를 활용하여 점포진단을 실시할 경우 엉뚱한 문제점과 대안을 도출할 수밖에 없기 때문이다. 따라서 점포운영과 진단 목적의 계량정보를 획득하기 위해서는 정확한 수치자료가 생성되도록 점포경영정보시스템이 필요하다.

특히 대형점포에서 취급하는 수 만가지의 상품을 효율적으로 관리하고, 점포를 운영하기 위해서는 단품관리시스템과 POS시스템의 구축과 정확한 운영이 전제된다.

☑ POS시스템 정의

POS시스템은 점포에서 취급하는 상품의 판매정보를 중심으로 발주・매입・검품 등의 정보생성과, 고객관리 등 소매점포 경영활동에 필요한 각종 정보를 판매시점에서 파악하여 운영・관리하는 경영정보시스템을 말한다.

☑ 단품관리시스템 정의

단품관리(unit control)시스템은 최소단위로 분류된 상품단위인 단품별 판매실적을 파악하여 판매계획 및 진열계획 수립하고 그 결과를 분석하여 상품회전률 증대와 점포의 효율적인 매장운영을 지원하는 경영정보시스템.

시스템은 전산정보시스템과 인적 운영시스템으로 구분된다. 전산정보시스템은 전산장비에 해당하는 하드웨어(hardware)와 운영 소프트웨어(operation software), 그리고 프로그램과 기초정보자료로 구성된다.

인적 운영시스템은 형식지(explicit knowledge)형태의 시스템 운영 매뉴얼과 암묵지(tacit knowledge), 그리고 시스템을 활용하는 능력(skill)이 해당된다.

따라서 계량정보를 생성하고, 활용하기 위해서는 단순히 전산정보시스템뿐만 아니라 인적 운영시스템을 포함한 경영정보시스템의 구축과 정확한 운영이 필요하다.

7.2 영업관리진단

1) 영업관리진단 개요

점포조직은 기본적으로 영업과 구매 그리고 인사와 경영조직 형태로 구성된다. 영업조직은 판매가 이루어지는 고객접점을 담당하기 때문에 상품을 구매하는 조직과 함께 점포에서 큰 역할을 담당한다.

영업조직에서 담당하는 업무범위는 영업관리로 규정하며, 그 범위는 매출관리, 이익관리, 상품관리, 판매관리, 그리고 판매현장의 인적자원관리와 판매환경관리를 포함한다.

☑ 영업관리자 직무 예시

• 매출관리: 팀, 부문, 담당, 상품별 매출계획 수립 및 성과평가 • 이익관리: 팀, 부문, 담당, 상품별 이익계획 수립 및 성과평가 • 상품관리: 매입, 진열, 판매, 재고관리, 손실(Loss)관리, 회전률, 결품률 등 • 판매관리 : 입·퇴점관리, 가격변동, 진열 및 판촉관리, 행사관리, • 인적자원관리 : 영업관리자 담당 직영 및 판촉사원 근무계획 및 업무전달, 교육 등 • 판매환경관리 : 선반진열대 등 진열집기와 이동매대, POP 등 판매환경 관리

영업관리정보는 매출관리와 이익관리, 상품관리 등 정량분석이 가능한 점포계량을 분석하여 생성할 수 있다. 판매관리, 인적자원관리, 판매환경관리 등은 업무활동의 과정 및 결과가 수치로 표현되지 않기 때문에 수치로 전환하여 정보를 생성하는 과정이 필요하다.

2) 매출액진단

매출액(sales)은 상품의 판매 또는 서비스 제공에 대한 수입금액으로 매출환입액과 에누리금액을 공제한 순매출액을 말한다.

점포의 매출액은 고객수와 고객 1인당 평균 구매금액에 해당하는 객단가에 의해 결정된다. 점포의 영업환경과 영업능력의 변화에 따라서 고객수 또는 객단가의 증감이 발생하여 매출액이 변동된다. 따라서 점포 또는 부문별 가장 기초적인 매출분석 기법으로 활용한다.

3) 이익률진단

이익률(profit ratio)은 점포에서 일정한 영업기간 동안 창출한 이익규모를 다른 수치와의 비율로 표시한 것으로 점포 수익성 분석의 중요한 지표이다.

점포 수익성을 이익률로 분석하는 것은 실현된 이익의 절대금액으로는 점포의 수익성을 정확하게 측정할 수 없기 때문이다. 이익률로 분석할 경우 경쟁점포 또는 산업평균 이익률 등과 비교하여 자점의 수익성을 객관적으로 비교할 수 있다.

점포의 영업관리에서 활용되는 이익률의 형태는 점출이익률과 매출총이익률, 영업이익률이 있다.

- 점출이익률 $= \frac{\text{점출차익}}{\text{예상매출액}}$
- 매출총이익률 $= \frac{\text{매출이익액}}{\text{매 출 액}} \times 100$
- 영업이익률 $= \frac{\text{영업이익액}}{\text{매 출 액}} \times 100$

이익률과 수익성에 대한 자세한 내용은 재무제표 분석에서 살펴보도록 하겠다.

4) 상품 손실률진단

상품 손실률(efficiency of lose)은 일정한 영업기간 동안에 매출액 대비 상품의 자연손실, 매입 등의 행정처리 착오, 각종 도난, 종업원 부정행위, 계산착오 등에 의해 손실로 발생한 비용의 비율을 말한다.

일부점포의 관리회계에서는 상품판매에 있어 가격인하로 손실이 발생되는 금액인 매가인하금액도 상품손실금액에 포함하기도 한다.

- 상품손실률 $= \frac{\text{상품손실액}}{\text{매상액}} \times 100$
- 매가인하금액 = 점출이익액 − (매출이익액 + 상품손실액)

5) 결품률진단

결품(lack of goods)은 점포에서 진열, 보관중인 특정 상품이 없어서 고객에게 판매할 수 있는 기회손실이 발생하는 상태를 말한다.

결품은 예상하지 못한 대량판매가 발생하거나, 발주물량이 협력업체로부터 입고되지 않은 경우, 그리고 담당자의 재고관리 미숙 등의 원인에 의해 발생된다. 따라서 점포에서는 결품률을 팀・부문・카테고리 등과 같이 상품관리 단위별로 관리한다.

$$결품률 = \frac{결품품목수}{취급품목수} \times 100$$

7.3 효율성진단

경제학적 관점에서 점포의 효율성은 투입요소 대비 산출요소의 크기로 표현한다. 점포의 투입요소는 시설관점에서 점포면적과 상품매입비용, 점포운영에 필요한 판매 및 일반관리비용이 해당된다. 반면에 산출요소는 매출액 또는 이익액이다.

따라서 투입요소와 산출요소를 통해 다양한 형태로 점포운영의 효율성을 측정할 수 있는 계량정보를 산출할 수 있다. 또한 효율성은 상대성을 지닌 계량정보로서 자점 또는 경쟁점포나 산업평균의 지표와 비교하여 평가할 수 있다. 즉, 자점목표 및 전기실적 등과 비교하여 효율성의 달성수준과 향상도를 평가할 수 있으며, 경쟁점포 또는 산업평균과 비교하여 자점의 점포운영 효율성 수준을 평가하여 영업개선방향을 검토할 수 있다.

1) 이익률

이익률은 영업관리정보 뿐만 아니라 점포운영의 효율성을 검토하는데 유용한 계량정보로 매출총이익률과 영업이익률, 경상이익률 등을 활용한다.

2) 매가인하율

매가인하는 상품을 판매하기 위하여 매입하는 시점에서 결정된 정상가격을 상품 신선도, 고객수요, 경쟁점포 가격 등에 의해 일정금액을 인하하여 판매하는 것이다.

$$\text{매가인하율} = \frac{\text{매가인하금액}}{\text{정상판매금액}} \times 100$$

매가인하 실시원인별 유형과 자점의 전기 지표 또는 경쟁점포와 산업평균과 매가인하율을 비교하여 가격결정, 매입원가 및 매입처, 상품발주량, 그리고 상품 관리수준 등에 대한 점포 영업활동의 문제점을 진단할 수 있다.

3) 종업원 효율성 진단

경제학 관점에서 일반적인 기업의 생산요소는 토지와 사람, 그리고 자본이 해당된다. 이를 소매점포에 적용할 경우 토지는 점포면적, 사람은 종업원으로 이해할 수 있다. 생산요소는 산출물을 획득하기 위한 투입비용에 해당한다. 따라서 일정수준의 매출액을 창출하는데 소요되는 종업원의 수는 생산성에 매우 중요한 지표에 해당된다.

종업원 인당 매출액 또는 종업원 인당 이익액은 경쟁점포 또는 산업평균과 대비하는 것으로 활용한다. 주의해야 할 점은 업태 및 소매점포의 서비스정책 등에 의해 종업원의 운용전략이 다를 수 있으므로 절대평가로 비교해서는 곤란하다. 또한 점포의 매출액이 현저하게 낮은 상태에서 산업평균수준으로 종업원 생산성을 맞추기 위하여 강제적으로 종업원수를 감원할 경우 고객에게 최소한의 서비스도 제공하지 못할 수도 있다는 점을 고려해야 한다.

$$1인당 매출액 = \frac{매출액}{종업원수}$$

$$1인당 이익액 = \frac{영업이익액}{종업원수}$$

4) 평당 효율성 진단

점포는 매장이라고 하는 한정된 물리적 공간을 지니고 있어 취급할 수 있는 상품이 제약된다. 점포에서 취급할 수 있는 상품이 한정적이기 때문에 좀 더 높은 매출액과 이익액을 달성하기 위해서는 이들 상품을 어떻게 구성해야 할 것인지를 고민한다.

따라서 평당 매출액 또는 평당 이익액은 현재 점포에서 구성하고 있는 상품의 효율성을 평가하기 위한 생산성지표로 활용된다. 이때 유의해야 할 점은 점포면적의 개념이 여러 가지이기 때문에 그 내용을 정확하게 이해하는 것이 필요하다.

$$평당매출액 = \frac{매출액}{영업면적}$$

$$평당이익액 = \frac{영업이익액}{영업면적}$$

☑ 점포면적의 유형별 이해

- 건축면적 : 건축면적은 점포 건축물의 외벽 또는 기둥의 중심선으로 둘러싸인 부분을 포함하는 면적
  일반적으로 점포 1층의 바닥면적이 건축면적에 해당
- 연 면 적 : 연면적은 점포 각 층의 바닥면적을 합한 전체면적
- 영업면적 : 영업면적은 건축면적에서 승강기(E/S, E/L), 계단, 화장실, 공조시설 등 공유면적을 제외한 건축법상 판매시설 면적의 합계
  창고 및 고객서비스시설 등이 별도로 설치된 경우 이를 포함

• 매장면적 : 매장면적은 상품의 판매하는 판매면적과 이를 지원하는 용역제공면적으로 구분된다. 용역의 제공에 해당하는 면적은 휴게음식점, 탁구장 등의 근린생활시설을 포함한다.

7.4 재무제표 분석

1) 재무제표 진단 개요

재무제표(financial statement)란, 일정기간 동안에 점포에서 발생한 경영성적과 그 기간 말에 있어서 재정 상태를 기록한 회계보고서로 주주, 투자자, 종업원 등과 같은 이해관계자에게 정보를 제공하기 위한 목적으로 작성된 회계보고서이다.

☑ 기업회계기준서에서 정하는 재무제표의 구성

① 대차대조표
② 손익계산서
③ 이익 잉여금 처분계산서(또는 결손금처리계산서)
④ 현금흐름표
⑤ 자본변동표
⑥ 주석

대차대조표는 일정 시점에 기업이 보유하고 있는 경제적 자원인 자산과 경제적 의무인 부채, 그리고 자본에 대한 정보를 제공하는 재무보고서이다. 정보이용자들이 기업의 유동성, 재무적 탄력성, 수익성과 위험성 등을 평가하는데 유용한 정보를 제공한다.

손익계산서는 일정 기간 동안 기업의 경영성과에 대한 정보를 제공하는 재무보고서이다. 손익계산서는 당해 회계기간의 경영성과를 나타낼 뿐만 아니라 기업의 미래현금흐름과 수익창출능력 등의 예측에 유용한 정보를 제공한다.

이익잉여금처분계산서(또는 결손금처리계산서)는 이익잉여금의 처분사항(또는 결손금의 처리사항)을 명확히 보고하기 위한 재무보고서이다. 자본변동표는 자본의 크기와 그 변동에 관한 정보를 제공하는 재무보고서로서, 자본을 구성하고 있는 자본금, 자본잉여금, 자본조정, 기타 포괄손익누계액, 이익잉여금(또는 결손금)의 변동에 대한 포괄적인 정보를 제공한다.[6)]

재무제표를 이용한 점포진단은 영업부문과 점포 재무부문으로 나누어 살펴볼 수 있다. 영업부문은 손익계산서를 중심으로 점포진단에 필요한 계량정보를 획득할 수 있으며, 재무부문은 재무제표를 활용하여 수익성, 안정성, 생산성, 성장성, 활동성을 평가한다.

2) 손익계산서 분석

손익계산서(income statement)는 점포의 영업성과를 분석하기 위하여 일정기간 동안에 발생한 모든 수익과 비용을 대비시켜 당해 기간의 순이익을 확정하는 회계보고서이다. 손익계산서의 구조는 수익에서 비용을 차감한 이익의 기본적인 형태로 표시되며, 기업회계와 관리회계의 목적으로 각각 작성한다.

기업회계는 기업회계기준서에 의해 점포의 이해관계자에게 재정상태 등과 같은 재무정보를 제공하기 위하여 작성하는 공식 보고서이다. 반면에 관리회계는 점포운영 전략수립 및 관리 등의 목적으로 매월 또는 매 분기 단위로 작성하는 내부 보고서이기 때문에 기업마다 그 작성기준이 다르다.

---

6) 한국회계연구원・회계기준위원회(2006), '재무제표의 작성과 표시 I', 기업회계기준서 제21호, 요약 재정리

☑ 손익계산서의 주요 구성항목

① 매출액
② 매출원가
③ 매출손익
④ 판매비와 관리비
⑤ 영업손익
⑥ 영업외수익
⑦ 영업외비용
⑧ 경상손익(법인세비용차감전 계속사업손익)

☑ 기업회계와 관리회계의 손익계산서 비교

구 분	기업회계	관리회계
주요 작성목적	• 이해관계자에게 재무정보제공	• 점포단위 영업성과분석을 통한 점포 영업 및 운영전략 수립
작성주기	• 통상 연 1회 (상장기업 등의 경우 분기 또는 반기 주기로 작성하기도 함)	• 통상 월간 단위
작성방법	• 점포 영업결산을 통한 작성	• 점포영업 가결산 및 활동기준 원가 기초 점포별 안분으로 작성
주요 특징	• 기업마다 작성기준이 통일됨.	• 점포별/부문별/담당별 영업성과 분석 가능 • 기업마다 작성기준이 상이함.

☑ 손익계산서 구성 주요항목별 운영 원리

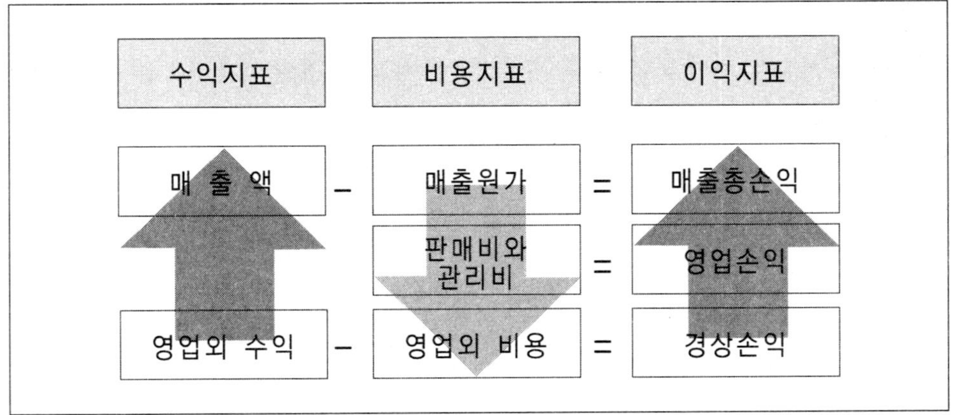

(1) 매출액

매출액은 점포의 주된 영업활동에서 발생한 제품, 상품, 용역 등의 총매출액에서 매출할인, 매출환입, 매출에누리 등을 차감한 부가가치세액이 제외된 금액이다. 매출액은 점포뿐만 아니라 일반기업에서도 이익창출의 기본 전제가 된다. 따라서 점포진단에 있어서 매출액의 구성요인의 변화추이에 대한 분석이 필요하다.

- 매출액 = 매출원가 + 매출총이익액
- 매출액 = 매상액 − 부가가치세액
- 매출액 = 고객수 × 객단가

(2) 매출원가

매출원가(costs of sales)는 제품, 서비스 등의 매출액에 대응되는 원가로서 판매된 제품이나 서비스 등에 대한 제조원가 또는 매입원가이다. 일부 소매점포에서 다양해진 고객의 욕구에 대응하고, 높은 수익을 창출하기 위하여 직영으로 즉석제조판매를 하는 사례가 증가하고 있다. 이러한 경우에는 매입원가가 아닌 제조원가가 반영되어야 한다.

매출원가는 기초상품재고액에 당기상품매입액을 가산하고, 기말제품재고액을 차감한 금액이다. 이때 당기상품매입액은 상품의 총매입액에서 매입할인, 매입환출, 매입에누리 등을 차감하여 산출한다. 또한, 대부분의 점포에서 매가환원법을 채택하고 있기 때문에 매출원가에는 상품매입원가와 상품제조원가, 그리고 매출할인, 매출에누리 등의 매가인하액과 재고손실액을 포함하고 있다.

☑ 매가환원법

- 점포에서 재고기록을 소매가격으로 기록하기 때문에 원가에 의한 기말재고를 측정하는 방법론
- 즉, 점포에서 매입한 상품의 판매예정가격에서 예상이익금을 차감하여 산출한 재고자산 가액을 측정하는 방법론

- 매출원가＝매출액－매출이익액
- 매출원가＝(기초상품재고액＋당기상품매입액)－기말상품재고액
- 매출원가＝상품매입원가＋상품제조원가＋매가인하액＋재고손실액
- 매출원가율 $= \frac{\text{매출원가}}{\text{매출액}} \times 100$

(3) 매출총손익

매출총손익(gross profit and loss)은 매출액에서 매출원가를 차감하여 산출되는 이익지표이다. 일반적으로 매출액이 매출원가보다 높기 때문에 매출총이익으로 표현하지만, 판매부진 등의 원인으로 매출원가보다 낮은 가격으로 판매하는 경우 매출총손실로 표시된다.

따라서 매출총손실이 발생되지 않게 하기 위해서 매출액 증대와 매출원가 인하 방법론에 대한 검토가 필요하다.

- 매출총손익＝매출액－매출원가
- 매출총손익율 $= \frac{\text{매출총손익액}}{\text{매출액}} \times 100$

(4) 판매 · 일반관리비

판매 · 일반관리비(Selling, General & Admin Expenses)는 제품, 상품, 용역 등의 판매활동과 기업의 관리활동에서 발생하는 비용으로서 매출원가에 속하지 아니하는 모든 영업비용을 포함한다.

판매 · 일반관리비는 계정항목에 따라 인건비, 판촉비와 광고선전비, 일반관리비로 크게 구분하며, 비용의 성격에 따라 고정비와 변동비로 구분한다.

고정비(fixed cost)란 점포의 운영과 매출액 증감에 영향을 받지 않고 일정하게 소요되는 비용으로 보험료, 감가상각비, 임대료 등이 해당된다. 반면

에 변동비(variable cost)란 점포의 운영기간과 매출액에 비례하여 발생하는 비용으로 카드매출수수료 등이 해당된다.

점포에서 각 계정별 비용을 절감하는 방법과 고정비용을 변동비로 전환함으로써 판매비와 일반관리비용을 절감한다.

- $\text{판매비와일반관리비율} = \dfrac{\text{판매비와일반관리비}}{\text{매출액}} \times 100$

(5) 영업손익

영업손익(operating profit and loss)은 점포영업활동의 이익과 손실을 나타내는 지표로 매출총손익에서 판매·일반관리비를 차감하여 산출한다. 영업손익은 점포영업을 통해 수익을 창출할 수 있는지를 판단하는 주요한 지표가 되며, 그 결과에 따라 점포의 영업활동 지속여부를 결정하게 된다.

- $\text{매출총손익} = \text{매출액} - \text{매출원가}$
- $\text{매출총손익율} = \dfrac{\text{매출총손익액}}{\text{매출액}} \times 100$

(6) 영업외손익

영업외손익(incidental profit and loss)은 영업외수익과 영업외비용을 의미한다. 영업외수익은 기업의 주된 영업활동이 아닌 활동으로부터 발생한 수익과 차익으로 점포에서 당일 발생한 매출금액을 은행에 예치하는 경우 발생한 이자수익이 대표적인 사례이다.

반면에 영업외비용은 기업의 주된 영업활동이 아닌 활동으로부터 발생한 비용과 차손을 의미하며, 점포에서 당일 발생한 매출금을 은행에 보통예금이 아닌 투자신탁 등에 예치하여 더 나은 이자수익을 기대하였으나 원금손실이 발생되는 경우 그 손실금이 영업외 비용에 해당된다.

(7) 경상손익

경상손익(ordinary income and loss)은 영업손익에 영업외수익을 가산하고, 영업외비용을 차감하여 산출한다.

- 경상손익 = (영업손익 + 영업외수익) − 영업외비용
- 경상손익율 = $\frac{\text{경상손익}}{\text{매출액}} \times 100$

3) 재무분석

점포 재무분석은 회계결산서인 재무제표를 통해 객관적인 자료로서 각종 지표를 분석하는 것을 말한다. 재무분석은 점포의 현재 문제점을 파악하고 대책을 강구하기 위한 목적으로 수익성, 안정성, 생산성, 성장성, 활동성 항목으로 구분하여 실시한다.

(1) 수익성

수익성(profitability)은 일정기간 동안 점포영업활동 결과로 나타난 경영성과를 의미한다. 수익성은 기본적으로 자본과 매출과의 관계, 매출과 이익과의 관계, 그리고 자본과 이익과의 관계를 분석하는 것으로, 이를 자본회전률, 매출이익률, 자본이익률 등으로 표현한다.

자본회전율은 총자본회전률, 경영자본회전률, 자기자본회전률 등으로 수익성을 평가하며, 매출이익률은 매출총이익률, 영업이익률, 경상이익률 등과 변동비(고정비) 대 매출액 비율 등으로 평가한다. 또한 자본이익률은 자본회전률에 순이익률을 곱하여 산출한다.

수익성 분석을 위한 주요 지표는 다음과 같다.

☑ 점포 수익성분석을 위한 주요 지표

- $\text{자본회전율} = \dfrac{\text{매출액}}{\text{자본평균잔액}} \times 100$
- $\text{매출이익률} = \dfrac{\text{매출이익액}}{\text{매출액}} \times 100$
- $\text{자본이익률} = \dfrac{\text{이익}}{\text{자본}} \times 100$

(2) 안정성

안정성(stability)은 점포의 지급능력과 자기자본비율을 통해 재무적 안전성을 측정하는 지표를 말한다.

점포의 지급능력은 매입상품 대금 등과 같은 단기채무와 점포건축을 위한 대출 등과 같은 장기채무 등 부채를 변제할 수 있는 보유자산에 의해 결정된다. 특히 자산 중에서 1년 이해 현금화가 가능한 현금, 유가증권 등과 같은 유동자산과 1년 이내에 변제해야하는 유동부채의 비율인 유동비율에 의해 검토된다.

자기자본비율은 총자본 대비 자기자본의 비율을 산출되며, 유동비율과 자기자본비율이 높을수록 재무적 안정성이 높다고 할 수 있다.

☑ 점포 안전성 분석을 위한 주요 지표

- $\text{유동비율} = \dfrac{\text{유동자산}}{\text{유동부채}} \times 100$
- $\text{자기자본비율} = \dfrac{\text{자기자본}}{\text{총 자 본}} \times 100$
- $\text{경상수지비율} = \dfrac{\text{경상수입}}{\text{경상지출}} \times 100$

(3) 생산성

생산성(productivity)은 점포의 경영활동 성과 및 효율을 측정하고 사람(노동), 시설, 자본 등 개별 생산요소의 투입대비 성과를 판단하기 위해 활용하는 지표이다.

노동생산성은 1인당 부가가치 등으로 평가한다. 하지만 점포에서는 1인당 매출액과 영업이익액 등의 지표를 활용하기도 한다.

시설과 자본 등의 생산성 분석은 개별점포 관점보다 소매기업 관점에서 활용하는 특징이 있다. 따라서 점포에서는 시설생산성 분석의 형태로서 점포 평당매출액 지표를 일부 활용한다.

☑ 점포 생산성분석 주요 지표

- 부가가치율 $= \dfrac{\text{부가가치액}}{\text{매 출 액}} \times 100$
- 노동생산성 $= \dfrac{\text{부가가치액}}{\text{평균종업원수}}$
- 1인당 매출액 $= \dfrac{\text{매 출 액}}{\text{평균종업원수}} \times 100$
- 1인당 영업이익 $= \dfrac{\text{영업이익액}}{\text{평균종업원수}} \times 100$
- 평당 매출액 $= \dfrac{\text{매 출 액}}{\text{점포영업면적}} \times 100$

(4) 성장성

성장성(growth) 분석은 일정기간 동안 점포영업활동 결과로 경영규모와 경영성과가 얼마나 증대되었는가를 매출, 이익, 자본, 시장점유율 등의 재무제표 항목별 증가율로 평가하는 것이다.

소매점포 공급확대로 경쟁이 심화되는 경영환경을 감안할 경우 성장성비율은 점포의 경쟁력과 미래 수익능력을 나타내는 중요한 지표라고 할 수 있다. 따라서 성장성 분석은 경쟁점포 및 산업동향, 그리고 점포 성장성 측정 지표의 추세분석이 같이 이루어져야 한다.

☑ 성장성분석 주요 지표

- $매출액신장률 = \frac{당기매출액 - 전기매출액}{전기매출액} \times 100$
- $이익신장률 = \frac{당기이익액 - 전기이익액}{전기이익액} \times 100$
- 상권점유율 증감 = 당기점유율 − 전기점유율

(5) 활동성

활동성(activity) 분석은 점포 영업활동이 활발하게 이루어지고 있는지를 자산 및 자본의 회전율로 측정한다.

회전율(turnover)은 일정기간 동안 매출액에 대하여 상품 또는 자본이 몇 회전했는지를 나타내는 것으로 일반적으로 1년에 몇 회전하였는지를 그 회전수를 측정한 것이다. 반면에 1회전하는데 필요한 기간을 회전기간이라고 한다.

점포 재무구조의 안정성과 수익성이 좋더라도 활동성비율, 즉 상품 및 자본의 회전률이 낮을 경우 점포영업활동이 외부충격에 쉽게 영향을 받게 된다. 그 결과 회전률이 더욱 악화되면 점포의 수익성도 약화되기 때문에 활동성을 증대시키는 노력이 필요하다.

☑ 활동성분석 주요 지표

- $고정자산회전률 = \frac{매출액}{고정자산} \times 100$
- $상품회전률 = \frac{매\ 출\ 액}{평균재고액} \times 100$
- 교차주의비율 = 매출이익률 × 상품회전률
- 공헌비율 = 교차비율 × 매출액 구성비

4) 점포관리정보

점포는 상품을 구성·진열하여 고객들이 구매할 수 있도록 서비스를 제공하는 상설 또는 고정된 장소로서 쾌적한 쇼핑환경을 유지·관리하는 것이 매우 중요하다.

쾌적한 쇼핑환경은 고객이 쇼핑하는데 불쾌감을 느끼지 않도록 점포시설을 적정하게 운영함으로써 이루어진다. 하지만 고객이 밀집되는 특정요일, 특정시간대에 쾌적함을 유지하기 위해서는 시설적인 노력만으로는 부족하다. 이때에 필요한 것이 적정한 인적서비스이다.

이와 같이 점장 또는 영업관리자는 고객이 밀집되는 시점에 고객접점에서의 접객서비스를 강화하기 위한 점포관리의 기초정보를 제공하는 것이 시간대별 고객수이다.

(1) 시간대별 고객수

점포 영업시간대별 고객수는 점포운영관리에 중요한 정보이다. 많은 고객이 내점하는 시간대에 계산원과 주차도우미 등의 인적자원을 적절하게 배치할 수 있으며, 안전사고가 우려되는 승강기 인근지역에 안전요인을 배치함으로서 고객에게 좀 더 쾌적한 쇼핑환경을 제공할 수 있기 때문이다.

시간대별 고객수는 일괄계산(one check-out)방식으로 운영하는 대형마트와 슈퍼마켓 등의 점포에서는 POS시스템에 등록된 구매고객수로 산출한다. 반면에 백화점의 경우는 각 POS시스템에서 등록한 구매고객수와 함께 각 출입문의 안내도우미가 집계한 점포 점포내점객수를 별도로 집계하여 활용한다.

(2) 시간대별 주차회전률

시간대별 주차회전률은 고객에게 쾌적한 주차환경을 제공 할 경우 고객의 평균쇼핑시간을 1시간으로 가정하면 주차회전수는 시간당 1회전 이상이 가장 적정하다.

하지만 점포에서는 주차회전률이 곧 매출과 직결되므로 차량의 입출을 원활하게 하기위하여 인력을 증대시키거나, 주차면 이외 공간에 일렬주차 등을 통해 주차회전률을 증대시키고자 한다.

따라서 점포에서는 시간대별 입차대수를 분석함으로써 고객의 쾌적한 쇼핑을 지원하기 위한 주차공간에 대한 점포관리를 실시한다.

$$\bullet \ \text{주차회전률} = \frac{\text{입차대수}}{\text{동시주차대수}} \times 100$$

Chapter 08 영업활동 진단

8.1 체크리스트법

1) 체크리스트의 정의

계량정보는 점포에서 판매와 판매촉진활동, 인력운영 등의 영업활동 결과로 산출되는 과거지향적인 특징이 있다. 이러한 특징으로 점포진단을 계량중심의 정량분석을 실시할 경우 점포 문제점들을 도출할 수 있지만, 이들 문제점들이 어떠한 원인으로부터 발생되는지를 분석하는데 한계에 도달한다.

영업활동 문제점의 원인은 점포 조직구성과 업무분장, 업무 프로세스 및 프로세스 준수여부, 개인별 역량, 고객관계관리 시스템 유무와 운용방법 등과 같이 각 분야별로 영업활동분석을 통해 도출할 수 있다. 즉, 계량분석은 영업활동 결과로 문제점 도출이 용이하지만, 그 원인을 분석하기 위해서는 문제점과 인과관계를 지닌 영업활동에 대한 조사·분석이 이루어져야 한다.

영업활동 분석은 영업성과와 같이 수치화되지 않은 영역에 대해 이루어지기 때문에 분석이 용이하도록 수치화하는 평가과정이 필요하다. 이처럼 특정 영역에 대한 평가항목과 평가기준에 의해 활동을 수치로 평가함으로써 분석하는 기법을 정성분석이라고 한다. 정성분석의 대표적인 유형이 바로 체크리스트를 이용하는 방법이다.

☑ 체크리스트의 정의

체크리스트는 점포의 영업활동에 대한 점검 또는 평가를 위한 목적으로 여러 영업활동 분야에 대한 질문과 평가기준, 평가척도 등을 나열한 도표.

2) 체크리스트의 유형

점포에서 운영하는 체크리스트(check list)는 운영목적에 따라서 영업활동 평가목적과 프로젝트 관리목적으로 크게 구분된다.

영업활동 평가목적은 체크리스트를 영업활동 문제점에 대한 진단, 또는 영업활동 수준의 평가 등을 위한 목적으로 운영하는 형태이다. 체크리스트가 평가목적으로 되어 있기 때문에 평가분야(대분류)와 평가항목(중분류), 체크리스트(소분류), 그리고 평가등급 및 배점 등으로 구성되어 있다.

반면에 프로젝트 관리목적 체크리스트는 점포에서 일상적인 업무활동이 신규점포개발, 신규사업 등과 같이 특수한 업무의 진행과 일정을 관리하기 위한 목적으로 운영되는 체크리스트를 말한다. 따라서 평가용과 달리 일반적으로 점검분야, 점검항목, 체크리스트, 담당자, 추진일정 등으로 구성된다.

3) 체크리스트 작성

영업활동 점검과 영업활동 문제점 유발원인을 점검하기 위한 목적의 체크리스트는 다음과 같은 순서와 방법에 의해 작성된다.

1	진단영역의 확인
2	각 영역별 진단에 필요한 체크리스트 작성
3	각 영역별 체크리스트 분류 및 점검
4	평가등급 결정
5	체크리스트 표 작성

(1) 진단영역의 확인

점포진단을 위한 체크리스트를 작성함에 있어서 가장 검토해야 할 사항은 체크리스트로 어느 영역을 진단할 것인지를 확인하는 것이다.

진단영역을 확인하는 방법론은 다음과 같다.

① 계량분석에서 도출된 문제점과 인과관계가 추정되는 영역

② 계량분석이 포함하지 않은 영역

③ 점포진단자의 가설을 검증하기 위한 영역

계량분석을 통한 점포진단은 계량의 정확한 운용을 전제한다는 것을 앞서 살펴보았다. 단품관리에 의한 POS시스템으로 계량정보가 정확해야만 이를 근거로 점포의 영업활동 문제점을 도출할 수 있다.

하지만 단품관리와 POS시스템 운영상태가 엉망으로 각종 계수자료를 통해 정보분석을 할 수 없는 상황이라면 어떻게 해야 하는가? 이러한 경우에는 점포진단자가 인지된 문제점을 근거로 가설을 수립하고 이를 검증하기 위한 진단영역을 설정해야 한다.

(2) 진단영역별 필요한 체크리스트 작성 및 분류

진단영역에 대한 확인이 끝나면 각 영역별로 진단에 필요한 체크리스트를 작성한다. 각 영역별 체크리스트를 작성하는 방법은 분류를 먼저 할 것인지, 체크리스트를 먼저 작성하고 분류할 것인지에 따라 구분된다.

진단 영역별 진단항목을 분류하고 이것을 기준으로 체크리스트를 작성하는 방법은 업무분장과 직무메뉴얼 등의 점포운영 및 영업시스템 체계가 잘 갖추어진 점포에서는 용이하지만, 그렇지 않은 점포에서는 체계적인 지식과 높은 이해수준이 필요하므로 업무진행에 어려움을 겪게 된다.

반면에 구매, 영업관리, 마케팅/판매촉진 등과 같은 진단영역별(대분류)로 먼저 체크리스트를 작성하고, 작성된 체크리스트를 유사한 업무영역(중분류)으로 묶어서 진단항목으로 분류하기 때문에 작성과 분류가 용이한 장점이 있다.

하지만 진단항목별로 분류하는 과정에서 체크리스트가 서로 다른 진단항목에 포함될 수 있기 때문에 분류기준의 객관성이 결여될 수 있는 단점도 있다.

(3) 진단영역별 체크리스트 점검

체크리스트의 작성과 분류가 종료되면 진단영역별 체크리스트에 대하여 다음의 내용을 중점적으로 점검한다.

① 진단영역별 진단항목 분류의 적정성
② 진단영역별 진단항목의 유사성과 누락 여부
③ 진단항목별 체크리스트 분류의 적정성
④ 진단항목별 체크리스트의 유사성과 누락 여부

(4) 평가등급 및 기준 결정

진단영역별 체크리스트 작성과 분류, 점검이 완료되면 평가등급과 등급별 평가기준을 결정해야 한다.

평가등급은 체크리스트별 평가결과에 대하여 평가점수를 부여하기 위한 등급체계로서 평가기준을 고려하여 등급체계를 결정한다.

체크리스트에 의한 정성평가방식은 5점 만점으로 평가등급과 등급별 평가기준을 마련하여 운영하는 것이 일반적이다. 10점 만점의 경우 점수를 세분화하여 평가를 정밀하게 할 수 있는 장점이 있지만 평가기준이 너무 세분화되어 평가 시 혼란이 초래될 수 있다.

(5) 체크리스트표 작성

체크리스트의 작성과 분류, 평가등급 결정이 완료되면 체크리스트를 평가자가 활용할 수 있도록 도표를 작성한다.

도표를 작성할 때에 유의해야 할 사항은 점포진단 개요와 점포진단 내용 등이 포함되도록 해야 한다.

점포진단 개요는 진단점포명, 진단일시, 진단자, 진단자 서명란 등으로 구성하고, 점포진단 내용은 진단영역, 진단항목과 진단항목별 배점, 진단 체크리스트, 평가등급, 평가점수 등을 기록할 수 있도록 구성한다.

4) 체크리스트 평가

점포의 체크리스트 풀(Pool)을 활용하여 영업활동 문제점의 원인을 도출하기 위한 체크리스트 평가는 다음 순서로 진행한다.

1	평가분야와 평가항목 결정
2	평가항목별 가중치 배점
3	평가등급별 기준에 의한 배점
4	평가배점 집계
5	종합평가
6	평가결과의 활용

(1) 평가분야와 평가항목 결정

점포에서는 목적별로 다양한 형태의 체크리스트를 수시로 운영한다. 그러므로 점포진단을 위한 체크리스트 평가를 준비할 때에는 사전에 평가목적과 평가범위에 따라서 평가분야와 평가항목을 결정하여야 한다.

이때 평가분야와 항목을 결정하는 방법은 체크리스트를 평가목적과 범위에 맞도록 새롭게 작성하는 방법과 기존의 체크리스트에서 제외되는 평가분야와 평가항목에 대하여 배점을 하지 않고 사용하는 방법이 있다.

(2) 평가항목별 가중치 배점

평가분야별 분류된 평가항목에 대하여 가중치를 배점한다. 가중치는 평가분야별 중요도가 높아 핵심이 되는 평가항목을 다른 항목보다 높은 배점으로 부여한다. 이때 가중치의 합계는 평가분야별 100점이 되도록 한다.

☑ 구매활동분야의 평가항목 결정 및 평가항목별 가중치 배점 예시

평가분야	평가항목	가중치배점	체크리스트 항목수
구매활동	상품정책	평가제외	10개 항목
	상품정보 수집 및 분석	10	15개 항목
	협력업체 관리 및 개발	10	19개 항목
	예산계획 수립 및 상품매입	20	17개 항목
	가격전략 및 운영	20	12개 항목
	매입 및 매출이익률 관리	20	26개 항목
	상품 입·퇴점업무	20	20개 항목
	합 계	100	

(3) 체크리스트별 평가점수 배점

평가항목별 체크리스트를 평가등급에 따라 평가점수를 배점할 경우에는 평가기준을 준수해야 한다. 영업활동 진단평가자가 임의로 판단하거나, 주관이 개입되어 평가하는 것을 방지함으로써 객관성을 유지하기 위해서 평가기준을 활용하는 것은 매우 중요하다.

평가등급	평가기준	세 부 내 용
A등급 (5점)	매우적절 (매우적당)	• 객관적으로 보아 손색이 없을 정도로 매우 잘 실시되고 있는 경우
B등급 (4점)	적 절 (대체로 적당)	• A에 속하지 않으나, 유통산업 또는 업태평균 이상의 수준으로 운영하고 있는 경우
C등급 (3점)	보 통 (실시하지만 보통수준)	• A, B에 속하지 않으며, 유통산업 또는 소매업태 평균수준으로 운영하고 있는 경우
D등급 (2점)	부 적 절 (미실시, 미도입)	• 평가대상 사항을 미실시하고 있어 부적절한 상태에 있으나 실시의지 또는 실시준비가 되어 있는 경우
E등급 (0점)	매우부적절	• 평가대상 사항에 전혀 관심도 인식도 없으며, 실시할 의지도 없는 경우

(4) 평가점수 집계

영업활동 진단을 위한 분야별 평가항목의 평가가 완료되면 평가등급별 점수를 집계한다. 평가점수를 집계함에 있어서 유의해야 할 사항은 다음과 같다.

① 평가분야별 평가항목이 구분되어 배점되어 있는 경우 이를 반영해야 한다.

② 평가항목별 체크리스트 중에서 평가하기 어려운 항목이 있어 제외한 경우 이를 반영하여야 한다.

☑ 체크리스트 전체항목이 해당되는 경우

$$평가점수 = \frac{각항목별평점합계}{(전체항목수 \times 최고배점)} \times 진단항목의배점$$

☑ 체크리스트 항목 중 평가제외 항목이 있는 경우

$$평가점수 = \frac{각항목별평점합계}{((전체항목수 - 평가제외항목수) \times 최고배점)} \times 진단분야의배점$$

만약 구매활동분야의 상품입·퇴점항목이 20점 배점에 20개의 체크리스트로 구성되어 있고, 각 체크리스트별 평가결과가 아래의 도표와 같은 경우

등 급	A	B	C	D	E	해당없음	합계
배 점	5	4	3	2	0		
항목수	1	5	11	3	–	–	20
평 점	5	20	33	4	–	–	62

평가점수는 $\frac{62}{(20 \times 5)} \times 20 = 12.4$점이 된다.

(5) 종합평가

종합평가는 점포의 전체분야를 진단하는 경우에 활용하는 것을 원칙으로 한다. 점포 전체분야가 아닌 특정분야에 국한하여 진단하는 경우에는 해당 분야 이외에 대한 평가는 생략한다.

따라서 전체분야를 평가한 경우 각 분야별 평점합계가 종합평가점수가 되지만, 특정분야에 국한하는 경우에는 아래와 같이 평가점수를 산출한다.

$$평가점수 = \frac{평가분야평점합계}{평가분야배점합계} \times 전체배점$$

예를 들어 전체배점 500점인 체크리스트를 기준으로 전체분야별 평가를 실시하여 구매활동분야 62점, 영업관리분야 70점, 마케팅/판촉분야 54점, 조직/인적자원분야 64점, 자산(시설/상품)관리분야 58점 등으로 평가된 경우는 평가점수 합계인 308점 종합평가점수이다.

하지만 자산(시설/상품)관리분야를 제외하고 4개 분야만 평가를 실시한 경우의 평가점수는 $\frac{(62+70+54+64)}{400} \times 500 = 312.5$점이 된다.

(6) 평가결과의 활용

분야별 평가 및 전체평가를 통해 영업활성화 문제점의 원인을 도출한다. 평가점수가 낮은 분야와 항목 및 체크리스트 유형을 분석함으로서 계량분석 결과에 영향을 주는 영업문제점의 원인을 검토한다.

8.2 관찰법

1) 관찰법의 의의

고객은 유형과 무형의 정보를 점포 내에서 다량으로 제공한다. 고객이 제공하는 유형의 정보형태는 단품별 매출과 객단가 등의 계량정보가 있으며, 반품 및 교환·환불, 컴플레인 사항 등의 정성적인 정보가 있다. 또한 매장 내에서 고객이 움직이는 동선과 선반진열대 또는 매대 앞에서 보여주는 각종 행동과 표정 등은 무형의 정보에 해당한다.

관찰법(observation method)은 점포 내 고객의 구매행동을 관찰함으로서 영업활동을 점검할 수 있는 무형의 정보를 생성하는 방법론으로 유용하다. 특히 고객의 동선을 분석을 통한 점포 레이아웃의 적정성과 상품진열 위치에서의 구매행동, 그리고 판매원의 대면판매 역량 등을 분석할 수 있다.

2) 관찰법의 유형

점포에서 고객을 관찰하는 방법은 관찰환경과 관찰방법, 관찰목적을 기준으로 그 유형을 분류할 수 있다.

구 분	세 부 내 용
관찰대상 기준	• 고객관찰, 점포관찰, 판매원관찰
관찰환경 기준	• 자연적 관찰, 실험적 관찰 • 자연적 관찰(일화법, 수시면접법, 참여관찰법)
관찰방법 기준	• 감시법, 추적법, 모니터링법(모니터요원, CCTV카메라)
관찰목적 기준	• 고객동선분석법, 구매행동분석법, 대면판매역량분석법

3) 관찰대상 기준 분류

점포에서 영업문제점 도출과 활성화 전략을 수립함에 있어서 관찰해야 하는 대상은 고객과 판매원, 그리고 점포로 구분된다. 고객을 관찰대상으로 할 경우 점포 내에서 어떠한 동선흐름으로 구매행동을 나타내는지에 대하여 중점적으로 관찰한다.

반면에 점포를 관찰대상으로 할 경우 자점과 경쟁점포 모두를 포함하여 시설, 레이아웃, 진열, 연출, 접객자세 등 점포 내 영업활동 전반에 대하여 관찰하게 된다.

4) 관찰환경 기준 분류

관찰법은 관찰환경을 기준으로 할 경우 인위적인 환경에서 관찰하는 실험적 관찰과 자연환경에서 관찰하는 자연적 관찰이 있다.

예를 들어 신규 입점한 식품이 성별, 연령별 목표고객에게 어떠한 구매반응을 보이는지를 분석하기 위해서는 해당 고객들에게 조직적·의도적으로 시식을 제안함으로써 반응을 관찰하여 마케팅 방법론을 검토할 수 있다. 이러한 방법이 실험적 관찰법이다.

반면에 점포에서 내점한 고객이 점포 입구부터 상품을 구매하고, 계산하기까지의 구매하는 과정에서 어떠한 상품들에 관심을 보이고, 어떻게 행동하는지를 인위적인 요소가 없는 자연환경에서 관찰하기도 한다. 이러한 방법이 자연적 관찰이며 일화법과 수시면접법, 참여관찰법이 있다.

(1) 일화법

일화법(anecdotal method)은 매장 내에서 고객의 흐름과 행동을 관찰한 그대로 기록하여 분석하는 방법이다. 일화법은 점포에서 가장 일반적으로 활용하는 방법으로 감시, 추적관찰, 모니터링 등으로 관찰한다.

(2) 수시면접법

수시면접법은 자연스러운 판매환경에서 특별히 의도된 계획 없이 고객과 대화하며 관찰하는 방법이다. 이 방법은 고객이 자신의 구매행동이 관찰되고 있다고 생각되는 경우 심리적 위축 등으로 의도하지 않은 결과가 나타날 수 있는 단점이 있다. 따라서 관찰자가 판매원으로 근무하는 형태로 관찰하는 방법을 활용한다.

(3) 참여관찰법

그리고 참여관찰법은 관찰자가 고객들과 매장에서 함께 자연스럽게 쇼핑하며 고객의 구매행동과 점포영업 상태를 관찰하는 방법이다. 이때 관찰자는 점포진단 담당자가 직접 관찰하는 형태와 모니터요원을 통해 관찰하는 형태가 있다.

5) 관찰방법 기준 분류

점포에서 고객을 관찰하기 위하여 활용하는 방법은 감시법, 추적법, 모니터링법이 있다. 고객을 관찰하는 방법은 관찰목적과 점포환경에 따라서 결정한다.

(1) 감시법

감시법(observation method)은 매장전체가 한 눈에 보이는 높은 곳에서 고객을 관찰하는 방법이다. 점포에서 감시법을 활용하기 위해서는 먼저 점포시설적인 요인이 충족되어야 한다. 매장면적이 작은 소형점포에서는 매장바닥의 높이보다 조금만 높아도 전체매장이 보이지만, 매장면적이 넓은 대형점포에서는 매장보다 많이 높은 위치에서 감시해야 하기 때문이다.

국내에서 슈퍼마켓과 대형마트 일부 점포에서 고객을 관찰하고 매장상황을 감시할 수 있는 점포시설로 건축한 사례가 있다.

(2) 추적법

추적법(tracing method)은 내점고객을 점포 입구부터 계산을 종료할 때까지 매장 내에서 어떠한 동선으로 움직이며, 어떠한 구매행동을 나타내는지 고객흐름을 추적하여 관찰하는 방법으로 점포에서는 객동선 추적법이라고도 한다.

추적법은 감시시설이 없는 대형매장에서 고객을 관찰하기에 적합한 방법이지만, 고객이 관찰자에게 추적 받고 있다고 느끼지 못하도록 유의하여 관찰해야 한다.

(3) 모니터링법

모니터링(monitoring method)은 방송국이나 신문사 또는 기업체로부터 의뢰를 받고 방송 프로그램이나 신문 기사 또는 제품 따위에 대하여 의견을 제출하는 일을 의미한다. 본래 방송용어로 도입되었지만, 기업에서 자사상품과 영업활동 등의 영역에서 폭 넓게 활용되고 있다.

☑ 모니터의 정의

- 방송국에서 방송기술상의 감시를 하는 일.
- 방송국 등이 주로 외국의 방송을 청취하는 일.
- 방송국이 일반 시청자 중 일정한 인원을 선발하여 특정방송을 시청시켜서 그 비판이나 감상을 보고하도록 하는 경우, 그 의뢰받은 사람들.
- 브라운관 CRT 화면을 일컫는 말. (컴퓨터)

점포에서 사용하는 모니터링의 개념은 두 가지가 있다.

먼저 기업에서 활용하는 모니터링 개념과 동일하게 점포에서 일정 인원을 선발하여 자점과 경쟁점포의 상품 및 친절서비스, 청결상태 등 영업활동을 조사하여 의견을 제출하는 일을 의미한다.

모니터요원에 의한 모니터링은 고객을 관찰하기 위한 목적보다는 고객의 시각으로 점포영업활동을 경쟁점포와 비교・평가하여 개선하기 위한 목적으로 운영된다.

둘째는 점포 천정에 설치된 CCTV카메라를 활용, 고객안전을 위하여 방범 및 방재활동 목적으로 매장상황을 관찰하는 일이다.

CCTV카메라를 이용한 모니터링은 실시간 모니터링과 녹화 모니터링이 있다. 특정고객을 관찰할 경우 고객이 흐름에 따라서 카메라를 조작해야 하기 때문에 실시간 모니터링을 활용하며, 매장의 특정위치에서 구매고객의 반응을 관찰하기 위한 방법은 카메라를 고정, 녹화하는 방법을 활용한다.

CCTV카메라를 이용하여 고객을 관찰하는 경우에는 고객의 사생활이 침해되지 않도록 유의하여야 한다. 따라서 관찰자는 반드시 필요한 경우에 한하여 적법한 방법으로 관찰하고, 녹화된 저장매체는 분석이 종료되면 폐기한다.

6) 관찰법 활용 실무

점포에서 고객관찰을 시행하기 위해서는 먼저 고객관찰 목적을 명확하게 한다. 관찰목적에 따라 관찰환경 및 관찰방법을 결정하며, 제반사항에 대한 준비를 통해 고객관찰을 실시한다. 그리고 분석된 관찰결과를 영업활동에 반영하여 활용한다.

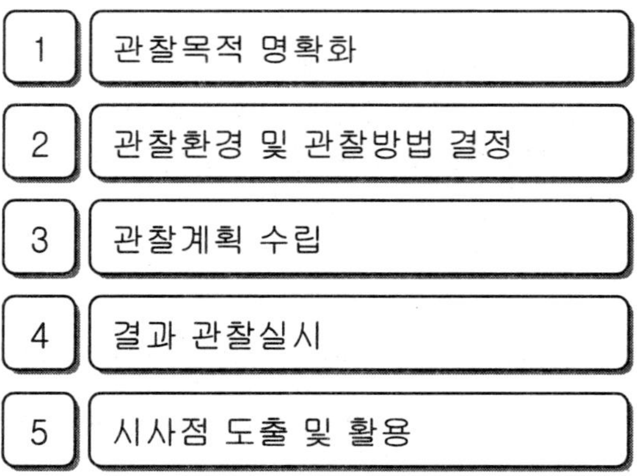

(1) 고객관찰 목적

점포에서 다양한 목적으로 고객을 관찰한다. 새로운 판매기회를 획득하기 위하여 고객의 구매행동에 대하여 폭넓은 관찰을 실시하기로 하며, 점포영업활동에 대한 문제점을 발견하고 해결하기 위하여 레이아웃, 진열, 상품관리, 판매원 판매역량 등에 대하여 관찰하기도 한다.

☑ 관찰목적별 조사 · 분석방법 사례

관찰목적	조사 및 분석방법
레이아웃 적정성	• 매장 입구부터 상품계산 전까지의 매장 내 동선흐름 조사 · 분석목적 • 사각(死角)매장 도출 및 개선활동으로 객단가 증대
진열 및 상품관리	• 진열대에서 고객구매행동에 대한 조사 · 분석목적 • 진열위치, 신선도, 가격 등의 문제점 도출 및 개선으로 객단가 증대
판매원의 판매역량	• 판매원의 대면판매에 대한 고객반응 조사 · 분석목적 • 판매기법 교육을 통한 제안판매활동 강화로 객단가 증대

관찰목적별 조사 · 분석방법 사례와 같이 고객관찰을 실시하는 목적에 따라서 조사 · 분석방법이 다른 것을 살펴볼 수 있다. 따라서 관찰목적을 명확하게 정의하는 것은 매우 중요하다.

(2) 관찰환경 및 방법 결정

고객관찰 목적을 달성하는데 적합한 관찰환경과 관찰방법은 무엇인지 유형별 장단점을 비교하여 결정한다.

일반적으로 영업활동을 평가 · 개선하기 위해서는 매장의 현상을 분석해야 하므로 자연스러운 관찰환경에서 실시도록 한다. 관찰방법은 점포면적과 CCTV카메라 설치여부 및 설대수량 등을 점포에서 고객관찰을 실시할 수 있는 환경을 종합적으로 검토하여 선택한다.

(3) 관찰계획수립 및 준비

고객관찰을 실시하기 전에 충분하게 계획을 수립하고 준비해야 한다. 관찰계획수립과 준비사항은 관찰환경과 관찰방법에 따라 차이가 있다. 일반적인 계획수립과 준비사항은 다음과 같다.

① 고객관찰 기간설정
② 요일별 시간대별 관찰대상 고객 표본수 결정
③ 관찰위치 결정 및 CCTV카메라 정비, 관찰위치 주변 정리정돈
④ 관찰자 선발 및 교육
⑤ 실험관찰을 실시하는 경우 실험참여자 선발 및 교육
⑥ 관찰내용을 기록하기 위한 기호 범례작성 및 교육
⑦ 매장 레이아웃도면
⑧ 관찰결과 분석용 양식
⑨ 기타(필기구, 녹화용 저장매체 소모품과 실험관찰 환경준비물 등)

(4) 관찰실시

관찰계획에 의거 관찰을 실시한다. 고객관찰을 실시하는 도중에 예상하지 못한 사항이 발생하는 경우 내용의 긴급성과 중요도를 판단하여 관찰기록지에 참고할 수 있도록 작성하거나, 관찰을 중단하고 점포진단 책임자의 지침을 받도록 한다.

(5) 시사점 도출 및 활용

고객관찰을 실시한 결과 고객동선에 대하여 추적한 결과 사각매장이 발견되었다면, 왜 사각매장이 발생되는지에 대해 추가로 분석하는 과정이 필요하다. 사각매장에 진열된 상품이 구매빈도가 낮아 고객을 흡인하지 못할 수도 있지만, 진열대 이외에 동선에 진열함으로서 접근을 막고 있을 수도 있다.

이와 같이 관찰결과로 도출된 문제점 어떠한 원인 때문에 발생하는지 분석함으로서 영업활동 개선이 이루어지도록 활용해야만 매출활성화를 기대할 수 있다.

제 4 부 입지 및 상권조사

Chapter 09

입지

9.1 입지의 이해

1) 입지의 의의

입지(location)란, 점포에서 사업을 영위할 장소를 말한다. 유통산업에서의 입지는 점포관점과 물류관점에서 각각 그 중요성을 검토할 수 있다. 점포관점에서의 입지는 고객의 수요규모에 해당하는 시장성이 매우 중요하며 물류관점에서는 도로와 교통체계 및 전국 배송 네트워크 등과 같은 수송성이 매우 중요한 요소가 된다.

점포관점에서의 입지가 시장성이 중요하다는 것은 목표고객의 수요가 잠재된 입지를 포함하는 상권과 매우 밀접한 관계가 있다는 것을 의미한다. 그러므로 목표고객의 규모와 질을 판단할 수 있는 상권과 이들 목표고객의 유인을 극대화할 수 있는 입지선정이 소매유통업에서 매우 중요하다.

점포의 입지선정이란 '그곳에 출점하면 얼마정도 매출을 올릴 수 있을까?' 혹은 '그 점포가 계획사업을 수행하는데 적합한 위치인가' 등의 문제해결 작업이다. 만일 점포의 입지선정이 잘못될 경우에는 경영관리상 낭비가 발생하여 사업실패가 초래될 수 있으며, 점포의 단위면적당 생산성에 직접적으로 영향을 주게 된다.

점포의 최적입지 또는 적정입지의 평가는 각 기업의 경영 및 영업정책 또는 영위하고 있는 소매업태의 차이 등에 의하여 크게 변화된다. 또한 주변환경의 영향을 크게 받으므로 주변상황을 고려하여야 한다.

☑ 점포 경영단계별 입지평가 목적

구 분	점포개발단계	점포 영업단계
입지평가목적	• 점포개발 최적 또는 적정입지 검토	• 영업상의 문제점 해결방안 모색
입지평가기준	• 점포정책 및 업태전개 일치 여부 • 경제적 타당성 여부	• 점포 영업전략과 입지환경의 일치 여부

점포의 입지평가는 시점에 따라서 그 목적이 다르다. 점포 개점단계에서는 최적입지 또는 적정입지를 검토하기 위한 목적으로 입지평가가 이루어진다. 하지만 출점이후 영업단계에서는 점포영업의 문제점 해결 또는 영업성과를 극대화하기 위한 목적으로 점포에서 실행하고 있는 영업전략과 입지환경요인의 일치 여부에 대한 분석·평가를 하게 된다.

2) 입지의 특성

실물기반의 점포를 흔히 '식물적 영업활동'으로 표현한다. 식물이 뿌리를 내린 토양의 영양분에 의존하여 성장하듯이 점포도 입지한 상권의 규모와 질에 의해 성장하기 때문이다. '식물적 영업활동'으로 표현되는 점포의 입지의 특성을 살펴보면 다음과 같다.

먼저, 입지는 점포 출점 이후에는 변경이 곤란하다. 일부 작은 규모의 소형점포 등은 입지선정이 잘못된 경우 새로운 입지를 선택·변경하는 사례가 있지만 점포규모가 크면 클수록 변경이 불가능하게 된다.

둘째, 점포는 입지에 따라서 매출액과 이익액의 변화가 발생한다. 입지선정은 일정수준 이상의 목표고객이 존재하는 상권 내에서 특정 위치를 선정하는 것 활동이다.

셋째, 점포의 입지 우위성은 변화된다. 입지환경에 영향을 주는 요소는 다양한 관점에서 살펴 볼 수 있다. 그 중에서 점포 주변의 교통체계와 관련하여 버스정류장과 횡단보도 등의 위치는 소규모 점포에서 매우 중요한 입지 우위요소에 해당한다. 하지만 이들의 위치가 변경되면서 입지 우위성이 상실되는 사례가 나타나기도 한다. 이와 적합한 대표적인 사례가 서울시에서 추진한 대중교통시스템 개선정책, 특히 버스중앙차로제이다. 전통적으로 도로 가장자리에 위치한 버스 정류장이 도로 중앙으로 집중되고, 횡단보도 또한 일자 형태가 아닌 변형된 형태로 그 위치가 변경되어 점포별 희비가 교차하는 일이 발생하였다.

넷째, 입지의 중요성은 점포규모에 반비례하는 경향이 있다. 쇼핑-몰은 다양한 상품과 엔터테인먼트(entertainment)요소가 결합되어 고객의 다양한 욕구를 수용할 수 있는 공간으로 접근성이 제공되는 경우 스스로 목표고객을 유인하는 효과를 나타낸다. 반면에 정육점, 내의 전문점 등은 스스로 고객을 유인하는 효과가 작고 점포 앞을 지나가는 고객에 영향을 받게 되므로 쇼핑-몰에 비하여 입지의 중요성이 크다고 할 수 있다.

3) 입지환경 영향 요인

점포의 입지가 중요한 만큼 입지환경에 영향을 주는 요인도 매우 다양하다. 육교, 철길 등과 같이 장기간 고착된 형태로 영향을 주는 요인도 있으며, 도로공사 등과 같이 단기간 임시적인 형태로 영향을 주는 요인도 있을 수 있다.

입지환경에 영향을 주는 요인은 일반적으로 도로교통, 유인시설, 점포의 가시성, 지형구조 등의 관점에서 상승요인과 제약요인으로 구분된다.

도로교통요인은 도로의 유형과 형태, 교통신호체계 및 교통시설물의 유무 등에 의해 입지환경에 영향을 주게 되며, 유인시설은 점포 이외에 고객을 유인하는 별도의 시설을 의미하며 상승요인에 해당한다. 가시성은 점포의 위치를 고객이 인지할 수 있는 시각적 요소로서 가시성 확보 여부에 따라서 상승요인과 제약요인으로 구분된다. 그리고 고객은 점포를 방문함에 있어서 편리성을 추구하는 심리로 인하여 경사지 또는 언덕 위 보다는 평지를 선호하게 되므로 지형구조에 따라서 영향을 받게 된다.

☑ 입지환경 영향 요인 유형

구 분	상승요인	제약요인
도로교통	횡단보도, 버스정류장, 샛길, 교차로	도로 중앙분리대, 지하보도, 육교, 다리, 철교, 일방통행, 좌회전 금지신호, U턴 금지신호
유인시설	역, 터미널, 영화관, 학원가 등	-
가 시 성	점포의 가시성이 높음. (고층건물의 독특한 외장 및 표시물 등)	점포 가시성이 낮음
지형구조	평지	경사지, 언덕 위

9.2 입지의 유형분류

적정한 상권에서 최적의 입지를 선택하기 위해서 많은 경영자들과 예비 창업자들이 고민한다. 일정규모 이상의 대형점포는 상품구성에 따른 구색과 영업능력, 부대시설 등으로 입지를 스스로 창조하는 경우가 많다. 반면에 한정된 상품구색과 고객유인에 필요한 영업력과 주차장 및 서비스 공간 등의 부대시설이 부족한 중소형 점포에서는 같은 상권 내에서도 잠재고객의 유동성과 접근성이 뛰어난 입지를 선택하기 위하여 많은 노력을 할 수 밖에 없다.

영업을 시행하고 있는 점포의 경우는 입지가 결정되어 있으며, 이를 변경하는 것은 매우 어려운 일이다. 따라서 이들 점포는 입지에 대한 평가를 통하여 경영과 영업전략 관점에서 대안을 수립하는 것이 필요하다.

☑ 입지 유형별 분류

구 분	입지의 유형 분류
도시구조별 유형	• 도심형, 부도심형, 교외형
시설용도별 유형	• 중심상업지형, 터미널 및 역세권형, 주거지형 등
도로기능별 유형	• 주간선도로형, 보조간선도로형, 집산도로형, 국지도로형
소매집적별 유형	• 단독입지형, 복합입지형, 대규모 복합입지형
개발형태별 유형	• 자연발생형, 계획지구형, 입지창조형, 재개발형
지형구조별 유형	• 평지, 경사지, 언덕

1) 도시구조별 입지분류

도시는 중심으로부터 외곽으로 확장하고, 내부구조를 정비하며 발전한다. 도시의 발전으로 도시의 중심에 해당되는 도심과 부도심, 그리고 교외지역이 자연스럽게 형성된다. 이와 같이 도시의 발전에 따라 형성되는 도시기능에 의해 입지의 유형을 분류하는 것이 도시구조별 입지 유형이다.

☑ 도시구조별 입지의 특성

도 심	부도심	교 외
• 도시의 중추적 기능 수행 • 교통・행정・상업시설 발달 • 주・야간 체류인구 격차 발생	• 도심기능을 분화하여 담당 • 교통・행정・상업시설 발달	• 주거와 생산기능 담당 • 베드타운으로 주간인구 공동화 현상 발생

2) 시설용도별 입지분류

시설용도별로 입지의 유형을 분류하는 방법은 도시계획법과 건축법에 의한 용도분류에 기초한다. 도시계획법은 토지를 효율적으로 사용하기 위하여 주택을 지을 수 있는 주거지역, 각종 상품과 서비스를 판매하는 점포가 입지할 수 있는 상업지역, 그리고 공업지역, 녹지지역으로 구분한다.

☑ 도시계획법에 의한 도시지역 토지용도 구분

주거지역	상업지역	공업지역	녹지지역
• 전용주거지역 • 일반주거지역	• 중심상업지역 • 일반상업지역 • 근린상업지역 • 유통상업지역	• 전용공업지역 • 일반공업지역 • 준공업지역	• 보전녹지지역 • 생산녹지지역 • 자연녹지지역

건축법에서는 건축물을 주택, 창고, 사무실, 판매 및 영업시설, 근린생활시설 등과 같이 어떠한 용도로 사용할 것인지를 지정한다. 실물기반 소매점포의 경우 판매 및 영업시설과 근린생활시설 용도의 건축물에 국한하여 영업활동을 할 수 있다.

한편 소매유통 현장에서 소매점포의 입지유형을 중심상업지형, 주거지형 또는, 역사 및 터미널형 등으로 분류하는 방법은 시설용도별 분류에 의한 입지유형에 해당한다.

☑ 건축법상 주요 점포별 건축물 시설용도

구 분	해당 주요 업종 및 소매업태
1종 근린생활시설	가. 슈퍼마켓과 일용품 소매점(1천제곱미터 미만인 것) 나. 휴게음식점(300제곱미터미만인 것) 다. 이용원·미용원·일반목욕장 및 세탁소(공장이 부설된 것 제외) 라. 의원·치과의원·한의원·침술원·접골원 및 조산소 마. 탁구장 및 체육도장(500제곱미터미만인 것)
2종 근린생활시설	가. 일반음식점·기원 나. 휴게음식점(제1종 근린생활시설에 해당하지 아니하는 것) 다. 서점(제1종 근린생활시설에 해당하지 아니하는 것) 라. 테니스장·체력단련장·에어로빅장·볼링장·당구장·실내낚시터·골프연습장 기타 이와 유사한 것(500㎡미만) 마. 종교집회장·공연장이나 비디오물감상실·비디오물소극장(300㎡미만) 바. 금융업소, 사무소, 부동산중개업소, 결혼상담소 등 소개업소, 출판사 기타 이와 유사한 것(500㎡미만) 사. 제조업소·수리점·세탁소 기타 이와 유사한 것(500㎡미만) 아. 게임제공업소, 멀티미디어 문화켄텐츠 설비 제공업소, 복합유통·제공업소(500㎡미만) 자. 사진관·표구점·학원(500㎡미만), 자동차학원 및 무도학원을 제외)·장의사·동물병원·독서실·총포판매소 기타 이와 유사한 것

	차. 단란주점(150㎡미만) 카. 의약품도매점 및 자동차영업소(1천㎡미만) 타. 안마시술소 및 노래연습장
판매 및 영업시설	가. 도매시장(도매시장에 소재한 근린생활시설 포함) 나. 소매시장(유통산업발전법 대규모점포와 유사한 것. 근린생활시설 포함) 다. 상점(근린생활시설 포함) (1) 1종 근린생활시설의 가목에 해당하는 용도로1㎡이상 (2) 2종 근린생활시설의 아목에 해당하는 용도로 500㎡이상

※ 주 : 건축법시행령(2010.7.6.시행) 별표1

3) 도로기능별 입지분류

실물기반 소매유통에서 점포영업이 활성화되기 위해서는 목표상권의 많은 고객을 점포로 유인할 수 있어야 한다. 고객을 점포로 유인하기 위해서는 점포 존재의 인식과 가시성, 접근성 등의 요인이 필요하다. 이들 요인 중에서 고객의 접근성에 영향을 주는 것이 도로와 주변의 교통시설 환경이다. 따라서 소매점포 입지를 선택하는데 있어서 자점의 규모와 상품의 특성을 고려하여 적합한 도로형태에 인접한 입지를 선택하는 것은 매우 중요하다.

☑ 도로의 유형별 분류

구 분	도로의 유형분류
도로법에 의한 분류	고속도로, 일반국도, 특별(광역)시도, 지방도, 시도, 군도, 구도
사용 및 형태별 분류	일반도로, 자동차전용도로, 보행자전용도로, 자전거전용도로, 고가도로, 지하도로
규모별 분류	광로(폭 40m이상), 대로(폭 25~40m), 중로(폭 12~25m), 소로(12m 미만)
기능별 분류	주간선도로, 보조간선도로, 집산도로, 국지도로, 도시고속도로, 특수도로
표층재료에 의한 분류	토사도(土砂道), 자갈도, 블록포장도로, 아스팔트포장도로, 시멘트포장도로
이용목적에 의한 분류	자동차전용도로, 보행자전용도로, 자전거전용도로, 녹도, 공원도로, 군용도로, 경작도, 산림도, 산업도로 등

도로의 유형별 분류 중에서 도로기능별 분류는 고객의 이동성과 접근성의 관계를 살펴보기에 적합하다.

주간선도로는 도시지역 도로망의 주 골격을 형성하는 주요 도로로서 도시 내의 주요 경제, 사회, 문화, 유통, 업무시설 지점을 연계하여 다량의 교통량과 통행길이가 비교적 긴 통행을 흡수하며 도시 내 광역 수송 기능을 담당하는 역할을 하는 도로를 말한다.

보조간선도로는 도시 내의 주간선도로 간 또는 주간선도로와 주요 구간을 연결하는 도로로서 도시 교통의 집산(集散)기능을 담당하는 도로를 의미한다.

집산도로는 주 간선도로와 보조간선도로, 또는 보조간선도로 간의 도로로서 도시 교통의 집산 기능을 하는 도로로서 간선도로에 비해 이동성보다 접근성이 높은 특징을 지닌다.

마지막으로 국지도로는 주거단위에 직접 접근되는 도로로서 이동성이 가장 낮고 접근성이 가장 높은 도로로서 버스 통행이 없고 보행자 통행이 차량보다는 우선권을 가지는 도로를 말한다.

☑ 기능별 분류 도로의 이동성과 접근성 관계

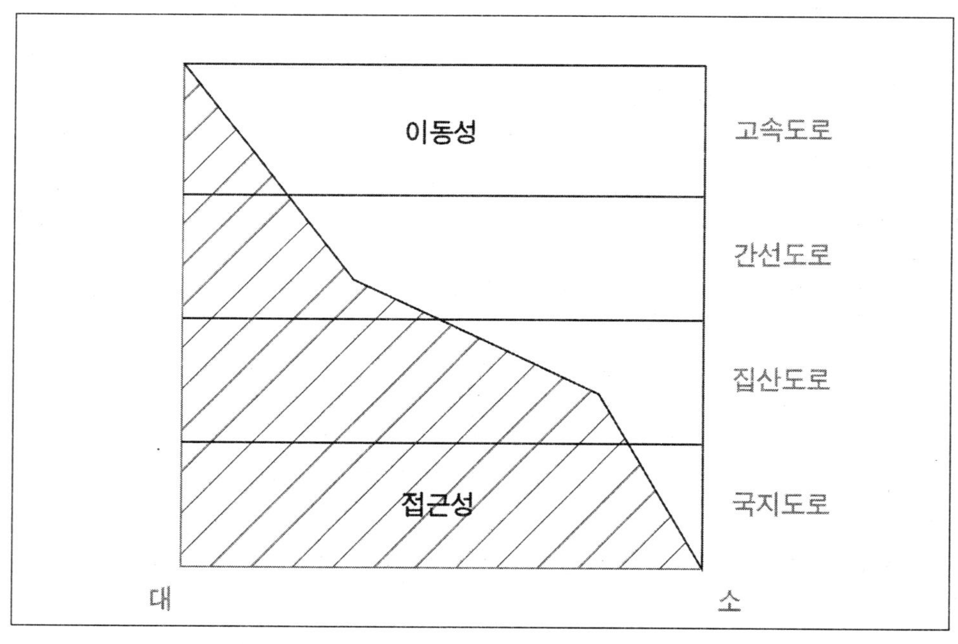

4) 소매집적별 입지분류

소매집적별 유형분류는 하나의 건물 또는 동일한 테마(theme)와 공동으로 운영되는 상업지에 소매점포가 모여서 영업활동을 하고 있는 형태에 의한 분류방법이다. 소매집적별 입지유형을 살펴보면 일반적으로 단독입지, 복합입지, 그리고 대규모 복합입지로 구분하여 살펴볼 수 있다.

단독입지는 하나의 건물 또는 상업지에 특정 소매점포 단독으로 입지하여 영업활동을 하는 형태이다. 국내를 비롯하여 대부분의 소매점포들이 이러한 단독입지의 형태를 취하고 있다. 하지만 최근에는 소매유통산업의 경우 급속한 양적 팽창으로 인하여 업태 내, 업태 간 경쟁이 치열해 짐에 따라서 2개 또는 그 이상의 소매업태를 복합하여 구성하거나, 푸드코트(food court)와 오락실 등의 위락시설과 복합하여 구성하는 사례들이 증가하고 있다.

이처럼 하나의 건물에 2개 이상의 소매업태가 복합구성되어 있는 입지형태를 '복합입지'라고 한다. 대표적인 소매점포 사례로는 테크노마트와 복합구성된 롯데마트 강변점, 뉴코아아울렛과 복합 구성된 킴스클럽 강남점 등이 여기에 해당된다.

대규모 복합입지는 동일한 테마와 공동으로 운영되는 대규모 상업지에서 다수의 소매점포가 영업활동을 수행하는 형태를 말한다. 대규모 복합입지는 파워센터, 쇼핑센터 등으로 몇 개의 핵점포(key tenant)와 다수의 개별 소매점포가 복합 구성되어 있으며, 도시의 근교 또는 원교에 위치한 것이 일반적이다. 국내의 경우는 초기 부도심이나 도시의 상업중심지에 위치하였으나 최근에 수도권으로 개발이 확대되고 있는 추세이다.

☑ 대규모 복합입지형태의 상업시설 사례

구 분	초기사례	최근사례
도 시 형	잠실 롯데월드, 코엑스 몰	아이스페이스, 센트럴시티
교 외 형	-	하이브랜드, 이채, 에어조이, 라페스타, 소풍, 스카이시티 등

복합입지 형태로서 미국 쇼핑센터의 유형은 다음과 같다.

☑ 미국 쇼핑센터의 유형

구 분		컨 셉	규 모 (평방피트)	유인점포		상권범위 (마일)
				점포수	유 형	
스트립센터	네이버후드센터	편 리 성	3~15만	1개 이상	슈퍼마켓	3
	커뮤니티센터	일반상품 편 리 성	10~35만	2개 이상	할인백화점, 슈퍼마켓, 드럭스토어, 가정용품점 대형 의류 전문 대형마트	3~7
	파워센터	카테고리킬러와 소규모 입점업체	25~60만	3개 이상	카테고리킬러, 가정용품점 할인백화점, 창고형클럽 오프-프라이스	5~10
쇼핑몰	지역센터	일반상품 패 션	40~80만	2개 이상	백화점(전계열 상품 취급) 청소년 백화점, 할인 백화점 양판점, 패션의류 전문점	5~15
	슈퍼지역센터	지역센터와 유사 종류와 구색 많음	80만 이상	3개 이상	백화점(전계열 상품취급) 청소년 백화점, 양판점 패션의류 전문점	5~25
	패션/전문센터	고급/패션지향	8~25만	없음	패 션	5~15
	아울렛 센터	팩토리 아울렛	5~40만	없음	팩토리 아울렛	25~75
	테마/패스티발 센터	오락/여행객 대상	8~25만	없음	레스토랑	없음

※ 주 : 상권범위는 쇼핑센터 매출의 60~80%가 발생되는 지역임.

※ 자료 : Levy & Weitz(2001), Retailing Management (4th ed.)

5) 개발형태별 입지분류

입지개발 형태별 분류는 소매점포의 입지를 개발하는 방법론으로 유형을 구분한 것이다. 소매점포 입지개발형태는 계획입지와 창조적 입지, 그리고 재개발·재건축입지 형태로 구분된다.

계획입지는 정부 또는 지자체에서 신도시를 개발하거나 특정지구에 대하여 재정비사업을 시행하면서 주택지구와 사업지구로 토지이용을 계획하여 소매점포가 입지하는 형태이다. 국내의 경우 신도시에 출점해 있는 대규모 소매점포들의 대부분이 이 유형에 해당된다.

창조적 입지형태는 종전에 소매시설이 입지 할 수 없는 지역이었으나 쇼핑몰이 계획되어 개발되는 경우이다. 국내에서 교외형 쇼핑몰로 소개되고 있는 대규모 소매집적형태의 쇼핑센터가 해당된다.

재개발·재건축 입지형태는 도시에서 환경문제로 인하여 공장이 교외로 이전하면서 발생된 부지 또는 상업지구의 노후화로 인하여 새롭게 재개발·재건축을 실시함으로써 소매점포 입지가 창출되는 형태이다. 국내에서는 대규모소매점으로 성신양회의 서울 성북공장을 신세계에 매각하여 이마트가 출점한 사례가 해당된다. 또한, 최근에 중소상인 경쟁력 강화방안의 일환으로 실행되고 있는 재래시장의 환경개선사업과 동대문 주변의 두타, 밀레오네 등 패션몰 개발도 여기에 해당된다.

6) 지형구조별 입지분류

지형은 땅의 생긴 모형이나 형세를 말한다. 지형은 오랜 기간 판구조와 침식과 풍화작용 등의 여러 가지 요인에 의해 평지, 경사, 구릉지, 산, 협곡, 하천, 화산, 해저지형 등과 같이 지형이 생성되고 변화한다.

지형구조별 입지분류는 이처럼 다양한 지형구조들 중에서 사람이 거주하고 있어 점포가 입지한 지형으로 평지와 경사지, 언덕 등으로 구분하여 입지특성을 살펴보는 것이다. 특히 우리나라의 지형의 약 70%가 산악지형으로 되어있는 특징으로 도심에서도 평지와 경사지, 언덕이 많이 분포되어 있다.

제주시의 사례를 통해 상권 내 지형구조에 따른 상업시설의 분포 및 점포영업활성화 정도를 검토한 결과 평지, 언덕의 경우 목표고객을 흡인하기 용이하여 일정 수준의 매출활성화가 이루어져 있지만 경사지의 경우에는 상업시설의 분포밀도가 낮고 비어있는 점포가 다수 발생하여 소매점포 입지로는 부적합한 것으로 분석되었다.

☑ 제주시 시청~탑동교차로 지형구조와 상업시설 분포

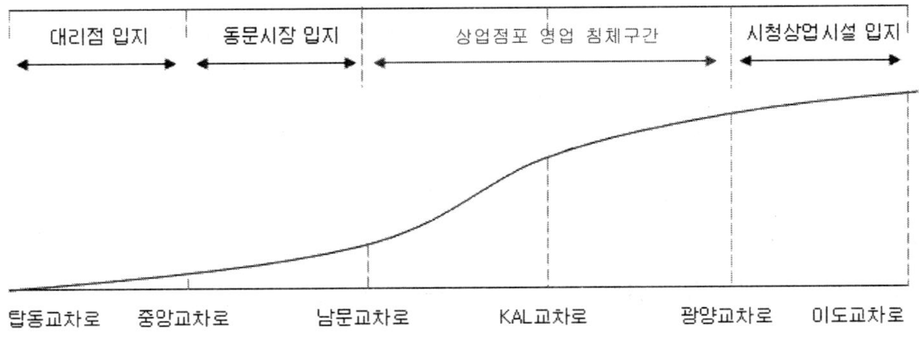

9.3 입지평가와 변화조사

1) 입지평가

점포의 입지평가는 목표상권 내에서 영업목표를 달성할 수 있는 최적 또는 적정한 입지를 선정하기 위한 점포출점 대상 후보지에 대한 평가이다. 점포는 출점단계에서 상권규모와 질적 특성 등에 기초하여 시장성에 대한 검토가 먼저 이루어지며, 검토 대상 상권에서 영업성과를 최대로 높일 수 있는 최적 또는 적정한 점포입지를 선정하게 된다.

입지는 점포로 목표고객을 최대로 유인할 수 있는 위치로 선정해야 한다. 이러한 최적입지는 토지용도, 토지구조, 점유자의 매각 또는 임대차 의사 여부, 매각 또는 임대차 금액 등의 점포개발 제약조건이 발생될 수 있다. 이러한 경우 최적입지라 하더라도 점포개발을 할 수 없게 되어 차순위, 차차순위 등으로 적정한 입지를 검토하여 선정하여야 한다. 따라서 점포개발자는 점포개발 대상 상권에서 각 후보 입지별 평가를 실시한다. 입지평가기준은 점포의 영업정책, 영위하고 있는 소매업태 등에 따라서 달라질 수 있지만 일반적으로 점포개설에 따라 창출할 수 있는 이익의 크기를 기준으로 한다.

2) 입지환경 변화 조사

점포개발단계에서 최적의 입지로 평가된 점포라 하다라도 다양한 요인들의 변동에 의해 유기적으로 변화한다. 점포의 입지환경요인이 변화하게 되면 영업성과에 영향을 주게 된다. 입지환경요인이 긍정적으로 변화하여 영업성과가 향상된다면 큰 문제가 발생하지 않겠지만 그렇지 않은 경우에는 영업성과가 부진하여 점포경영에 큰 문제점을 초래할 수 있다.

그러므로 점포에서는 입지환경요인의 변화에 대하여 지속적, 정기적으로 조사하는 것이 매우 중요하다. 점포에서 입지환경 변화 추이를 분석하기 위해서는 동일한 평가방법과 평가항목, 평가기준으로 운영하는 것이 좋다. 특히 점포개발단계 입지환경 평가결과표를 보유하고 있는 경우 이를 기준으로 하여 평가시점별로 제반 요인들이 어떻게 변화되어 가는지 분석한다. 만일 점포개발단계 입지환경 평가결과표가 멸실 등으로 보유하고 있지 않다면 현재시점으로 평가하여 이를 기준으로 운영하거나, 개발단계의 입지환경에 대하여 당시 상황을 추정하여 평가함으로써 현재의 변화내용을 분석한다.

Chapter 10

상권

10.1 상권의 이해

1) 상권의 의의

점포는 점포개점과 동시에 점포가 위치한 입지를 중심으로 일정한 영업범위를 형성한다. 영업범위는 점포의 상품과 브랜드, 영업력 등과 같은 점포가치와 경쟁점포의 유무, 그리고 다양한 요인에 의해 영향을 받게 되며 이들 요소들의 유기적인 영향에 의해 일정한 범위를 형성한다. 이렇게 형성된 영업범위를 일반적으로 점포의 상권(trade area)이라고 한다.

상권을 고객관점에서 살펴보면 고객의 생활문제를 해결하기 위한 생활 수익을 편리하게 획득할 수 있는 생활공간이라고 할 수 있다. 고객은 생활공간, 즉 상권 내에서 생활하고 편익을 구하는 활동을 하게 된다. 그러므로 상권은 고객의 소비생활 습관과 관련된 상품의 특성에 영향을 받게 된다.

이와 같은 상권의 개념은 소매유통 이외 금융을 비롯한 서비스 분야에서도 활용되는 개념으로 고객접점의 실물기반 점포에서 널리 사용된다.

☑ 상권의 정의

- 소매점포가 목표고객을 자점으로 유인할 수 있는 지리적 범위
- 매출액에 기여하고 있는 고객이 분포하고 있는 지역범위
- 소매점포를 영위함에 있어서 고객이 존재하는 공간적·시간적 범위

2) 상권의 일반적인 특성

상권환경의 영향요인과 점포입지, 업종, 취급상품 특성, 점포규모 등을 고려한 상권의 일반적인 특성은 다음과 같다.

① 상권의 범위는 각 점포의 입지조건에 영향을 받는다.

② 상권의 범위는 점포에서 판매하는 상품의 성격에 의해 영향을 받는다. 즉, 편의품과 같이 구매빈도가 높은 상품을 취급하는 점포일수록 상권 범위는 좁다.

③ 편의품과 같이 구매빈도가 높은 업종은 상권범위가 좁다.

④ 상권의 범위는 점포에서 취급하는 상품의 구색(assortment)에 의해 영향을 받는다. 상품의 구색이 많을수록 상권의 범위는 일정수준 확대된다.

⑤ 상권의 범위는 교외형 입지가 도심형 입지보다 거리적으로 확대된다.

3) 상권환경 영향요소

점포의 상권환경은 거리적인 한계를 정의하는 상권규모와 상권 내에서의 경제적 기대수준을 측정할 수 있는 상권의 질, 그리고 교통통행량에 의해 영향을 받게 된다.

점포는 점포에서 판매하는 상품의 다양성과 구색, 가격, 서비스 등 점포가치와 함께 거리적인 제약요건도 영향을 받는다. 점포의 거리적인 제약요건은 산, 강, 하천과 같은 자연환경과 경쟁점포의 유무, 그리고 자동차보급률과 점포의 주차시설 등이 해당된다.

상권의 질은 점포에서 기대할 수 있는 경제적 수준을 측정하기 위한 목표고객의 규모와 특성을 의미한다. 동일한 상권범위라도 점포의 성격에 따라 상권의 질은 다르다. 또한 점포 앞의 통행량과 교통량과 점포의 매출은 비례관계에 있어 점포주변의 교통통행량이 상권환경에 영향을 주는 중요한 요소에 해당한다.

- 상권규모 : 거리적 규모 관점의 경쟁점포 유·무, 산, 강, 하천 등의 자연환경
- 상권의 질 : 점포입지 거주 또는 유동인구의 연령별 구조, 세대당 인구수, 자동차 보급대수, 소득수준 등과 주거밀집도(또는 사무실밀집도) 등
- 교통통행량 : 점포 앞의 교통 통행량

10.2 상권의 유형분류

상권은 점포관점에서 상품이나 서비스를 판매함에 있어서 비용과 취급규모면에서 경제성을 확보하여 점포경영을 유지하고 안정시키기 위한 최소 규모의 공간적·시간적 범위가 필요하다. 따라서 점포의 지속적인 경영을 위해서는 상권의 범위와 특성 등에 대한 자세한 분석이 필요하다.

일반적으로 널리 인식되어져 있는 상권분석은 1차 상권, 2차 상권, 그리고 3차 상권 등과 같이 고객의 수요범위를 기준으로 분석기법이다. 하지만 실질적으로 점포운영과 관련된 상권의 개념은 그 분류방법에 따라서 상권계층별, 상업지구 위계별, 수요범위별, 경쟁관계 및 입지특성별, 상품특성별, 지리적 개폐성, 그리고 기타등과 같이 다양한 형태로 분류된다.

☑ 상권의 유형분류

구 분	상권의 유형 분류
상권계층별 분류	• 지역상권, 지구상권, 개별점포상권
상업지구 위계별 분류	• 도심상권, 지역상권, 근린상권
수요범위별 분류	• 1차 상권, 2차 상권, 3차 상권
경쟁관계별 분류	• 기반상권, 경쟁상권, 전략상권
입지특성별 분류	• 입지적응형 상권, 입지창조형 상권
취급상품별 분류	• 편의품 상권, 선매품 상권, 전문품 상권
개폐성 기준 분류	• 개방상권, 폐쇄상권
기타 상권분류	• 심리적 상권

1) 상권계층별 유형분류

개별점포가 출점하여 입지하게 되는 한정된 공간에 복수의 점포와 금융 및 서비스 기관이 집적되면서 도시기능과 상권이 자연스럽게 형성된다. 상업 집적지로서 상권은 특정도시에서 하나 상권으로 발달하기도 하지만, 도시 규모에 따라서는 다수의 지구가 포함되는 거대상권으로 발전한다.

도시과 상업 집적지의 발달로 상권은 점포상권과 총상권으로 구분되는 형태와 점포상권과 지구상권, 총상권 등으로 계층이 구분되는 형태로 형성된다.

총상권(General Trading Area, GTA)이란 특정 도시지역 전체가 가지는 상권을 말한다. 서울시 상권, 부산시 상권 등으로 표현되는 것이 총상권의 의미이며, 도시지역 전체를 의미하기 때문에 지역상권이라고도 한다. 지구상권(District Trading Area, DTA)은 총상권 내에서 후보입지가 속하는 상업집적이 가지는 상권이다. 서울의 경우 명동상권, 강남상권, 잠실상권, 영등포 상권 등으로 구분되며, 해당 지구 내에서 개별 점포들이 영업을 하다. 이와 같이 특정 지구로 구분하는 방식이 지구상권에 해당한다. 점포상권(Individual Trading Area, ITA)은 지구상권 내에서 점포의 후보입지가 가지는 개별 점포의 상권을 의미한다.

2) 상업지구 위계별 상권분류

상업지구는 생활권의 범위와 제공되는 서비스, 도시기능의 수행형태 등에 따라서 위계(grade)를 분류한다.

도심상권은 도시전역의 생활권을 포함하여 행정과 금융·상업서비스의 기능을 수행하며 서울의 경우 시청주변 상권이 해당된다. 부도심상권은 일정한 생활권역을 형성하여 상업과 교통서비스로 부도심기능을 수행하는 상권으로 서울의 경우 청량리, 강남, 신촌, 영등포 등이 해당된다.

근린상권은 상업과 고객의 기초생활을 지원하는 서비스를 담당하는 형태로 행정구역 단위기준의 동(洞)이나, 아파트 단지 등이 해당된다.

☑ 상업지구 위계에 따른 상권분류

구 분	도심상권	부도심상권	근린상권
생 활 권	• 도시생활권	• 부도심생활권	• 소생활권
제공서비스	• 행정서비스 • 금융서비스 • 상업 및 교통서비스	• 상업서비스 • 교통서비스	• 상업서비스 • 기초생활서비스
판매상품	• 전문품 • 다양한 선매품	• 선매품 • 다양한 편의품	• 식료품 등 생활 필수품 • 의료품 등
점포형태	• 대형쇼핑센터 • 백화점 • 전문점	• 중형 쇼핑센터 • 의류전문점 • 백화점 지점 • 대형마트	• 슈퍼마켓 • 식료품점 (정육점 등) • 약국 • 이·미용실 등
분류사례	• 서울시청 주변상권	• 영등포역 주변상권	• 동, 아파트단지 등

3) 수요범위별 상권분류

수요범위별 상권분류는 소매점포를 이용하는 고객의 수요에 의한 상권범위를 분류하는 것이다. 소매점포에서 일반적으로 1차·2차·3차 상권 등으로 구분하여 활용하는 방법이 바로 수요범위별 상권분류 방법에 기초한 것이다.

수요범위별 상권분류는 자점을 이용하는 고객수요를 분석해야 하기 때문에 영업을 수행하고 있는 점포에서 활용하는 것이 일반적이다. 또한 신규점포의 개점 타당성 분석 등과 같이 출점 업무를 수행함에 있어서 고객수요를 예상함으로써 상권범위를 설정하여 분석하는 형태 등으로 응용하여 활용되기도 한다.

☑ 수요범위별 상권분류 기준

1차 상권	2차 상권	3차 상권
• 자점 고객의 60~70% 정도를 점유하는 지역	• 자점 고객의 20~25% 정도를 점유하는 지역	• 자점 고객의 5% 이상을 점유하는 지역 • 한계상권이라고도 함.

아파트 단지 내에서 편의품을 판매하는 소형 슈퍼마켓의 경우 고객수요의 90%가 해당 아파트에서 발생되는 경우가 많다. 이러한 경우 고객의 수요범위에 기초하여 상권을 1차·2차·3차 상권으로 분류하기가 매우 곤란하다. 따라서 이 점포의 상권은 1차 상권과 한계상권만 존재하는 것으로 분류하는 것이 타당하다.

실제로 국내 유통산업의 발전에 따라 소매점포 공급이 확대됨에 따라서 도심의 경우 상권범위가 슈퍼마켓은 500m 이내, 대형마트는 1Km 이내의 1차 상권과 한계상권만 존재하는 사례가 종종 확인되고 있다. 그러므로 점포에서는 상권을 반드시 1차, 2차, 3차 상권으로 구분해야 한다는 고정관념에서 벗어나야 한다. 상권 내 경쟁점포가 출점하지 않은 경우에는 1차, 2차, 3차 상권을 측정하여 상권별 영업전략을 수립하여 활용하는 것이 중요하다. 하지만 그렇지 않은 경우에는 실제 고객수요에 따라서 점포의 상권을 측정하고 관리하는 것이 중요하다.

4) 경쟁관계 기초 상권분류

경쟁관계에 기초하여 상권을 분류하는 방법은 자점이 영업활동을 수행하고 있는 상권 내에서 경쟁점포와의 역학관계에 따라 상권을 기반상권, 경쟁상권, 그리고 전략상권으로 구분한다.

경쟁관계별 상권분류에 있어서도 수요범위와 같이 상대적 개념이 포함되어 있다. 따라서 경쟁점포의 입지가 자점의 입지와의 거리관계에 따라서 기반상권과 경쟁상권, 그리고 전략상권으로 구분이 가능하다.

서울 금천구에 입지한 홈플러스와 롯데마트의 사례와 같이 두 점포가 불과 약 40m 거리에 인접하여 있는 경우에는 기반상권이라는 개념이 존재하기 어렵다. 이러한 경우에는 실질적으로 같은 상권범위가 경쟁상권에 해당한다. 따라서 경쟁상권 하에서 자점에게 전략적으로 유리한 전략상권을 도출하여 영업활동을 전개하는 것이 더욱 합리적이다.

☑ 경쟁관계별 상권분류 기준

기반상권	경쟁상권	전략상권
• 자점이 독점적으로 영업하는 상권범위	• 경쟁점포와 상권범위가 중복 되는 지역	• 경쟁관계에서 전략적으로 자점 상권범위로 확보해야 하는 지역

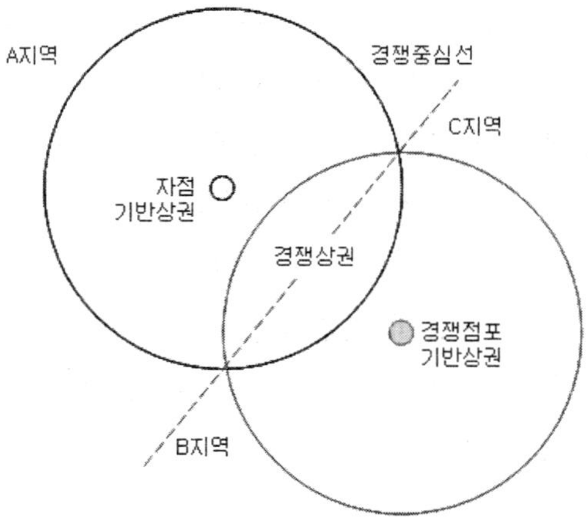

전략상권은 자점의 영업전략에 따라서 A지역·B지역·C지역 중의 하나 또는 모두가 해당될 수 있음.

5) 입지특성별 상권분류

입지특성별 상권분류는 소매점포 입지를 선정함으로써 스스로 일정 규모의 상권을 창출하는 입지창조형 상권과 기존에 형성된 상권에 적응하는 입지적응형 상권으로 구분한다.

국내 상권은 도시발전과 재개발, 재건축이 진행되면서 입지적응형 상권이 주도적이었으나, 의류중심의 패션쇼핑몰과 테마형 쇼핑센터 개발 등으로 스스로 입지를 창조하여 상권을 형성하는 방식이 도입되고 있다.

☑ 입지적응형 상권과 입지창조형 상권의 특성

구 분	입지적응형 상권	입지창조형 상권
입지특성	도심상권. 지역상권, 근린상권 입지	교외입지
의존요소	유동고객	목적고객
점포규모	소형 ~ 대형	대형~초대형
취급상품	편의품, 선매품	(편의품), 선매품, 전문품
소매업태	백화점, 대형마트, 슈퍼마켓, 편의점	쇼핑센터, 카테고리 킬러

6) 취급상품별 상권분류

취급상품별 상권분류는 점포에서 취급하는 상품의 유형에 따라서 상권을 분류하는 방법이다. 이러한 분류는 상품기준 소매업종관점의 분류가 아닌 소매업태 관점으로 접근하기 때문에 소매업태별 상권분류라고도 한다.

점포에서 취급하는 상품은 구매습관에 의하여 편의품과 선매품 그리고 전문품으로 구분하며, 이를 기준으로 취급상품별 상권을 다음과 같이 분류한다.

☑ 취급상품 기준 상권유형별 특징

구 분	상품특성 및 대표상품별	소매업태	상권범위
편의품	• 차별화 정도가 낮음. • 판매가격이 저렴함. • 구입시간과 노력을 할애하지 않으려 함. • 식료품, 위생용품, 생활용품 등	할 인 점 슈퍼마켓 편 의 점 식료품점	500m~1Km
선매품	• 상표충성도가 높음. • 경쟁기업과 차별화가 높아 비교구매가 발생함. • 가격지향 선매품과 차별지향 선매품 존재. • 의류, 잡화, 이·미용품 등 브랜드 패션상품	백 화 점 전 문 점	1Km~3Km
전문품	• 강한 브랜드 선호도와 개인적·주관적 선호 • 고가격, 낮은 구입 빈도, 불규칙적인 구입 • 동일계열 상품구색의 다양성(깊이와 폭) • 디자이너 의류, 카메라, 자동차 등의 전문품 • 문구, 완구, 전자 등의 양판점과 전문대형마트	양 판 점 전 문 점	3~5Km

※ 주. 상권범위는 상품의 특성에 의한 범위 기준임. 따라서 소매업태별 개별 점포의 규모와 경쟁상황, 영업력 등에 의해 상권범위는 변동될 수 있음.

7) 상권의 개폐성에 의한 상권분류

상권은 자연환경과 도로·교통 환경에 의하여 다른 상권과 자연스럽게 연결되거나 단절된다. 이와 같이 상권의 연결성을 기준으로 개방상권과 폐쇄상권으로 분류하는 방법이 상권의 개폐성별 분류이다.

국내의 경우 전국토의 약 70%가 산악지형으로 되어 있다. 또한 도로·교통체계도 일부 계획된 신도시를 제외하고는 도시가 발전하면서 도로가 다양한 형태를 갖고 있는 폐쇄상권의 특성을 지니고 있다.

☑ 개방상권과 폐쇄상권의 특징

구 분	개방상권	폐쇄상권
입지특성	연결성	독립성 (섬-island 입지)
의존요소	유동고객	거주·체류고객
점포규모	소형 ~ 대형	소형 ~ 중형

8) 심리적 상권

심리적 상권은 고객이 특정한 심리적 요인에 의해 가까운 거리에 있는 점포보다 상대적으로 먼 거리에 있는 점포를 이용하는 경우 특정 점포관점에서 제약되는 상권을 의미한다.

특정한 심리적 요인은 자연지형과 인공지형, 그리고 행정구역이 해당된다. 고객이 강·하천·터널과 같은 자연지형과 철길·지하도보·육교 등의 인공지형을 지나가서 입지한 점포를 이용해야 하는 경우 교통체증과 계단을 이용해야 하는 불편함과 심리적 불안감으로 회피하는 사례가 해당된다.

또한 지방의 중소도시에서 특정점포를 이용하는데 거리가 가깝지만 행정구역이 다른 도시일 경우 상대적으로 먼 거리에 있는 동일 행정구역의 점포를 이용하는 사례가 종종 발생한다. 상품구매결정요인이 아직까지 인간관계와 소속감 등에 기인하기 때문이다.

따라서 자연 및 인공지형, 그리고 행정구역이 중복되는 점포상권을 대상으로 출점하는 점포에서는 심리적 상권을 이해하고, 이를 적절하게 해결하기 위한 마케팅 활동을 검토해야 한다.

10.3 상권평가와 변화도사

1) 상권평가

점포에서 상권을 설정 또는 분석하기 위한 시각은 거리관점, 시간관점, 목표고객관점, 그리고 종합적인 관점 등 네 가지 관점으로 구분된다.

거리관점은 점포를 중심으로 상권의 범위를 거리기준으로 표현하는 방법이다. 점포 개발단계에서 경제적 타당성 검토를 위한 목표고객의 유효수요를 창출할 수 있는 범위에 대한 검토와 영업전략 상 목표상권의 설정 등에 많이 사용된다. 반면에 시간관점은 목표고객이 점포를 방문하는데 소요되는 시간을 기준으로 상권 범위를 표현하는 방법이다. 거리관점의 상권분석의 경우 자연적인 지형 또는 인공적인 건축물 등에 의해 점포 방문을 제약하는 영향도를 고려하지 못하는 단점이 있다. 이와 같이 거리기준 관점의 단점을 보완한 것이 시간관점이다.

목표고객 관점은 점포 영업목표상 요구되는 목표고객, 즉 인구 또는 세대수를 기준으로 상권의 범위를 표현하는 방법이다. 목표고객 관점은 독립적으로 상권범위를 표현하는 방법이 아닌 거리관점 또는 시간관점과 같이 사용되는 개념이다. 즉, 점포를 출점단계에서 입지 후보지에 대한 검토를 하고 있다고 가정할 경우 입지반경 500m 이내, 목표고객 5,000세대 등 또는 점포도달 10분 이내, 목표고객 5,000세대 등과 같이 표현한다.

그리고 마지막으로 종합적인 방법은 점포의 상권을 특정 관점으로 해석하는 것이 아니라 거리, 시간, 목표고객을 모두 포함하여 상권을 이해하고 표현하는 방법이다.

☑ 상권영향요인

구 분	주요 내용
지리적요인	위계 및 좌표, 지형, 지세, 행정구역, 교통(도로,전철), 도시계획 등
인구통계적요인	성별·연령별 인구, 가구수, 가구당 인구, 주택 및 주거형태, 통행인구 등
경쟁시설요인	직접경쟁시설, 간접경쟁시설, 잠재경쟁시설 등
소비자특성요인	상품구매행태, 라이프스타일, 외식, 문화, 레포츠관련 소비형태 등
점포관련요인	점포로열티, 점포규모와 구조, 인테리어, 머천다이징 등
부대시설요인	주차장, 문화센터, 스포츠클럽, 영화관, 의료원, 은행 등

상권은 이와 같이 다양한 관점에서 점포의 업태적 특성을 고려하여 상권영향요인에 따라 평가한다. 상권평가는 체크리스트에 의한 방법과 경제적 타당성 분석에 의한 방법으로 구분된다.

2) 상권환경 변화 조사

상권은 인구, 도로, 자동차, 경쟁점포 등 상권을 구성하는 다양한 요인들의 변화에 의해 유기적으로 변화한다. 특히 국내의 경우 도심재생사업 및 주거단지 개발, 도심 랜드마크 건축 등 다양한 형태의 건설사업이 추진되면서 상권의 변동이 급격하게 나타나고 있다. 따라서 점포 관리자 및 마케팅 담당자는 주기적으로 상권의 변화를 관찰, 조사, 분석함으로써 소매점포 마케팅 활동에 반영하여야 한다.

Chapter 11
상권조사 · 분석 절차

11.1 상권분석 개요

일반적으로 상권을 분석하는 목적은 점포개발단계 또는 점포운영단계 등의 점포상황에 따라 다르다. 점포개발단계에서는 점포를 개설할 경우 영업이익을 획득할 수 있는지 여부를 검토하는 경제적 타당성분석이 상권분석 목적에 해당한다. 반면에 점포가 개설되어 영업활동을 전개하고 있는 운영단계에서는 경쟁환경진단, 매출부진원인분석, 상품구성 변경 등 다양한 목적의 마케팅 의사결정 정보를 수집하기 위하여 상권분석을 실시한다.

상권분석 목적의 차이는 서로 다른 상권분석 절차를 요구한다. 점포개설의 경우 경제적 타당성 분석을 위한 상권범위를 추정하거나 목표상권을 설정하는 단계가 우선된다. 반면에 점포의 영업력을 평가하는 목적으로 점포운영단계의 상권분석의 경우에는 자료수집을 통해 점포의 현재상권을 최종적으로 도출함으로써 마케팅 의사결정에 필요한 정보를 도출할 수 있다.

본서에서는 기존점포의 영업활성화를 위한 마케팅 의사결정에 필요한 정보를 수집하는 것이 핵심사항에 해당하므로 영업력 평가목적의 상권조사·분석 절차를 중심으로 알아본다.

☑ 목적별 상권 조사·분석 프로세스

신규점포 개설 타당성분석 목적	기존점포 영업력 평가목적
1 상권 분석 목적 명확화	1 상권 분석 목적 명확화
2 조사범위와 분석방법론 설정	2 조사범위와 분석방법론 설정
3 목표상권도 작성	3 자료 수집실시
4 자료 수집실시	4 자료 가공처리
5 자료 가공처리	5 상권도 작성
6 경제적 타당성 분석	6 시사점 도출
7 경영진 및 의사결정자 보고	7 마케팅 활동에 반영
8 점포개설 및 영업전략 결정	8 성과측정 및 평가

11.2 상권분석 목적의 정의

점포에서 상권분석을 실시하는 목적은 일반적으로 점포개설의 경제적 타당성 분석과 경쟁점포와 경쟁관계분석, 그리고 시장점유율 분석 등의 목적으로 이루어진다.

☑ 상권분석 목적분류

경제적 타당성분석	경쟁구조분석	시장점유율 분석
• 신규점포 개설단계 • 신규점포 개설에 따른 경제적 타당성 분석	• 신규점포 경제적 타당성 분석에 제약상권 반영 • 기존점포의 경쟁우위 분석	• 점포 영업단계 • 상권 내 점유율 분석을 통한 마케팅전략 수립 목적

1) 경제적 타당성 분석

신규점포를 출점하기 위해서는 먼저 소매기업의 경영목표를 실현할 수 있는 목표고객이 많을 것으로 추정되는 상권과 입지를 선택해야 한다. 입지가 선택되면 소매기업에서는 목표 상권을 분석하여 수요와 비용을 추정하여 점포개설에 따른 경제적 타당성을 조사·분석하게 된다.

☑ 경제적 타당성 분석에 소요되는 정보

수요추정	비용추정	손익추정
• 예상 목표고객의 존재여부 • 예상 목표고객의 규모 • 예상 목표고객의 수비행태 • 예상 매출액	• 점포건축 표준비용 • 점포설비 표준비용 • 점포 운영인력 투입계획 • 점포 판촉/광고 계획 • 점포 추정 일반관리비 또는 기존점포 비용	• 목표이익률 또는 기존점포 매출이익률 • 수요와 비용에 대한 시나리오별 손익

만일 경제적 분석결과 타당성이 없는 경우에는 어떻게 해야 할까? 특히 특정시장에서 경쟁논리에 의해 시장선점 등이 필요한 경우라면 어떻게 해야 할까?

경제적 타당성이 없는 경우에는 점포 출점을 포기하는 것이 일반적이다. 하지만 경쟁논리가 지배적인 상황에서는 경제적 타당성이 없는 것으로 분석된 시장에서 예상수요에 점포규모를 맞추어 출점하는 방법도 활용된다. 특히 시장의 수명주기가 성숙기로 진입한 경우 이러한 방법은 매우 중요하다.

경제적 타당성 분석을 위하여 상권을 조사·분석할 경우에는 고객수요기초 분석기법을 응용하여 활용한다.

2) 경쟁관계분석

자점의 상권을 제한하는 요소 중의 가장 중요한 요소가 바로 경쟁점포이다. 경쟁점포는 취급하는 상품의 유형과 판매방식의 유사성을 기준으로 직접경쟁, 간접경쟁, 그리고 잠재경쟁관계로 분류한다.

시장에서 상권을 제한하는 정도는 경쟁점포의 성격에 따라서 차이가 발생한다. 신규점포 출점의 경우에는 경쟁점포에 대한 분석을 통해 제한된 상권으로 예상되는 목표고객의 수요를 추정하여 경제적 타당성을 분석해야 오차를 줄일 수 있다. 또한 이를 기존점포에서 응용하여 제한되는 상권범위와 시장점유율을 분석함으로써 경쟁우위분석을 실시할 수 있다.

경쟁분석을 목적으로 상권을 조사·분석할 경우에는 고객 수요기초 분석기법과 경쟁기초 분석기법을 혼합하여 사용한다. 일반적인 경쟁분석에 소요되는 정보는 다음과 같다.

① 경쟁점포의 업태
② 경쟁점포의 규모
③ 경쟁점포의 주요 시설
④ 경쟁점포의 추정 매출액
⑤ 자점과 경쟁관계
⑥ 자점과 경쟁점포간 거리 등

3) 시장점유율 분석

점포에서 영업성과를 평가하는 지표로 재무제표와 각종 영업계수를 활용한다. 재무제표는 점포의 성장성과 안정성, 활동성, 수익성 등을 분석하는데 매우 유용한 자료이다. 영업계수로서 상품회전율, 인당 생산성 등과 같은 각종 효율성 지표는 또한 점포의 추가적인 수익성을 검토하는데 매우 유용하다.

시장점유율 분석은 점포의 시장성을 분석하는데 매우 유용하다. 시장성은 소매점포의 현재 점유율에 기초하여 점유율의 변화, 즉 매출액 증가 또는 감소 등 향우 점포의 매출액 또는 이익성장에 영향을 준다.

점포는 제조업체가 자사 상품 시장점유율 분석을 통한 자기진단과 경쟁상품과의 경쟁력 평가, 그리고 전략목표 수립 등과 같은 동일한 목적으로 시장점유율을 분석한다.

단독상권에서 소매점포의 시장점유율 분석은 고객 수요기초 분석기법과 총수요기초 분석법을 활용한다. 총수요 기초 분석법은 시장의 총수요액과 자점 매출액을 활용하여 점유율을 분석하는 방법으로 상권분석 예측모형을

3) 이론적 모형

상권설정 및 예상수요를 측정하는 이론적 모형은 1931년 라일리(W. J. Reilly)의 소매인력법칙과 이를 발전시킨 컨버스(Converse)의 신소매인력법칙에서 출발한다. 이후 컨버스 공식에 소매점포의 면적개념을 추가한 허프모델(Huff Model)과 케인의 흡인력모델등이 있으며, 일본 통상성에서 허프모델을 현실에 맞춰 수정한 수정허프모델이 있다.

(1) 라일리의 소매인력법칙

라일리는 미국의 중서부 150개 이상의 도시를 대상으로 실태조사한 결과 얻은 데이터를 근거로 소매 판매액이 어떤 일정한 법칙에 따라 소도시에서 대도시로 유출 또는 흡인된다는 법칙을 전개하였다. 즉, 뉴턴의 만유인력의 법칙을 이용하여 소매판매액이 소도시에서 대도시로 유출 또는 흡인된다는 소매인력법칙(law of retail gravitaion)을 상권측정의 이론적 모델로 공식화한 것이다.

라일리의 소매인력법칙을 자세하게 살펴보면, 인구가 많은 대도시(A)와 상대적으로 인구가 적은 중도시(B), 그리고 두 도시의 중간에 소도시(C)가 있다고 가정할 경우, '소도시(C)의 소매 판매량의 비율은 두 도시 (A)와 (B)의 인구에 비례하고, 두 도시 (A)와 (B)까지의 거리의 제곱에 반비례한다.'는 것이다. 이를 수학공식으로 표현하면 다음과 같다.

☑ 라일리의 소매인력법칙 공식

$$\frac{B_a}{B_b}=\frac{P_a}{P_b}\times(\frac{D_b}{D_a})^2$$

- Ba = 도시 C로부터 도시 A에 흡인되는 구매력
- Bb = 도시 C로부터 도시 B에 흡인되는 구매력
- Pa = 도시 A의 인구
- Pb = 도시 B의 인구
- Da = 도시 C로부터 도시 A까지의 거리
- 데이터베이스 = 도시 C로부터 도시 B까지의 거리

☑ 라일리의 소매인력법칙 사례연구

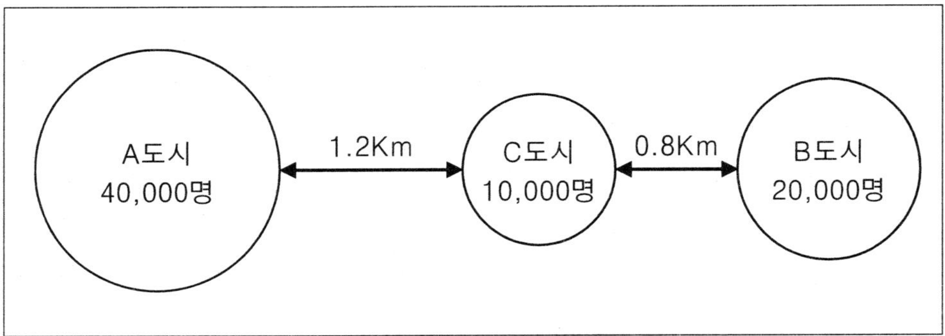

위와 같은 상황을 가정할 경우 C도시에서 A도시와 B도시로 흡인되는 구매력은 $\frac{B_a}{B_b}=\frac{40}{20}\times(\frac{0.8}{1.2})^2=0.88$과 같이 산출된다.

- B도시로 흡인되는 구매력은 $\frac{0.88}{1+0.88}=46.8\%$
- A도시로 흡인되는 구매력은 $100-46.8=53.2\%$

즉, C도시의 인구 10,000명 중에서 A도시로 흡인되는 구매력은 53.2%에 해당하는 5,320명이며, B도시로 흡인되는 구매력은 46.8%로 4,680명이 된다.

(2) 컨버스의 신소매인력법칙

컨버스(P. D. Converse)는 라일리의 법칙을 이용하여 1943년부터 1948년에 걸쳐 미국의 100여개가 넘는 소도시에서 선매품 구매에 대한 실태조사 결과에 기초하여 두 도시 A와 B의 소매판매액이 균등하게 나누어지는 상권 분기점을 찾는 공식을 제시했다.

컨버스의 신소매인력법칙은 소매인력 제 3의 법칙이라고도 한다.

☑ 컨버스의 신소매인력법칙 공식

$$D_a = \frac{D_{ab}}{1 + \sqrt{\frac{P_b}{P_a}}}$$

- Da = 도시 A로부터 분기점까지의 거리
- Dab = 도시 A와 B 간의 거리
- Pa = 도시 A의 인구
- Pb = 도시 B의 인구

☑ 컨버스의 신소매인력법칙 사례연구

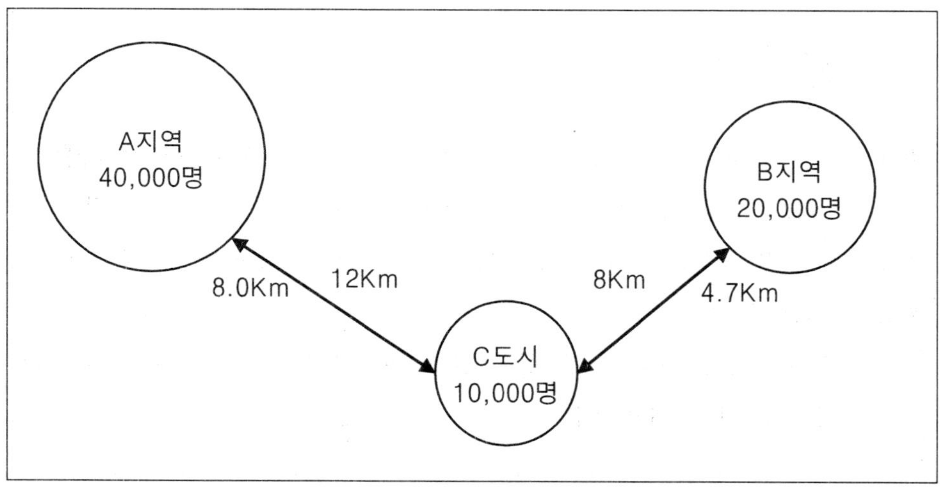

위와 같은 상황을 가정할 경우 C지역의 소매판매액이 지역A와 지역B로 균등하게 나누어지는 분기점은 아래와 같이 산출된다.

- A지역으로부터 분기점까지의 거리 $D_a = \dfrac{12}{1+\sqrt{\dfrac{10}{40}}} = 8.0\text{Km}$
- A지역으로부터 분기점까지의 거리 $D_b = \dfrac{8}{1+\sqrt{\dfrac{10}{20}}} = 4.7\text{Km}$

(3) 허프모델

미국의 경제학자 허프(D. H. Huff)는 라일리의 법칙과 컨버스 공식에서 사용한 인구와 거리의 개념과 점포의 크기를 추가하여 고객이 특정 점포에 흡인될 수 있는 확률을 제시하였다.

☑ 허프모델 공식

$$P_{ij} = \frac{\dfrac{S_i}{T_{ij}^{\lambda}}}{\displaystyle\sum_{j=1}^{n} \frac{S_i}{T_{ij}^{\lambda}}}$$

- Pij = 거주지구 i에 거주하는 소비자가 점포 j에 구매하러 갈 확률
- Sj = 점포 j의 규모 또는 특정의 상품계열에 충당되는 매장면적
- Tij = 소비자의 거주지구 I로부터 점포 j까지의 소요시간이나 거리
- n = 점포의 수
- λ = 점포를 방문하는데 걸리는 소요시간이 쇼핑에 어느정도 영향을 주는지를 나타내는 매개변수

☑ 허프모델 사례연구

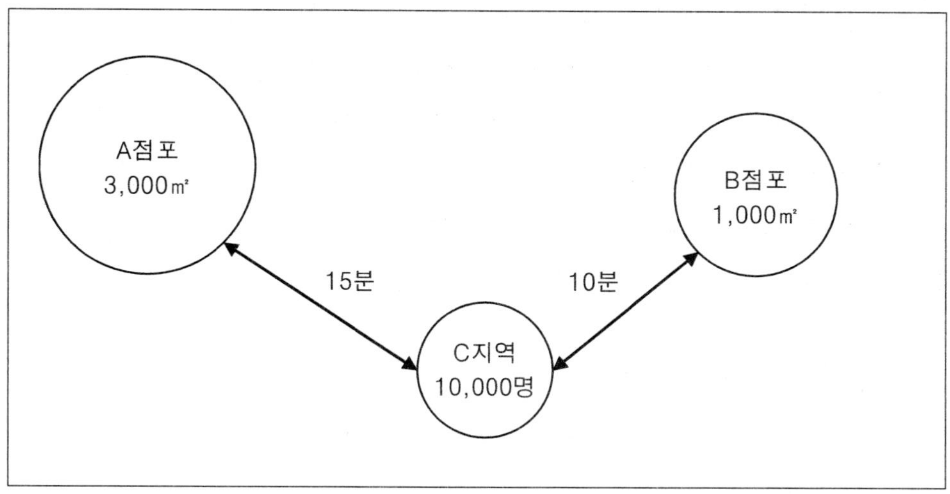

위와 같은 상황을 가정할 경우 C지역에서 A점포와 B점포를 이용하는 확률은 다음과 같이 산출된다.(단, 점포를 방문하는데 걸리는 소요시간이 쇼핑에 영향을 주는 정도를 나타내는 매개변수 λ의 값은 편의상 1로 한다.)

- A점포를 이용하는 확률은 $\dfrac{\frac{3}{15}}{\frac{3}{15}+\frac{1}{10}}=0.666..=66.7\%$
- B점포를 이용하는 확률은 $\dfrac{\frac{1}{10}}{\frac{3}{15}+\frac{1}{10}}=0.333..=33.3\%$

즉, C지역의 인구 10,000명 중에서 A점포를 이용할 확률은 66.7%에 해당하는 6,670명이며, B점포를 이용할 확률은 33.3%로 3,330명이 된다.

(4) 수정된 허프모델

수정 허프모델(revision Huff Model)은 허프모델을 활용함에 있어서 파라

미터 알파를 산출하기 위해 일일이 시장조사가 필요하여 그대로 적용하기 어려운 점을 일본 통산성에서 실정에 맞도록 수정한 모형이다. 즉, 수정 허프모델은 소비자가 어느 상업지에서 구매할 확률이 그 상업집적의 매장면적에 비례하고 그곳에 도달하는 거리의 제곱에 반비례한다는 것을 공식화했다.

일본 통상성에서는 수정된 허프모델을 대규모점포법에 의거 상업조정에 실제로 사용하고 있으며, 일본 유통업체에서도 이를 근거로 상권설정에 활용하고 있다.

☑ 수정된 허프모델 공식

$$P_{ij} = \frac{\dfrac{S_i}{T_{ij}^{\lambda}}}{\displaystyle\sum_{j=1}^{n} \dfrac{S_i}{T_{ij}^{\lambda}}}$$

- Pij = 거주지구 i에 거주하는 소비자가 점포 j에 구매하러 갈 확률
- Sj = 점포 j의 규모 또는 특정의 상품계열에 충당되는 매장면적
- Tij = 소비자의 거주지구 I로부터 점포 j까지의 소요시간이나 거리
- n = 점포의 수
- λ = 2

☑ 수정된 허프모델 사례연구

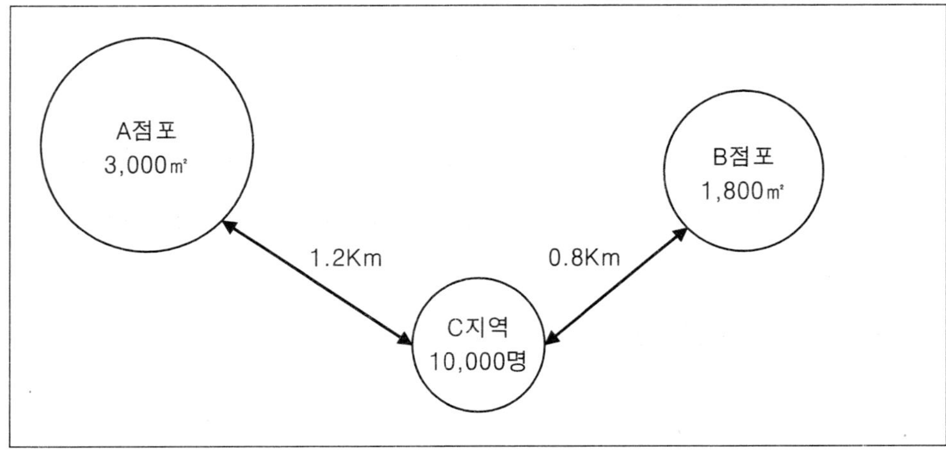

위와 같은 상황을 가정할 경우 C지역에서 A점포와 B점포를 이용하는 확률은 다음과 같이 산출된다.

- A점포를 이용하는 확률은 $\dfrac{\dfrac{3,000}{1.2^2}}{\dfrac{3,000}{1.2^2}+\dfrac{1,000}{0.8^2}} = \dfrac{2,083}{3,646} = 0.571 = 57.1\%$
- B점포를 이용하는 확률은 $\dfrac{\dfrac{1,000}{0.8^2}}{\dfrac{3,000}{1.2^2}+\dfrac{1,000}{0.8^2}} = \dfrac{1.563}{3,646} = 0.429 = 42.9\%$

즉, C지역의 인구 10,000명 중에서 A점포를 이용할 확률은 57.1%에 해당하는 5,710명이며, B점포를 이용할 확률은 42.9%로 4,290명이 된다.

(5) 케인의 흡인력 모델

케인의 흡인력모델은 기존 라일리와 컨버스의 법칙에서 고려하고 있는 인구와 거리에 매장면적을 추가한 것이다. 즉, 점포 매장면적비율과 매출액 비율이 동일하다는 발상에 근거하여 인구, 중심지까지의 소요시간, 매장면적 등의 3가지 요소로 두 도시간의 경계선을 산출하는 이론이다.

흡인력모델은 허프모델과 비교하여 단순하기 때문에 실무적으로 쉽게 활용할 수 있는 장점을 지니고 있다.

☑ 흡인력모델 사례연구

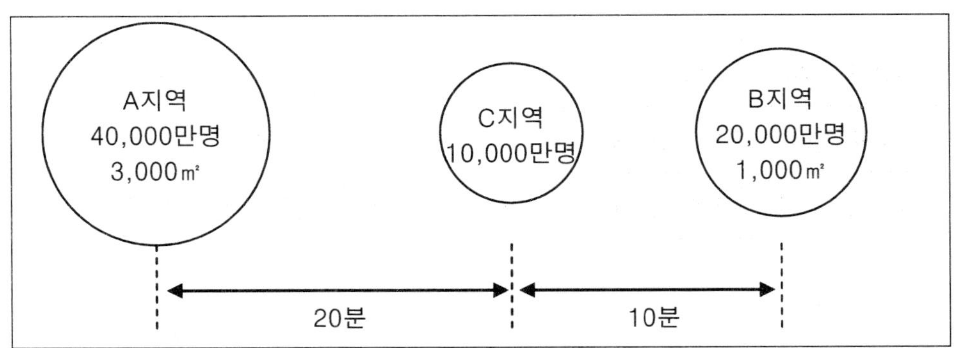

위와 같은 상황을 가정할 경우 C지역에 대한 A지역과 B지역의 흡인력을 산출하기 위해서는 먼저 각 요소별 비율을 다음과 같이 산하여야 한다.

구 분	지역 A	비율	지역 B	비율
인 구(명)	40,000	2.0	20,000	1.0
시 간(분)	20	1.0	10	2.0
매장면적(㎡)	3,000	3.0	1,000	1.0
비율합계		6.0		4.0

C지역의 인구가 10,000명으로 가정하였으므로 아래와 같이 산출된다.

- A지역의 흡인력은 10,000명 $\times \frac{6}{10} = $ 6,000명
- B지역의 흡인력은 10,000명 $\times \frac{4}{10} = $ 4,000명

4) 거리기준법

이론적 모형에서 나타난 것과 같이 고객의 점포선택은 점포까지의 거리와 점포면적이 중요한 요인이 된다. 거리기준법이 점포까지의 거리에 기초하여 상권범위를 설정, 분석한다는 점에서는 이론적 모형에 근거한다.

☑ 이론적 모형과 거리기준법의 차이점

구 분	이론적 모형	거리기준법
점포선택요인	점포까지의 거리, 점포면적	점포까지의 거리
점포구성상품	선매품	식료품 및 편의품
점포규모	중·대형 점포	중·소형 점포
경쟁점포관계	점포 간 일정거리에 위치를 전제	경쟁점포 밀집을 감안

☑ 거리기준법과 도달시간기준법 비교

구 분	거리기준법	도달시간기준법
상권기준	점포까지의 거리	점포까지 도달시간
설정방법	점포기준 반경(半徑) 거리	점포까지 이용 도로 및 교통수단
고려요인	자연지형 · 인공지형 등 장애요소	교통수단(도보 · 자전거 · 자동차)
경쟁점포관계	점포 간 일정거리에 위치를 전제	경쟁점포 밀집을 감안

5) 수요기초법

수요기초법은 자점을 이용하는 고객의 수요범위에 따라 상권을 구분함으로써 영업활동 성과를 분석 방법으로 많이 활용된다.

점포의 고객수요범위에 영향을 주는 요소는 경쟁력과 상품구색의 깊이에 의해 결정된다. 동일한 상품영역을 취급하는 직접경쟁관계에서는 점포의 마케팅활동이 우위에 있는 점포일수록 자점으로 내점하는 고객의 수요범위, 즉 상권이 넓어진다. 또한 특정상품영역에 대하여 구색의 깊이가 깊을수록, 즉 전문점형태의 상품구색을 전개할수록 상품의 상권의 범위가 넓어지는 특징이 있다.

6) 경쟁기초법

이론적 모형 또는 거리기준법으로 상권규모 추정과 경제적 타당성을 분석할 경우에 경쟁점포는 상권범위를 제약하는 강력한 요소이다. 이론적 모형은 분석과정에 자점과 경쟁점포와의 거리, 점포면적을 변수로 활용해야 한다. 경쟁점포와의 거리와 점포면적 등의 변수를 통해 동일 상권 내에서 자점이 독자적으로 영업력을 형성할 수 있는 기반상권과 경쟁점포와 경합관계를 형성하는 경쟁상권을 도출하며, 그 결과로서 상권규모와 경제적 타당성을 분석한다.

이와 달리 경쟁기초법은 상권범위를 제약하는 강력한 장애요소인 경쟁점포와의 지리적 경쟁관계와 자점을 이용하는 고객의 수요범위관계를 분석함으로서 점포 마케팅활동의 전략적 방향을 수립하기 위해 활용하는 상권분석법이다.

상권분석 결과로 점포에서는 전략적으로 영업력을 집중해야 하는 '전략상권'을 도출하여, 상권의 확대 또는 영향력 강화를 도모할 수 있다.

7) 혼합법

혼합법은 상권규모와 영업활동을 결합하여 분석하는 상권분석 방법이다. 점포출점단계에서 목표한 상권과 실제 영업활동 성과로 나타난 영업상권과의 차이점을 분석함으로써 상권점유율의 차이와 원인 등을 규명하기 위한 목적으로 활용한다.

11.4 자료수집 및 가공처리

정확한 상권분석을 위한 자료분석은 상권분석 목적에 부합하는 자료의 수집부터 시작된다. 따라서 상권분석에 필요한 자료목록을 작성하여 인터넷 등을 통해 수집 가능한 2차 자료를 먼저 수집하여 분석에 사용가능한지 여부를 검토해야 한다. 특히 2차 자료는 자료의 원천 및 발행시점, 발행형태 등에 따라 사용가치가 다르므로 세밀하게 검토해야 한다.

필요 자료목록에서 사용 가능한 2차 자료를 제외하면 직접 수집해야하는 1차 자료의 범위가 결정된다. 상권분석에 필요한 자료목록을 정리할 때 1차 자료로 수집해야 하는 목록에 대하여 검토되지만, 2차 자료 수집결과에 따라 그 범위가 변경될 수 있다.

1차 자료 수집을 위한 방법론은 수집대상 자료의 범위에 의해 결정되며,

이에 기초하여 자료수집을 실시하게 된다. 이후 자료 수집이 완료되면 상권 분석 목적에 부합하도록 자료를 가공하여 상권범위를 도출하거나, 상권특성 분석으로 점포전략을 수립할 수 있다.

☑ 자료수집 및 가공처리 절차

1) 2차 자료 검토

2차 자료는 점포의 상권분석 목적이 아닌 다른 목적으로 이미 자료형태를 지닌 '단순한 사실의 집합' 또는 '연구, 조사, 분석 등을 하기 위한 재료' 등을 말한다.

☑ 상권분석 목적의 2차 자료 사례

구 분		상권분석 자료
내부자료		• 데이터베이스 : 회원고객자료 • 보 고 서 : 경쟁점포 조사보고서, 고객설문조사자료 등
외부자료	목표고객 분석자료	• 정부통계 : 인구, 가계소득 및 부문별 지출동향, 내구재보유율 등 • 간 행 물 : 도시개발계획, 각종 기관의 구매행태보고서 등
	경쟁점포 분석자료	• 정부통계 : 시장개설현황, 주요시도별/대규모점포별 매출추이 등 • 간 행 물 : 도·소매업체현황, 언론매체, 경쟁점포자료 등

상권분석을 위하여 2차 자료를 활용하는 경우 자료수집에 비용이 많이 들지 않고, 신속하게 대량의 수집이 용이한 장점이 있다. 하지만 조사목적과 조사형식에 부합하지 않거나, 세부 통계를 포함하고 있지 않아 활용의 한계점이 존재하는 단점도 있다.

2) 1차 자료 수집

1차 자료는 자료 조사자가 점포의 상권분석 목적 혹은 특정 문제해결을 위해 수집한 자료이다. 1차 자료를 수집하기 위해서는 전체 자료의 범위와 활용 가능한 2차 자료의 수준, 그리고 1차 자료에 대한 수집방법 결정이 필요하다.

수요기초 상권분석에 있어서 회원고객자료는 고객의 주소지분석을 통해서 수요범위를 분석할 수 있는 좋은 2차 자료이다. 하지만 점포를 이용하는 모든 고객이 회원고객과 비회원고객으로 구분되어 있으며, 비회원고객 비중이 높을수록 회원고객자료를 이용한 수요기초 상권분석의 신뢰도는 낮아진다.

따라서 이러한 경우에는 1차 자료를 별도로 수집하여 분석한 결과를 2차 자료와 비교하는 형태로 수요기초 상권분석을 실시하는 것이 점포의 영업전략 수립에 더욱 유용하다.

3) 목적에 부합하도록 자료가공

자료수집이 완료되면 상권분석 목적에 부합하도록 가공한다. 자료의 가공은 다른 자료와의 결합, 계수화, 그래픽화, 챠트화 등으로 실시되며, 가공결과 단순한 사실의 집합 또는 조사·분석의 재료가 아닌 상권분석에 필요한 가치를 포함하는 정보로 전환된다.

11.5 상권범위도출과 마케팅 활용

1) 상권범위 도출과 상권도 작성

상권도를 작성하기 위해서는 먼저 상권범위를 도출해야 한다. 상권범위는 분석된 자료를 통해 각 지역별 고객수요비율을 기재하고, 수요비율에 따라서 1차 · 2차 · 3차 상권을 도출한다.

1. 점포주변 지도 사본 준비
2. 각 지역별 고객수요비율 기재
3. 수요기초 상권범위 도출
4. 상권도 작성

상권범위를 도출함에 있어서 유의해야 할 점은 고객의 주소지 정보가 행정구역단위의 자료로 구성되어 있다는 점이다. 행정구역단위는 상권과 같이 아메바형태로 구획되어 있기 때문에 주소정보만으로 해당 행정구역 모두가 자점의 상권에 포함된다고 보기 어렵다. 따라서 점포 주변의 행정구역 형태와 경쟁점포 분포 등을 감안하여 번지수까지 조사할 수 있도록 준비한다면 좀 더 세밀한 상권범위를 도출할 수 있다.

☑ 상권도 작성에 유용한 정보

구 분		상권분석 자료
상권범위		• 목표상권범위, 수요기초 상권범위, 경쟁기초 상권범위
상권 정보	고객정보	• 동별 세대수, 세대당 인구, 내점빈도 등
	경쟁점포	• 경쟁점포 면적, 매출규모, 평당생산성 등 • 자점의 면적, 매출규모, 평당생산성 등

2) 시사점 도출

상권분석 결과로 상권도만 작성하는 것은 POS시스템으로 계산만 운영하는 것과 같다. 그만큼 상권분석은 점포의 영업전략 평가 및 문제점 도출과 개선방안을 모색하는데 매우 중요한 수단이 된다.

특히 상권의 범위는 점포매출액 구성에서 먼저 고려되는 구매 고객수의 증감에 영향을 주는 요소이기 때문에 상권분석 결과를 통해 시사점을 도출하여 점포 마케팅전략에 반영하도록 한다.

상권분석을 통해 점포마케팅활동에 감안할 시사점은 목표상권 대비 영업상권의 증감으로 도출한다.

① 목표상권 대비 영업상권이 축소된 경우 그 규모와 원인
② 목표상권 대비 영업상권이 확대된 경우 그 규모와 원인
③ 목표상권에 해당하지 않은 지역에서 일정한 고객수요가 발생하는 경우 그 규모와 원인
④ 경쟁상권 지역의 점유율이 낮아진 경우 그 원인
⑤ 경쟁상권 지역의 점유율이 높아진 경우 그 원인
⑥ 자점 기반상권의 점유율이 낮아진 경우 그 규모와 원인
⑦ 경쟁점포 기반상권에 대한 점유율이 높아진 경우 그 규모와 원인

3) 마케팅활동에 반영

상권분석으로 도출된 시사점을 점포마케팅 활동에 반영하는 것은 궁극적으로 상권점유율 제고로 구매고객수를 증대시킬 수 있는 방안에 대하여 모색하는 것이다.

상권분석결과와 시사점은 그 내용에 따라서 마케팅활동 적용단계와 적용방법이 다르다. 만일 목표상권에 포함되지 않았던 지역에서 일정규모의 고객이 지속적으로 자점에서 구매하는 있다는 상권분석 결과에 대한 시사점이 도출된 경우에는 이를 곧 바로 마케팅 활동에 반영할 수 있다.

하지만 자점 기반상권의 점유율이 낮아진 것으로 결과가 분석되고, 그 원인이 고객욕구에 대응하지 못한 것으로 시사점이 도출된 경우에는 기반상권

을 포함하여 상권 전반에 대한 고객분석이 선행되어야 한다.

따라서 분석된 상권조사결과와 시사점을 본부와 지점의 영업책임자와 마케팅 담당자가 공유하고 어떠한 형태로 마케팅활동에 반영할 것인지를 검토해야 한다.

11.6 성과측정 및 평가

상권분석결과와 시사점을 마케팅활동에 반영한 경우 일정 시점이 경과한 뒤에 그 결과를 측정하여 평가한다. 성과는 점포 전체 고객수 또는 특정지역 점유율 증대 등의 마케팅목표 대비 달성수준으로 측정하고 평가한다.

제 5 부 고객조사

Chapter 12

고객의 이해

12.1 소매업태와 고객

1) 고객 분석의 목표

고객은 점포의 매출과 수익을 결정하는 매우 중요한 요소이다. 점포 매출액이 고객수와 객단가에 의해 결정된다는 관점에서 본다면 그 중요성은 매우 크다. 하지만 점포에서 고객에 대한 이해는 많이 부족하다.

'10년이면 강산이 변한다.'라는 말과 같이 유통시장의 환경이 급변하고 있다. 또한 고객들의 경제적인 가계소득과 구매행동, 그리고 욕구는 더욱 다양해졌지만 아직까지 변화된 고객환경을 점포 마케팅전략에 반영하지 못하고 있다. 따라서 점포 고객 분석의 목표는 고객을 재발견함으로써 새로운 고객의 창출과 기존고객의 유지, 그리고 점포의 매출과 수익을 증대시키는데 있다.

☑ 점포 고객 분석 목표

- 우리의 고객은 누구인가?
- 핵심 고객층은 누구인가?
- 고객은 우리 점포에 무엇을 요구하는가?
- 신규고객을 개발하기 위해 어떠한 것을 보완해야 하는가?
- 고객을 유지하고, 평생가치를 극대화할 수 있는 방안은 무엇인가?

고객 분석을 위해서는 먼저 우리점포가 전개하고 있는 소매업태가 지니는 시장에서의 지위에 대한 검토가 필요하다. 즉, 점포마케팅전략 관점에서 시장세분화(Segmentation), 목표고객선정(Targeting), 그리고 시장에서 차별화된 위치선정(Positioning)에 대한 이해가 필요하다. 이를 통해 우리 점포의 마케팅전략이 올바른지, 아니면 변화된 환경에 맞추어 마케팅전략의 수정이 필요한지, 또한 점포와 상품, 가격, 매입, 촉진전략 중 어떠한 것들을 수정해야 하는지를 연구해야 한다.

2) 목표고객 선정을 위한 시장세분화

성공적인 점포운영의 전제는 고객중심의 점포마케팅 활동을 하는 것이다. 소매점포가 시장에서 마케팅 기회를 포착하거나, 경쟁기업과 차별화된 컨셉으로 효과적인 마케팅전략을 수립하기 위해서는 시장세분화(market segmentation)가 필요하다. 시장세분화는 시장의 모든 고객이 동일한 특징을 지니고 있지 않기 때문에 경쟁점포와 차별화된 시장을 형성하거나, 시장에서의 새로운 기회를 모색하기 위해서 반드시 필요하다.

소매유통산업에서 머천다이징 개선 및 경쟁점포와 차별화된 마케팅전략 시행, 그리고 신업태 개발기회모색 등을 위해 일반적으로 활용되는 시장세분화 기준은 소비자특성과 소비자반응으로 구분한다.

☑ 시장세분화의 기준

구 분		고객의 유형 분류
소비자 특성기준	지리적 변수	• 지역 · 도시규모 · 인구밀도 · 지형 · 기후
	인구통계적 변수	• 나이 · 성별 · 세대구성인구수 · 가족수명 · 소득 · 직업 · 교육수준 · 종교 등
	심리적 변수	• 사회계층, 생활양식, 개성
소비자 반응기준	형태적 변수	• 점포에 대한 태도 · 점포선택동기 · 추구하는 편의 · 구매상품 • 구매빈도 · 점포 내에서의 구매행동 · 가격민감도 등

소매점포가 목표고객집단, 즉 표적시장을 선택하여 시장에서 새로운 기회를 포착하게 되면, 그 다음에는 경쟁시장에서 우리점포를 어떠한 방법과 이미지로 고객에게 인식시킬 것인가 하는 것이 중요한 과제로 대두된다.

3) 시장세분화에 따른 소매업태별 포지셔닝

소매업의 형태는 영업형태와 조직형태로 구분된다. 영업형태는 점포에서 판매하는 상품과 판매방법에 의해 업종과 업태로 다시 구분된다. 업종은 점포에서 어떠한 상품을 판매할 것인지에 관련된 제조관점의 소매업 형태의 분류라면 업태는 점포의 형태, 판매상품의 종류, 판매정책, 일반소비자 구매의식의 차이 등의 요인들을 포괄하는 판매방법으로 구분되는 소매업 형태의 분류에 해당된다.

☑ 업종과 업태의 특징비교

구 분	업 종	업 태
의 미	• 무엇을 판매하고 있는가? (What to sell?)	• 어떠한 방법으로 판매하고 있는가? (How to sell?)
종 류	• 컴퓨터, 가전, 식료품, 정육점, 완구점, 가구점, 의류점 등	• 백화점, 대형마트, 슈퍼마켓, 편의점 등
관 점	• 제조관점	• 소비자구매행동과 관련된 판매관점

소매업태는 점포의 영업형태를 취급상품범위, 가격, 점포유무, 판매방법, 점포운영시스템 통제방법, 태동 및 도입 시기, 점포의 특성 등 다양한 관점으로 분류된다. 다양한 관점으로 소매업태가 분류되는 것은 유통기업별로 동일한 소매업태 내에서도 경쟁기업과 차별화된 점포운영을 원하며, 목표고객집단의 욕구변화 및 환경변화에 변화하기 때문에 소매업태를 특정한 기준으로 분류할 경우 이 업태를 새롭게 정의해야 하는 문제점들이 있다. 이러한 원인으로 소매업태를 특징할 수 있는 학계 또는 산업계에서 표준화된 업태분류 기준이 없으며, 관점별 일반적인 분류를 활용한다.

☑ 소매업태의 분류

<table>
<tr><th colspan="2">구 분</th><th>고객의 유형 분류</th></tr>
<tr><td colspan="2">취급상품의 범위 기준</td><td>• 종합구색소매점(백화점), 한정구색소매점(전문점)</td></tr>
<tr><td colspan="2">취급상품의 가격 기준</td><td>• 고가 소매점(백화점), 중가소매점(슈퍼마켓), 저가소매점(대형마트)</td></tr>
<tr><td colspan="2">점포의 유무 기준</td><td>• 점포소매점, 무점포소매점</td></tr>
<tr><td rowspan="2">판매방법 기준</td><td>점포소매점</td><td>• 대면판매소매점(백화점), 셀프판매소매점(대형마트)</td></tr>
<tr><td>무점포 소매점</td><td>• 주문판매업(홈쇼핑), 자동판매업(자판기), 방문판매업(화장품)</td></tr>
<tr><td rowspan="2">시스템통제 방법 기준</td><td>독립점포</td><td>• 독립점포</td></tr>
<tr><td>체인스토어</td><td>• 회사형 체인스토어, 가맹점형 체인스토어, 임의가맹점형 체인스토어, 조합형 체인스토어</td></tr>
<tr><td colspan="2">태동 및 도입시기 기준</td><td>• 전통적 소매업태, 신업태</td></tr>
<tr><td colspan="2">소매점포 특성 기준</td><td>• 저가지향형 소매점, 감성지향형 소매점, 정보통신형 소매점</td></tr>
</table>

한편, 소매업태가 소비자의 구매행동과 관련된 판매관점의 소매형태의 분류라는 것은 목표고객의 구매행동을 기준으로 시장을 세분화하고, 세분된 시장에서 점포영업을 전개하는 점포전략을 고객에게 표현하는 수단이다. 소매점포가 세분된 시장의 목표고객을 대상으로 마케팅활동을 전개하기 위해서는 시장에서 가격과 취급상품의 범위, 서비스 제공수준 등으로 경쟁점포와 차별화된 이미지를 전달해야 한다. 점포의 차별화된 이미지는 전체 소매시장에서 특정위치, 즉 포지셔닝(positioning)으로 표현될 수 있다.

이러한 포지셔닝의 개념은 특정점포의 시장위치라는 개념보다는 소매업태의 성격이 강하다. 시장에서 소매업태로 위치를 포지셔닝하게 되면 개별점포는 경쟁점포와 차별화된 이미지를 고객에게 전달하기 위해 자점만의 컨셉(concept)을 추구한다.

☑ 소매업태별 포지셔닝-맵

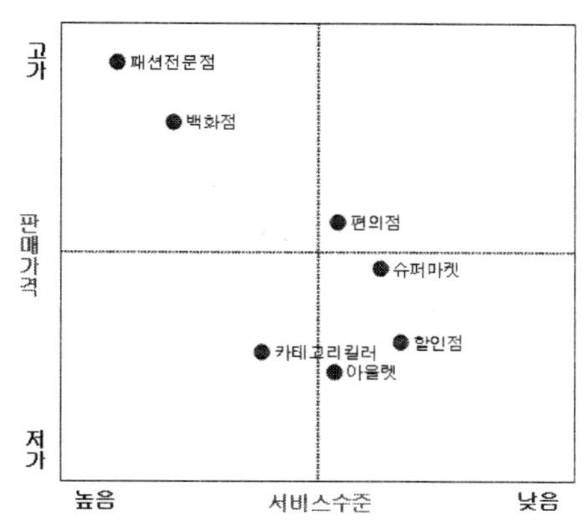

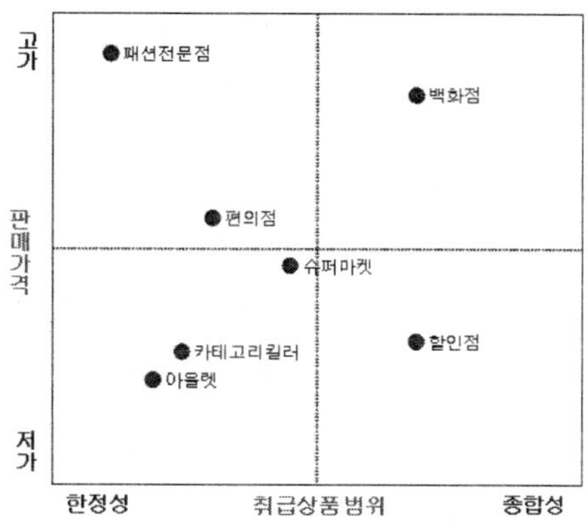

4) 컨셉 - 점포의 차별화된 이미지

컨셉(concept)이란 본래 문학작품이나 연극, 행사 등에서 연출자가 전달하고자 하는 주된 생각이라는 개념으로 출발하였다. 이러한 개념의 컨셉이 의류, 방송, 광고, 마케팅 등의 영역으로 확대되면서 그 의미가 다양화되고 있다.

먼저 방송 또는 광고영역에서는 '프로그램 개발 아이디어, 광고메시지를 구성하는 헤드라인, 보디카피, 셀링포인트 등을 포괄하여 요약하는 하나의 개념'[7]으로 정의된다. 또한 텔레비전에 출연하는 유명 연예인의 의상(衣裳)을 통해 전달하고자 하는 컨셉은 '자신이 표현하고자 하는 주된 인물의 성격(character)'이라는 의미이다. 반면에 점포영업활동을 포괄하는 마케팅영역에서는 경쟁점포와 차별화된 우위적 특징에 해당하는 '비즈니스의 본질'이라는 의미가 더욱 적합하다.

그러므로 컨셉을 사전적인 의미로서 '개념'으로만 해석하기 보다는 각 영역에서 사용하는 의미로 이해해야 한다. 이를 전제할 경우 점포마케팅관점의 컨셉은 포지셔닝, 즉 시장에서의 위치에 해당하는 소매업태에서 경쟁점포와 차별화된 우위적 특징으로서 비즈니스 본질이라고 정의할 수 있다.

이와 같은 정의는 한국에 진출했다 철수한 월마트의 사례를 통해 손쉽게 살펴볼 수 있다. 1993년 이마트 창동점으로 시작된 국내 대형마트 시장에 월

---

7) 네이버 용어사전

마트는 네덜란드계열의 대형마트 마크로(Macro)를 인수하면서 국내시장에 진출하였다. 이 시기에 대형마트는 기존의 백화점과 수퍼마켓 중심의 소매시장에 새로운 형태의 소매점포, 즉 신업태로서 도입기에 해당하는 시기였다.

대형마트가 소매시장에서 새로운 포지셔닝을 구축하는 도입기와 성장기의 기간 동안 대부분의 대형마트는 경쟁점포와 유사한 상품과 운영시스템으로 운영되었다. 시장에서 차별화된 위치로서 소매업태가 정착되었으나 경쟁점포와 차별화된 우위적 특징으로서 컨셉은 존재하지 않았던 시기이다.

이때 월마트가 경쟁점포와 차별화된 우위적 특징으로서 '매일최저가격(Everyday Low Price, EDLP)'을 고객에게 전달하는 핵심가치, 즉 비즈니스 본질로 표방하였다. 국내 대부분의 대형마트들이 아직까지 매일최저가격 정책보다는 고-저가(high-low price) 정책을 운영하고 있기 때문에 당시의 월마트가 경쟁점포와 확연히 차별되는 컨셉으로 마케팅전략을 수행하였다.

12.2 고객의 이해

1) 고객의 정의

고객(Customer)의 어원은 Custom이다. Custom의 사전적 의미는 '습관적 행위', '관습', 그리고 집합명사로서 '고객'의 의미가 있다. 고객의 개념을 어원 관점에서 살펴보면 우리 점포에서 제품 또는 서비스를 습관적으로 구매하는 단골고객이라고 정의할 수 있다.

고객의 개념은 소비자와 구분된다. 고객이 우리 점포에서 제품 또는 서비스를 구매하는 개인 또는 집단구매자라는 개념이라면 소비자는 경제적, 비경제적 재화의 교환에 참여하는 모든 경제활동의 주체로서 전체적이고 포괄적인 개념이다.

☑ 고객과 소비자 정의 및 특징

고객 Customer	소비자 Consumer
• 자점 또는 자사에서 제품을 구매하는 개인이나 집단 구매자 • 특정적 · 개별적인 의미 • Buyer's Marketing 관점	• 경제적, 비경제적 재화의 교환에 참여하는 모든 경제활동 주체 • 포괄적 · 전체적인 개념 • 생산자의 반대 개념

2) 고객의 유형분류

점포고객의 유형은 점포마케팅의 전개과정에 따라서 계획단계, 판매단계, 고객관계관리단계 등으로 구분할 수 있다. 계획단계에서는 마케팅 대상에 따라 고객을 분류하며 판매단계에서는 성별, 연령별, 판촉반응별, 구매행동별로 구분된다. 또한 고객관계관리단계에서는 점포만족기준과 고객관계관리제도 기준으로 고객의 유형이 구분된다.

☑ 다양한 고객의 유형분류 기준

구 분		고객의 유형 분류
계획단계	마케팅 대상 기준	• 목표고객 · 잠재고객
판매단계	성별기준	• 남성고객, 여성고객
	연령별기준	• 유아고객, 아동고객, 청소년고객, 청년고객, 중 · 장년고객, 노년고객
	판촉반응기준	• 자점 충성고객 · 경쟁점 충성고객 · 복수점포 이용고객 · 가격지향 고객 · 타업태 이용고객
	구매행동기준	• 충동구매형 · 계획구매형 • 자기구매형 · 동반구매형 · 의심형
관계관리 단계	고객관리제도기준	• 회원고객 · 비회원고객
	점포만족기준	• 단골형 · 만족표현형 · 불만족 표현형 · 포기형

3) 마케팅 계획에 의한 고객 분류

마케팅전략 수립과정에서 점포는 가장 효과적으로 접근하여 목표를 달성할 수 있는 세분시장, 즉 목표시장과 선정하여 영업활동을 전개한다. 이러한 목표시장이 소매유통시장에서는 업태로 세분화되며, 세분된 시장을 구성하고 있는 일정한 고객집단이 존재하는데 이를 목표고객이라고 한다.

즉, 목표고객(Target Consumer)은 점포가 마케팅목표로 선정한 목표시장을 구성하고 있는 소비자 집합이다. 따라서 목표고객은 우리 점포를 이용할 의사가 있는 고객과 경쟁점포를 이용할 의사가 있는 고객, 그리고 타업태를 이용할 의사를 지닌 고객 등 모두가 포함된다. 점포에서는 목표상권의 지리적 범위 내에 생활하는 특정 연령대와 소득수준, 성별 기준 등에 의해 목표고객을 선정한다.

반면에 잠재고객(Potential Consumer)은 우리 점포를 이용할 가능성이 있는 고객을 의미한다. 목표상권이 전체고객에 해당하는 총시장규모를 의미한다면, 목표고객은 특정 소매업태가 차지할 수 있는 시장규모, 그리고 잠재고객은 해당 소매업태 내에서 우리 점포가 점유할 수 있는 시장점유율의 크기에 해당된다.

☑ 목표고객과 잠재고객의 이해

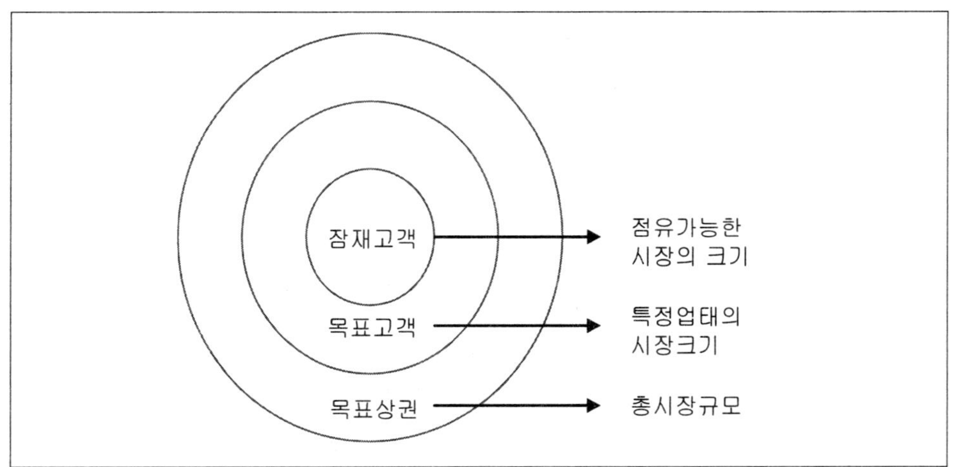

4) 성별기준에 의한 고객 분류

점포에 내점한 고객들이 어떠한 구매행동을 내재하고 있는지 잘 이해한다면 여러 판매상황에서 적절한 고객응대로 판매증대를 도모할 수 있다. 이러한 관점에서 볼 때 성별기준은 연령별 기준과 함께 외모에서 나타나는 특징으로 빠르게 판단할 수 있는 가장 기본적인 고객정보이다.

성별기준에 의한 고객분류는 남성고객과 여성고객으로 분류한다. 일부에서 남성과 여성의 특징과 다른 유형을 나타내는 고객, 즉 '아줌마'를 제 3의 성(gender)으로 구분하여 기업 마케팅에 활용하는 사례도 있다.

☑ 남성과 여성의 일반적인 특징

	남성고객	여성고객
사고관점	• 길고 직선적 • 부분적 두뇌사용 • 좁고 깊음 • 과소반응 할 수 있음	• 총체적, 원형적 • 총체적 두뇌사용 • 광범위적, 현상적 • 과잉반응 할 수 있음.
대화관점	• 결론과 문제해결 중심 • 사업, 정치 등의 주제로 대화 • 감정표현의 억제력이 강함	• 결론에 이르는 과정중심 • 사소한 주제로 대화 • 정서적 지지가 강함.
심리적관점	• 논리적, 합리적, 독립적임. • 모험심이 강하며, 경쟁적임.	• 감정적, 주관적, 의존적임. • 안정성에 대한 욕구가 강함.
사회적관점	• 공격적이며, 경쟁적임. • 경제적이며, 활동적임. • 개인주의적임	• 타인에 대한 배려심(다정다감) • 타인의 감정에 민감하게 반응 • 겸손하며, 이해심이 많음.

성별 생물학적 관점에서 남성고객은 합리적・결론적・감정표현에 대한 억제력이 강한 특징이 있으며, 여성고객은 감정적・과정적・타인의 감정에 민감하게 반응하는 특징이 있다. 이러한 특징으로 고객접점에서 고객을 어떻게 접객할 것인지, 어떻게 판매제안을 할 것인지, 그리고 고객이 불만족을 표현하는 상황에서 어떻게 대응할 것인지 등에 대한 검토가 필요하다.

또한 여성패션의류전문점과 같이 성별기준에 의해 판매하는 상품이 구분되는 경우에도 목표고객의 일반적인 특성을 고려하여 점포의 배치와 인테리어 및 진열방법 등이 검토되어야 한다.

5) 연령별기준에 의한 고객 분류

연령별기준에 의해 고객을 분류하는 방법은 연령이라는 수치관점에서 10진법 기준으로 분류하는 방법과 마케팅 목표고객관점에서 분류하는 방법, 그리고 수명주기관점에서 분류하는 방법으로 구분된다.

☑ 연령별 고객 분류형태

분류형태		세부내용
10진법 기준	5세 계급별	• 0~4세, 5~9세, 10~14세, 15~20세 등
	10세 계급별	• 0세대, 10대, 20대, 30대, 40대, 50대 등
목표고객 기준	특정연령별	• 특정 연령대에 제품 및 서비스의 마케팅활동을 집중하는 형태
	주/보조 고객별	• 목표고객을 폭넓게 형성하기 위해 목표고객을 이원화하는 형태
	사회적 기준	• 386세대, X세대, 밀레니엄 베이비세대 등
라이프사이클기준		• 유・소년기, 청년기, 중・장년기, 노년기

(1) 10진법 기준

연령별 고객 분류는 10진법 기준과 마케팅 대상기준, 그리고 라이프사이클을 기준으로 분류하는 방법이 있다.

10진법에 의한 분류방법은 통계적 분류에 의해 많이 활용된다. 국가의 인구관련 통계자료는 대부분 행정구역별, 성별, 내국인과 외국인, 그리고 5세 계급별 통계로 구성되어 있다. 점포마케팅에서 5세 계급별 분류는 특정 연령대의 고객수요에 대응하는 전문점형태의 점포조사에 활용되기도 하며, 10세 계급별 분류는 일반소매점에서 점포조사와 마케팅활동 자료로 활용된다.

(2) 목표고객 기준

마케팅 목표고객에 의한 분류는 상품수요 고객층을 기준으로 특정 연령대로 분류하는 방법과 제품과 서비스에 따라서 주고객(Main Target)과 보조고객(Sub-Target)으로 분류하는 방법이 있다.

마케팅 목표고객을 특정 연령대로 분류하는 않고 고객의 특성을 반영하는 특정 단어를 사용함으로써 간접적으로 분류하는 형태가 있다. 386세대, X세대, 밀레니엄 베이비 세대 등을 대표적인 사례이다. 반면에 프리틴(10세~12세)과 같이 연령이 고정되어 있는 사례도 있다.

마케팅 목표고객을 다양한 기준으로 분류하는 방법은 전통적으로 제조업체에서 많이 활용되어 왔다. 하지만 롯데백화점의 '영플라자(Young Plaza)', 일본 라이프슈퍼마켓의 '키즈 아레나(Kid's Arena)'와 같이 연령별 기준에 의해 상품을 재배치하는 사례가 증가하고 있으며, 향후 실버인구가 증가하면서 실버상품을 편집매장으로 운영하는 점포도 많아질 것으로 예상된다.

(3) 라이프사이클 기준

사람은 수명주기(Life Cycle)의 특성에 따라서 유・소년기, 청년기, 중・장년기, 그리고 노년기로 분류한다. 이들 분류방법을 활용한 형태가 라이프사이클에 의한 고객 분류 방법이다.

수명주기 관점에서 볼 때 우리나라는 노년인구가 급속하게 증가하고 있다. 통계청은 지난 2000년 총인구 중에 65세 이상의 인구가 총인구를 차지하는 비율이 7.2%로 '고령화 사회(Aging Society)' 진입한 이후 2018년에는 그 비율이 14.3%로 '고령사회(Aged Society)'진입하고, 2026년에 20.8%로 '후기고령사회(post-aged society)' 혹은 '초 고령사회'에 진입할 것으로 전망하였다.

또한 2005년 '인구・주택 총 조사' 결과 전국 63개 시군이 65세 이상 노인 비중이 20% 이상인 '초(超)고령사회'에 진입한 것으로 조사되었으며, 전남 경북 충남 전북 등 4개 도(道)는 노인 비중이 14%를 넘어 '고령사회'로 분류됐다.

이와 같은 연령별 인구구조의 변화는 새로운 점포 마케팅전략과 변화된 고객접객을 필요로 하고 있으며, 일부점포에서는 벌써 변화된 환경에서 적응하기 위하여 노력하고 있다. 따라서 매출활성화 기회를 모색하기 위해서는 연령별 고객의 일반적인 특성에 대한 이해와 점포 마케팅전략의 연구가 필요하다.

☑ 라이프사이클 기준 고객의 특징

구 분	세 부 내 용
유소년기	• 단순하며, 비판력이 약함. • 온순하고, 순종적이며 모방심리가 강함. ➔ 학습효과가 강함.
청 년 기	• 사고가 단순하며, 감성적임. • 개성이 강하며, 이성적이며, 현실적임. • 기성관념, 기성세대에 대해 회의적, 거부적임. ➔ 새로운 것을 선호.
중・장년기	• 실천적, 행동적으로 구매의욕이 강함. • 이기적, 자기중심적, 편의적임. • 엘리트의식과 프라이드가 강함.
노 년 기	• 인내심이 강하며, 소극적이며, 우유부단함 • 자율성이 강해 지나친 간섭을 싫어함. • 급격한 변화를 원하지 않음. ➔ 기존 생활(상품구매)습관 유지.

6) 판촉반응에 의한 고객분류

미국마케팅학회(AMA)는 프로모션 활동을 광의와 협의로 나누어 정의하고 있다. 광의의 개념은 광고활동, 퍼블리시티, 인적판매 등을 포함하여 고객의 구매를 자극하는 모든 방법론이며, 협의의 개념은 광고활동, 퍼블리시티와 인적판매 등을 제외한 마케팅 활동을 말한다.

판촉활동은 협의의 프로모션 개념으로 소비자에게 구매 행동으로의 동기를 유발시키는 체계이다. 점포의 마케팅전략믹스보다 직접적이고, 빠른 고객반응 유발로 매출과 이익증대를 실현한다.

이와 같은 점포의 판촉활동에 반응하는 특성에 따라 자점 로열티고객, 경쟁점포 로열티고객, 복수점포 이용고객, 가격지향고객, 그리고 타업태 이용고객 등으로 구분한다.

(1) 자점 로열티고객

고객로열티는 고객만족도, 선호도, 재구매의향, 타인추천의향 등을 포괄하는 개념이다. 고객로열티는 점포 브랜드를 아는 고객보다는 구매 후 만족한 고객이, 만족한 고객보다는 재구매 고객이, 재구매 고객보다는 타인에게 추천의향이 있는 고객일수록 로열티가 높다.

이와 같은 자점의 로열티고객은 다음과 같은 특징이 있다.

- 정기적인 구매행동 또는 최근에 재구매
- 다양한 제품이나 서비스를 포괄적으로 구매
- 다른 사람에게 우리 점포를 적극적으로 추천
- 경쟁점포의 대규모 판촉행사와 유인전략에도 동요하지 않음.
- 점포에서 구매와 관련한 과도한 반대급부를 요구하지 않음.

(2) 경쟁점포 로열티고객

경쟁점포 로열티고객은 자점 로열티고객에 반대되는 고객으로 자점의 로열티고객과 동일하게 경쟁점포에 대한 로열티가 높은 고객을 의미한다. 따라서 경쟁점포 로열티고객은 자점 로열티고객의 일반적인 특징과 동일하다.

(3) 복수점포 이용고객

점포마다 차별화된 상품특징이 있다. 시장 경쟁상황과 점포 역량 등의 요인으로 경쟁점포와 차별화된 상품영역을 구축하거나 농협계열의 점포와 같이 농축산물의 판로확대를 위한 마케팅목적에 의해 점포마다 상품 차별화가 발생된다. 이와 같이 점포마다 차별화된 상품을 인지하고 고객자신의 욕구와 부합하는 상품을 각 점포에서 구매하는 과정에서 복수점포 이용고객이 발생한다.

복수점포의 일반적인 구매행동 특성은 다음과 같다.

- 주 이용점포와 특정 상품을 이용하는 점포로 구분됨.
- 업태내 복수점포를 이용하거나, 업태간 복수점포를 이용하는 형태로 구분됨.
- 일반점포와 전문점을 이용하는 형태로도 구분됨.
- 주 이용점포는 보통상품 중심의 식료품과 생활용품 중심으로 구매하며, 복수로 이용하는 점포에서는 체험상품 중심의 선매품, 전문품 중심으로

구매함.

- 복수로 이용하는 점포의 거리는 큰 제약요건에 해당하지 않는 경우가 발생함.

(4) 가격지향 고객

유통산업 내 각각의 소매업태 및 상권에서 다양한 형태의 점포들이 등장하면서 일정한 점유율을 확보하기 위해 다양한 판촉행사를 지속되어 왔다. 점포별 판촉행사의 강화는 고객들을 행동주의 학습이론의 파블로(Ivan Pavlov) 실험결과와 같이 판촉행사에 반응하도록 학습시켰다. 즉, 판촉행사가 고객에게 할인 및 증정 등을 통해 경제적인 혜택을 준다고 학습시킴으로써 판촉을 실시하는 점포로 옮겨 다니며 구매하는 상황이 연출되었다.

이와 같이 판촉에 따라 구매점포를 결정하는 고객을 가격지향 고객이라고 한다. 가격지향 고객은 단순히 가격중심의 행사뿐만 아니라 세일 중심의 가격프로모션과 사은품과 추첨식 경품 등의 경품 프로모션, 그리고 추가 및 덤 증정프로모션 등 점포의 다양한 판촉행사에 반응하는 고객들이다.

가격지향 고객은 다음과 같은 일반적인 구매행동 특성은 있다.

- 전단광고 주목율이 높다.
- 고객유인 목적으로 활용하는 '유인손실(Loss Leader) 상품' 구매율이 높다.
- 점포 평균 객단가보다 낮은 금액으로 구매한다.
- 점포 평균 구매빈도보다 높은 구매횟수를 나타낸다.

(5) 타업태 이용고객

점포는 세분된 목표고객의 욕구를 충족시키기 위한 목적에서 마케팅전략을 수립하게 된다. 세분된 목표고객이라는 것은 전체고객 중에서 일정한 특성을 지닌 일부고객을 의미한다. 이러한 관점에서 볼 때 자점과 경쟁점포가 영위하는 소매업태가 아닌 이업태를 이용하는 고객이 존재하는 것은 당연하다.

특히 고객은 자신의 소득수준과 인구통계적, 지리적, 심리적 변수에 의해 구매점포를 선택한다. 구매점포를 선택하는 가장 중요한 결정요인은 소득과 관련된 변수들이 해당된다. 따라서 타 업태 이용고객은 다음과 같은 일반적인 특성이 있다.

- 자점의 목표고객집단에 해당하지 않는다.
- 자점이 영위하는 소매업태와 다른 이 업태를 이용한다.
- 향후 소득변동에 따라 자점 또는 경쟁점포의 목표고객집단에 포함될 수 있는 잠재고객이다.
- 자점 또는 경쟁점포에 구매한 경험이 있을 수 있다. 하지만 반복적으로 구매하지는 않는다.

7) 구매행동에 의한 고객분류

고객은 자신의 성격과 스타일 등에 의해 점포 내에서 다양한 구매행동을 나타낸다. 어떠한 고객은 충동구매를 자주하는가 하면, 어떤 고객은 계획구매 중심으로 쇼핑을 하기도 한다.

☑ 구매행동에 의한 고객 분류

구 분	구매계획 기준	구매결정 기준
고객분류	• 충동구매고객 • 계획구매고객	• 자기구매형 고객 • 동반구매형(또는 미결정형)고객 • 의심형 고객

(1) 구매계획 기준

고객은 사전에 구매계획을 수립하는지 여부에 따라서 충동구매형과 계획구매형으로 구분된다. 계획구매형은 사전에 인지된 구매대상 상품에 대한 목록을 작성함으로써 구매계획을 수립하고, 그 계획에 의해 쇼핑을 하는 고객이다. 계획구매형 고객은 일반적으로 행동이 느리고, 인내심이 강하며, 계획적인 생활패턴을 지니고 있기 때문에 전문지식으로 다른 상품과 비교하며 상세하게 설명하는 접객이 필요하다.

반면에 충동구매형은 다양한 점내판촉(ISP, In Store Promotion)에 반응하여 지금의 조건이 최상의 조건이라는 판단 하에 상품을 구매하는 고객으로 행동이 빠르고 성급하기 때문에 신속한 동작과 간결한 설명 등의 접객이 요구된다.

(2) 구매결정기준

점포에서 제품 또는 서비스 구매를 결정하는 형태에 따라 고객의 구매행동도 다양한 형태가 나타난다. 주관적인 판단을 가지고 구매를 결정하는 고객이 있는가 하면, 혼자 구매결정을 하지 못하여 동반자 또는 판매원에게 계속 질문하여 망설이는 고객도 있다. 또한 상품 또는 판매원의 설득에 대해 계속 의구심을 갖는 고객 등이 있다.

자기구매형은 자신의 구매기준에 따라 스스로 구매여부를 판단하여 결정하는 유형으로 진취적인 사고를 지닌 전문직, 또는 성공한 사람들에게서 나타나는 행동이다. 자기구매형 고객에 대해서는 항상 겸손한 마음으로 고객 스스로 결정할 때까지 기다리는 접객자세가 요구된다.

반면에 스스로 구매결정을 하지 못하는 동반자형 또는 미결정형 고객은 성격이 우유부단하거나, 고가상품을 구매하는 여성고객에서 나타나는 행동유형이다. 이들 고객에 대해서는 동반고객을 설득하거나, 판매원의 적극적인 제안판매가 필요하다.

그리고 상품과 판매원에 대한 의심을 갖는 고객들도 있다. 브랜드상품이 시장가격보다 현저하게 낮은 가격으로 판매 되거나, 신상품 또는 기능성 상품 등을 판매하거나, 열악한 판매환경 상황에서 종종 나타난다. 이때 고객은 의심스러운 표정과 계속되는 질문 등을 하게 되므로 판매원은 긍정적인 Yes 화법과 인정서, 수입면장, 원산지증명, 품질증명 등의 증거를 제시하는 것이 중요하다.

8) 고객관리제도에 의한 고객 분류

국내 유통산업에서 신업태 도입주기가 1990년대 대형마트 도입을 이전의

약 10년 단위에서 1~2년 단위로 빨라지고 있다. 신기술의 등장으로 온라인 판매기법이 다양화되는 것을 포함할 경우 신업태 도입주기는 더욱 단축되고 있다.

신업태의 활발한 도입과 확산의 영향을 고객과 점포관점에서 각각 살펴볼 수 있다. 먼저 고객관점에서는 상품구매를 선택할 수 있는 다양한 형태의 점포가 등장한 것을 의미하며, 점포관점에서는 고객수요를 대체하는 경쟁점포가 증가하여 구매고객수가 감소할 수 있다는 것을 의미한다. 구매고객수의 감소는 종전의 시장점유율 확대에 의한 점포성장이 아니라 고객을 유지하고, 그 고객들의 생애가치를 극대화함으로써 점포가 성장하는 환경으로 변화가 필요한 것을 의미한다.

이와 같이 유통산업의 환경변화에 따라 점포에서는 마케팅목표를 달성하기 위한 고객수를 유지하기 위해 구매고객과 지속적인 관계를 형성하기 위한 목적으로 '고객관리제도'를 적극적으로 도입하여 운영하고 있다.

☑ 고객관리제도에 의한 고객 분류

구 분		세 부 내 용
회원가입 여부 기준		• 회원고객, 비회원고객
고객관계 관리 기준	구매 전	• 구매용의고객, 잠재고객, 구매비의사고객 (고객획득)
	구매 후	• 최초구매고객, 반복구매 고객, 단골고객, 비활동고객, 이탈고객, 부적격고객(고객유지)

고객관리제도는 운용하는 점포에 따라 조금씩 차이가 있지만 일반적으로 구매금액의 일정비율을 적립하는 형태가 일반적이며, 이를 관리하기 위하여 회원가입이 전제된다. 따라서 점포에서는 회원중심의 고객관계제도를 운영하기 때문에 고객을 회원고객과 비회원고객으로 구분한다.

또한 고객관계관리 기준에 따라서 구매용고객, 잠재고객, 구매비의사고객, 최초구매고객, 반복구매고객, 단골고객, 비활동고객, 이탈고객, 부적격고객 등으로 구분한다.

9) 만족도 표현에 의한 고객 분류

점포에서 제공하는 제품과 서비스에 대하여 고객들은 주관적인 가치기준으로 평가한다. 평가결과가 고객의 기대수준에 도달하는 경우 고객은 만족하게 되며, 그 크기는 고객마다 차이가 발생된다.

점포의 제품과 서비스에 대한 만족여부와 그 만족여부를 표현하는 형태에 따라 만족표현형, 불만표현형, 단골형, 그리고 포기형으로 고객을 구분한다.

☑ 고객만족도 표현에 의한 고객 유형

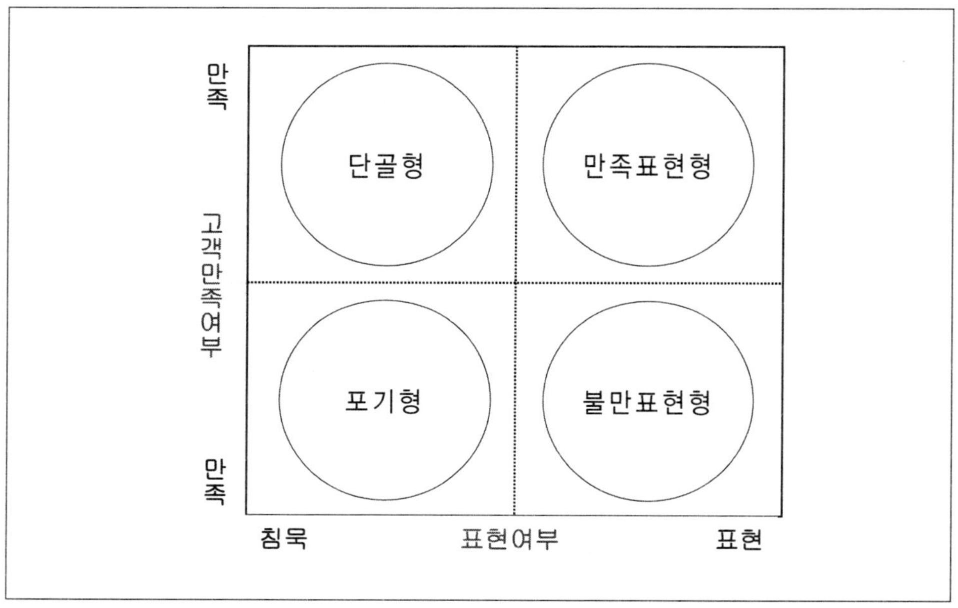

만족표현형은 점포에서 제공되는 상품과 서비스에 만족하고, 이를 언어 또는 행동 등으로 표현하는 고객을 말한다. 만족표현형 고객의 경우 일반적으로 로열티가 높은 고객에 해당되며 만족도를 표현하지 않는 단골형 고객과 구분된다.

반면에 점포에서 제공한 상품이나 서비스에 불만족하고 이를 표현하는 고객들이 있다. 구매한 상품에 품질문제가 발생하거나, 점포 이용 도중에 불만족한 체험을 겪은 경우 불만사항을 언어나 행동, 표정 등으로 표현하는 고객들이다. 이들 불만표현형 고객들은 불만사항에 대하여 표현하고 개선되기를 기대하기 때문에 큰 불만족 사항이 아니면 해당 점포에서 곧 바로 이탈하는 행동을 하지 않는다.

하지만 불만족사항을 표현하지 않는 포기형 고객들은 불만사항을 마음속에 담고 있기 때문에 구매를 대체할 수 있는 점포, 즉 경쟁점포가 생기게 되면 곧 바로 이탈하는 특징이 있다.

Chapter 13

고객관계관리

13.1 CRM이해

1) CRM의 정의

CRM이란, Customer Relationship Management를 의미한다. 일부에서 Customer Relationship Marketing이라고 주장하는 경우도 있으나 전자의 '고객관계관리' 개념에 가깝다.

CRM은 종전의 점포마케팅전략에서 고객과의 인간적인 신뢰관계를 전제로 고객의 욕구를 발견하고 그것을 충족시킴으로써 고객감동을 전달할 수 있는 전략적 대안과 경영기법의 발굴에 의의가 있다.

국내 주요 소매업태별 고객수 추이를 분석할 경우 백화점, 대형마트, 슈퍼마켓, 편의점 등 대부분의 업태에서 점포평균 구매고객수가 감소하고 있는 상황을 고려할 경우 CRM을 통해 고객획득과 고객개발, 그리고 고객유지활동을 실행함으로써 지속가능한 점포경영의 전략적 대안과 경영기법을 개발할 수 있는 것이다. 따라서 CRM의 개념에는 다음과 같은 의미가 포함되어 있다.

☑ CRM 개념에 포함된 의미

- 고객에 대한 이해와 구매행태 등 분석
- 상권규모보다 고객관계를 통한 수익창출
- 목표고객에 대한 고객관계 집중
- 고객과 장기적인 깊은 신뢰관계 구축

2) CRM 경영의 특징

CRM경영은 점포경영의 기본체계가 변화하는 것이다. 점포경영의 기본체계가 변화한다는 것은 기존의 경영시스템을 활용할 수는 있지만, 근본적으로 점포혁신을 통해 새로운 경영체계를 새롭게 구축해야 한다는 것을 의미한다.

점포의 기존 경영체계와 CRM경영을 경영전략 관점과 운영시스템 관점, 그리고 유통산업 라이프사이클 관점에서 비교할 수 있다.

☑ 점포의 기존 경영과 CRM경영의 비교

구 분	기존경영	CRM경영
경영전략	시장(고객)점유율 확대전략	로열티고객 확보전략
운영시스템	상품중심 통합시스템 - POS시스템 - 단품관리시스템 - ECR, SCM, ERP 등	고객관계관리 통합시스템 - 회원고객데이터베이스 - 구매정보데이터베이스 - 판촉반응데이터베이스 등
라이프사이클관점	도입기와 성장기 전략 • 양적성장 중심 • 신규고객 창출과 고객유지 중점	성숙기와 재 2의 성장기 전략 • 질적 성장 중심 • 신규고객보다 고객개발과 고객유지에 중점

(1) 경영전략 : 로열티고객 확보전략

점포경영전략은 상권 내에서 경쟁점포와 경쟁에 의한 상권점유율 확대가 기본 전략이었다. 상권점유율 확대는 점포에서 구매하는 고객이 증가하는 것을 의미한다. 점포는 이를 위하여 세일과 경품 등과 같은 대규모 판촉행사와 점포 마케팅믹스전략을 강화하였다.

하지만 대규모 판촉행사와 점포 마케팅믹스전략의 강화는 일정기간, 일정수준에서 상권점유율을 확대하는 효과가 발생하였으나, 다양한 소매업태의 도입과 점포증가로 결국 구매 고객는 감소하는 추세로 전환되었다. 결국 기존의 상권점유율 확대전략을 대체할 새로운 전략의 필요성이 대두된 것이다.

점포에서 고객은 매출액에 절대적인 영향을 주는 매우 중요한 요소이다. 점포의 고객수는 다양한 관점에서 살펴볼 수 있다. 구매빈도관점에서 고객유형을 분류하면 잠재고객, 첫구매고객, 반복구매고객, 이탈고객으로 분류된다. CRM경영은 구매빈도를 강화시키고 고객과의 관계관리를 통해 고객의 생애가치를 극대화함으로써 점포의 마케팅목표를 달성하는 전략이다.

따라서 잠재고객을 첫 구매고객으로 전환하는 '고객획득'과 반복구매고객의 생애가치를 극대화하기 위한 '고객개발', 그리고 이탈고객을 방지하기 위한 '고객유지'활동이 CRM경영전략의 핵심 업무이다.

고객획득은 고객관계의 첫 단계로서 마케팅 포지셔닝, 인지도, 상품, 가격 등 점포마케팅 제 요인을 활용하여 수익성 있고, 잠재력 있는 새로운 고객을 찾아서 고객화 하는 것을 의미한다. 또한 고객개발은 고객관계를 확장, 발전시킴으로써 고객의 라이프사이클과 라이프스타일에 맞추어 추가 판매기회를 제시하고 기존고객의 점포이용 증대를 통해 고객가치를 제고시킨다. 이때 필요한 전략적 접근방법은 교차판매(cross sale)와 업-세일(up sale) 등이 있다. 그리고 고객유지는 우수고객 유지 및 고객이탈을 방지하여 위하여 윈-백(win-back)과 서비스향상, 적시제안을 통해 현재와 잠재우량고객과의 관계를 향상시키는 행동을 말한다.

윈-백이란, 정보통신업계에서 경쟁사 시스템을 사용하는 고객회사에 자사의 제품군으로 바꿔 넣는 공격적인 마케팅 방법론으로 소매업종에서는 신용카드사의 영업활동으로 설명이 가능하다. 신용카드를 발급받아 사용하던 중 어느 순간 사용하지 않는 경우 신용카드사는 해당 고객에게 일정 금액이상 결제 시 현금할인 등의 특별혜택을 제시한다. 즉, 이탈되는 고객을 다시 고객으로 유지하기 위한 공격적인 영업방식인 윈-백이다. 그러므로 윈-백은 점포에서 이탈한 고객과 더 이상 구매하지 않는 비활동 고객을 반복구매 고객으로 전환시키는 주요한 활동이라고 할 수 있다.

(2) 운영시스템 : 고객관계관리 통합시스템

유통정보시스템은 판매시점에서 모든 정보를 관리하는 시스템으로 판매시점관리시스템과 전자주문시스템(Electornic Ordering System, EOS), 그리고 유통 부가가치통신망(Value Add Network, VAN)에 해당하는 전자문서 교환(Electronic Data Interchange, EDI)로 구성된다.

POS시스템은 1972년 미국에서 개발되어 1974년 상업용으로 활용되었다. 국내에는 1984년 뉴코아(4월), 신세계(5월), 동아백화점(8월) 등에 의해 처음 도입되었다. POS시스템 도입 이후 점포의 효율적인 자산관리와 잘 팔리는 상품중심으로 점포를 운영할 수 할 수 있는 단품관리시스템의 도입과 잘 판매되는 상품의 결품방지와 공급망 내에서 판매정보가 왜곡되는 채찍효과(Bullwhip Effect)를 개선하기 위한 점포와 제조업자 간의 공급망을 관리하는 시스템으로서 공급망관리(Supply Chain Management, SCM)가 도입되었다. 또한 점포 내 자사상표(Private Brand) 취급비중 증대와 기업 내 자원의 효율적인 관리를 위한 '전사적 자원관리시스템(Entertainment Resource Planning, ERP)'이 도입되고 있다.

이와 같이 기존의 점포 운영시스템은 POS시스템과 단품관리시스템, 그리고 SCM과 ERP 등은 점포 내 상품과 자원을 효율적으로 관리형태가 중심이었다. 반면에 CRM은 고객중심의 통합시스템을 구축하여 운영한다는 점에서 기존의 상품중심이 운영시스템과 크게 차이가 있다.

또한 CRM은 기존의 회원고객 신상정보데이터베이스에 POS시스템과 연계된 고객구매정보 데이터베이스, 그리고 고객별 판촉반응 데이터베이스 등을 구축하여 데이터웨어하우징(data warehosing)과 데이터마이닝(data mining)을 통해 고객 개개인에게 효과적인 마케팅기법을 전개하는 고객통합시스템이다. 즉, 기존의 상품중심의 시스템은 효율성 중심이라면 CRM은 효과성 중심의 운영시스템이다.

따라서 점포에서는 고객의 다양한 정보를 컴퓨터에 데이터베이스로 축적하고, 이들 자료를 통합, 가공, 분석하여 점포 마케팅활동에 활용하는 데이터베이스마케팅기법과 고객의 현재가치와 미래가치를 측정, 분류함으로써 고객개발과 고객유지 등의 CRM이 통합적으로 운영되어야 한다.

(3) 라이프사이클 관점 : 성숙기와 제2성장기 혁신 경영

수명주기(life cycle)이론은 사람뿐만 아니라 상품, 점포, 기업, 소매업태, 그리고 산업 등에도 적용하여 설명한다. 수명주기이론은 도입기, 성장기, 성숙기, 쇠퇴기로 구분하여 각 단계별 라이프사이클의 특징을 설명한다.

라이프사이클의 특징을 매출관점에서 살펴보면 고객수가 증가하는 시기는 도입기와 성장기이며, 성숙기와 쇠퇴기에는 감소하기 때문에 객단가 중심으로 영업활동을 전개한다.

국내 주요 소매업태에 해당하는 백화점, 대형마트, 슈퍼마켓, 그리고 편의점의 경우 점포 평균고객수가 감소하고 있다. 라이프사이클 관점에서 본다면 성장기에서 성숙기로 진입하고 있다는 것을 의미한다. 성숙기는 객단가, 즉 상품의 단가 중심의 영업전략으로 지속될 경우 일정시점이 경과된 후에 쇠퇴기에 진입하게 된다.

따라서 성숙기에 제 2의 성장을 위한 새로운 성장 동력을 모색이 필요하다. CRM경영은 기존고객과의 관계관리 강화를 통해 고객개발과 고객유지를 실천하고, 신규고객을 획득함으로써 신 성장동력으로 운영할 수 있다.

3) 업무기능에 따른 CRM과제

CRM의 핵심업무는 고객획득과 고객개발, 고객유지이다. CRM의 핵심 업무기능별 CRM 과제를 마케팅과 영업, 서비스분야로 검토할 수 있다.

세분된 목표고객 중 우리 점포에서 구매할 수 있는 잠재고객을 획득하기 위해 고객에게 1:1 맞춤제안을 실시하거나, 새로운 마케팅믹스를 도입함으로써 고객획득을 도모할 수 있다. 이를 통해 영업생산성이 제고되며, 첫 구매한 고객에게 서비스를 통해 우리점포에서 재구매가 이루어지도록 해야 한다.

고객개발업무와 고객유지업무는 기존고객을 대상으로는 CRM 핵심 업무이다. 고객개발은 기존의 고객의 구매활성화를 위해 교차구매 또는 식료품 등에 한정된 상품을 다양한 상품구매로 확대될 수 있도록 로열티 프로그램을 운영할 수 있도록 해야 한다.

또한 기존고객이 경쟁점포로 이탈하는 것을 방지하기 위하여 차별화된 서비스와 고객의 소리에 귀 기울이고, 이탈원인을 조사함으로써 재유치할 수 있는 운영시스템을 구축해야 한다.

☑ 업무기능별 CRM과제

구 분	마케팅	영업	서비스
고 객 획 득	• 타깃팅(Targeting) • 고객 맞춤제안 • 새로운 마케팅믹스도입	• 영업생산성 제고	• 영업후 서비스 제공 • 구매후 후회 제거 • 해피콜(Happy Call)
고 객 개 발	• 구매활성화 • 상향이동 제고	• 교차판매(cross-sale) • 상향판매(up-sale)	• 로열티프로그램
고 객 유 지	• 우수고객이탈방지 • 하향이동 감소	• 이탈고객 재유치 (win-back)	• 채널이동 • 고객의 소리 관리 • 고객서비스 차별화 • 로열티 프로그램

※ 자료 : 최영무(2006), CRM의 엔진을 힘차게 올려라, 갈채, 재정리

13.2 CRM의 전제, 고객정보관리

1) 고객정보관리의 이해

고객정보관리(Customer Information Management)란 점포 마케팅목표의 핵심이며 점포경영의 최고 이념인 고객감동의 가치를 창조하기 위하여 고객에 관한 정보를 개별적으로 또는 시스템적으로 활용하고 관리하는 것을 의미한다.

점포에서 고객감동의 가치창조, 즉 고객이 만족하는 상품의 구비와 고객이 만족하는 가격결정, 그리고 고객이 감동할 수 있는 서비스의 다양성과 고품질화를 실현기 위해서는 고객정보를 활용할 경우 더욱 효과적이다. 따라서 고객정보를 활용하기 위해서는 점포에서 정보관리를 위해 계획한 일정한 방식에 의해 정보를 수집, 가공, 처리하는 고객정보시스템이 구축되어야 한다.

☑ 고객정보관리 개념에 포함된 의미

- 고객에 대한 이해와 구매행태 등 분석
- 상권규모보다 고객관계를 통한 수익창출
- 목표고객에 대한 고객관계 집중
- 정보처리 활동이 체계적, 계획적으로 일정한 방식에 의해 관리

2) 고객정보의 품질관리

점포에서 판매하는 상품은 제품과 서비스가 있다. 제품의 경우 형태가 있는 유형의 상품이지만, 서비스는 형태가 없는 무형상품이다. 일반 소매점포에서 판매하는 대부분의 상품은 제품에 해당하지만, 미용실과 점포의 문화센터, 영화관 등은 대표적인 서비스상품에 해당되며, 휴대폰대리점과 같이 제품과 서비스가 결합된 상품을 판매하는 점포도 있다.

제품과 서비스를 포괄하는 상품에 품질이 있는 것과 같이 정보에도 품질이 있다. 점포에서 상품의 품질을 관리하는 것과 같이 고객정보에 대한 품질관리가 필요하다. 잘못된 상품은 동일한 상품 또는 환불할 수 있지만 잘못된 정보를 활용하여 의사결정을 할 경우에는 큰 손실이 발생한다. 따라서 점포에서는 고품질의 고객정보를 수집하기 위해서는 체계적으로 고품질의 정보를 확보하기 위한 노력이 필요하다.

고품질의 고객정보를 수집, 활용하는데 장애가 되는 요소들은 다음과 같다.

☑ 고품질의 고객정보 장애요소

- 점포 마케팅목적에 부합하지 않는 고객정보를 선택하는 경우(2차 정보)
- 고객정보를 수집하는 점포 마케팅목적이 불분명한 경우(1차 정보)
- 고객이 불성실하게 정보를 제공하는 경우
- 고객정보 조사자의 주관적인 편견이나 선입견이 개입되는 경우
- 고객정보를 컴퓨터 데이터베이스로 입력하는 과정에서 오류가 발생하는 경우
- 고객정보 분석 및 평가과정에서 오류가 발생하는 경우

3) 고객정보 유형분류

고객정보는 정보의 원천과 수집목적에 따라서 구분된다. 정보의 원천에 의한 분류는 인적정보와 비인적정보로 구분되며, 수집목적에 의한 분류는 1차 정보와 2차 정보로 구분된다.

☑ 고객정보 유형분류

구 분	정보 원천기준	수집목적 기준
유형분류	• 인적정보, 비인적정보	• 1차 정보, 2차 정보

인적정보는 고객으로부터 얻어지는 성명, 주소, 연락처, 연령, 구매경험 등의 정보가 해당된다. 반면에 비인적정보는 고객과 다른 사람들로부터 수집되는 정보가 아닌 다른 것으로부터 수집되는 정보이다. 통계정보와 점포의 POS정보, CRM시스템을 통한 고객별 생애가치와 RFM분석 결과 등이 대표적인 비인적 정보에 해당된다. 일반적으로 비인적정보는 2차 정보를 포함한다.

수집목적에 따른 1차 고객정보는 점포 마케팅목적을 위해 점포에서 직접 수집한 고객정보로 설문조사결과, 표적집단면접(Focus Group Interview, FGI)조사결과 등이 해당된다. 2차 고객정보는 다른 목적으로 수집된 정보로 점포 마케팅목적과 부합하는 정보를 의미한다.

4) 고객정보 수집 및 활용 프로세스

고객정보를 수집, 활용하기 위한 프로세스는 일반적인 점포 마케팅조사 절차를 고객정보 수집과 활용목적에 맞도록 변형된 형태로 총 8단계로 이루어진다.

1	고객정보 활용목적 설정
2	고객정보 수집범위 설정
3	고객정보 수집방법론 결정
4	고객정보 기재방법론 결정
5	양식설계
6	고객정보 수집
7	고객정보의 기록과 저장
8	고객정보 분석 및 활용

(1) 고객정보 활용목적 명확화

점포에서 고객정보를 수집 및 기록, 저장으로 정보시스템을 구축하고 그 정보를 분석·평가하여 활용하는 목적은 점포에서 고객감동을 실천하기 위한 고객중심(customer oriented)의 목적과 점포 매출 및 이익증대를 실천하기 위한 사용자중심(user oriented)목적으로 구분된다.

사용자중심의 목적은 사용자, 즉 점포에 종사하는 인적자원의 계층별로 그 활용목적이 다양하게 구분된다.

☑ 사용자중심의 고객정보 활용목적 분류

경영자	영업관리자	(판매/서비스)담당자
• 경영전략 수립 • 기업문화 창조	• 고객감동서비스 품질제고 • 고객감동서비스 다양화 • 고객이 만족하는 매장구축 • 마케팅/판촉계획 수립 • CRM구축	• 고정고객 확보 • 고객개발을 통한 고객생애 가치증대 • 고객이탈방지 • 이탈고객 재유치 • 고객과의 관계 증진

(2) 고객정보 수집범위 설정

일반정보와 달리 고객정보는 인구통계, 문화, 감각, 심리, 주거, 구매행태 등 다양한 관점에서 분류된다. 고객정보의 수집은 예산, 즉 시간적, 금전적, 인적자원의 제약을 받는다. 그러므로 유통기업에서는 수집하고자 하는 고객정보의 범위를 결정하여 정보화의 효율성을 고려하여야 한다.

☑ 고객정보의 유형

구 분	세부 고객정보
인구통계정보	정성적 정보, 정량적 정보
문화정보	독서, 영화, 운동, 취미정보 등
감각정보	음악, 색상, 음식정보 등
심리정보	성격과 관련된 정보
미적정보	신체적 특징과 관련된 정보
구매행태정보	상표선택, 상품선택, 식품선택, 구매액 충성도 등
주거정보	주택형태, 주거형태, 주거지역, 주거연수, 주거가족 등

고객정보의 수집범위를 결정하기 위해서는 먼저 어떠한 목적으로 고객정보를 활용할 것인지를 고려해야 한다. 활용가치성에 의한 고객정보 수집 범위의 결정은 고객정보 설계에 영향을 주게 되며, 전략수립 의사결정에 필요한 정보의 수집비용을 절감시켜 정보 활용의 효율성을 증대시킨다. 그러므로 고객정보 수집목적이 무엇인지가 검토되어야만 해당 정보의 수집범위를 결정할 수 있다.

일반적으로 고객정보 수집범위를 선택하는 절차는 다음과 같다.

① 고객정보의 유형을 그룹별로 구분하여 필요정보를 1차 선택 한다.

② 선택된 정보를 활용 목적에 따라 가치평가를 통한 최종 선택 한다.

③ 선택된 정보는 인구통계적 정보, 문화정보, 감각정보, 심리정보·미적 정보, 패널정보 등의 순서로 수집한다.

한편, 점포 마케팅목적별 필요한 고객정보는 기본정보, 판촉전략 수립정보, 경영전략 수립정보, 구매전략 수립정보 등으로 구분할 수 있다. 기본정보는 모든 마케팅전략 수립에 공통적으로 사용되는 정보를 의미하며 인구통계적 정보가 대표적이다.

☑ 마케팅목적별 필요 고객정보

구 분		세부 내용
기본정보		기본적인 정성정보, 정량정보, 문화정보 일부 등
판촉전략 수립정보	핵심정보	고객 성격정보, 구매태도정보, 의사결정정보, 상표선호정보, 상품선택정보, 선호가격정보
	부수정보	정성적 정보, 정량적 정보, 문화정보 등의 일부 정보
경영전략 수립정보	핵심정보	상표선택, 상품선택, 선호가격선, 구매액 등의 패널정보
	부수정보	구매태도 및 의사결정 통계정보 신제품 개발과 가격정책에 활용되는 정보
구매전략 수립정보	핵심정보	정량적 정보, 감각적 정보, 라이프스타일 및 패널정보
	부수정보	정성적 정보 일부

(3) 고객정보 수집방법론 결정

고객정보를 수집하기 위한 방법론을 결정함에 있어서 두 가지 고려요소가 있다. 먼저, 고객정보 수집범위 결정에 따라 구체적으로 정의된 고객정보 중에서 2차 정보로 수집 가능한 것은 어떠한 것이 있는지, 또한 그 정보를 활용할 것인지를 검토해야 한다. 2차 정보 활용에 대한 검토가 종료되면, 2차 정보를 제외한 나머지 고객정보를 직접 조사하기 적합한 방법론은 무엇인지 검토해야 한다.

수집 가능한 2차 정보를 확인하기 위해서는 점포 내부에 어떠한 정보가 있는지, 또한 외부에는 어떠한 정보를 고객정보로 활용할 수 있는지 조사해야 한다.

☑ 고객정보 수집목적별 상호관계

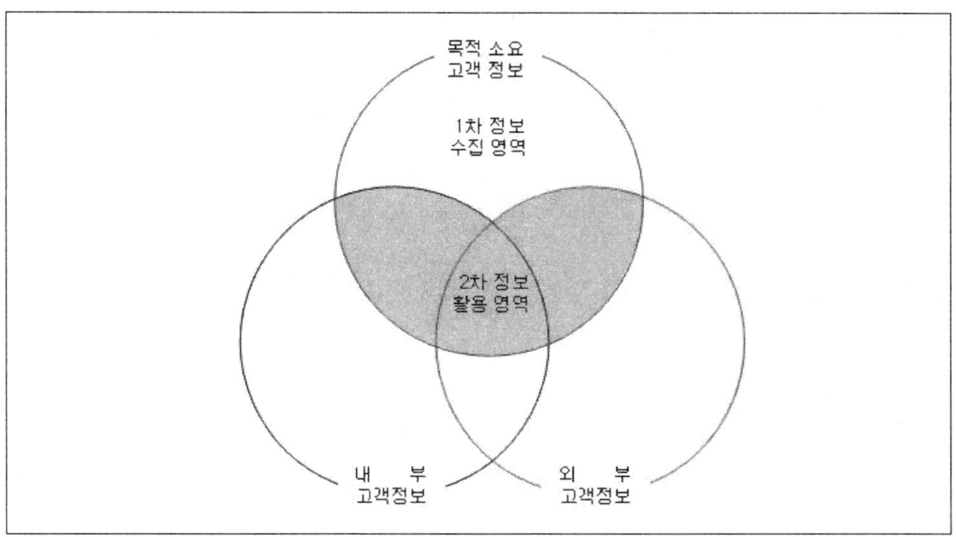

☑ 고객관련 2차 정보의 주요 형태

내부 고객정보	외부 고객정보
• 회원고객신상정보 • 구매고객정보 • 고객소리함 • 모니터링 결과 등	• 인구통계자료 • 문화 및 여가생활 관련 통계자료 • 패션의류 소비실태 조사자료 • 기타 자료 등

1차 고객정보를 수집하는 방법론은 크게 고객과 대면에 의한 방법과 통신수단을 이용하는 방법으로 구분된다.

대면방법은 고객을 직접 마주보고 자유롭게 대화하는 형태로 1:1조사와 집단면접을 통해 조사하기 때문에 고객의 사적정보(privacy)를 침해하지 않는 경우 고품질의 정보를 획득할 수 있는 장점이 있다.

통신수단을 이용하는 방법은 우편, 전화, 인터넷 등을 활용하여 고객정보를 수집하는 형태로 비대면조사에 따른 고객의 성격, 행동, 구매태도, 기타 비언어적인 정보의 깊이를 알 수 없으며, 정확도가 저하되는 단점이 있다.

☑ 고객정보 수집 방법론별 장·단점

구 분		장 점	단 점
대면방법	1:1	• 정보입수의 탄력성 • 동기부여를 통한 정확한 정보 획득가능	• 사적정보에 대한 품질 저하 가능 • 대면시간에 따라 정보량 좌우
	집단		
통신수단이용방법	우 편	• 여유있는 작성으로 정보기록 오류적음 • 가족원의 의견반영 가능 • 정보원의 범위 확대가능 • 많은 정보 획득 가능	• 응답저하 가능 • 타인에 의한 대리응답 가능 • 추가비용발생(회송, 확인전화 등) • 정보입수에 장시간 소요 가능
	전 화	• 정보의 양이 적은 경우 경제적 • 정보의 신속성, 최근성 • 대면이 어려운 고객의 정보 획득 가능	• 많은 양의 정보획득 애로 • 전화통화의 시간선택 애로
	인터넷	• 경제성, 신속성, 정확성, 참신성	• 스펨처리 및 작성도중 중단 등 발생

설문조사법은 조사항목을 구조화하여 조사대상이 되는 목표고객집단으로부터 추출한 표본을 통해서 조사하는 조사방법이다. 설문조사는 표본이 되는 고객에게 접촉하는 방법에 따라서 면접조사와 전화조사, 인터넷조사 등으로 구분한다.

설문조사를 대면방법으로 조사할 경우 조사자의 설명에 따라 응답하기 때문에 조사자교육이 중요하다. 하지만 통신수단을 이용하는 경우에는 설문지에 의존하여 응답해야 하므로 설문지 작성에 유의하여야 한다.

☑ 설문지 작성 시 유의사항

- 적절한 분량으로 설계한다.
- 질문이 분명하고, 모호함이 없는지 확인한다.
  - 질문은 짧게, 이해하기 쉽도록, 한 문항에 하나의 질문만 작성한다.
  - 질문의 의미가 명료한지 반복하여 확인한다.
- 응답에 대한 가이드라인을 제공한다.
- 특정한 대답을 유도하는 예시문항을 제거한다.

(4) 고객정보 기재방법론 결정

고객조사 목적에 알맞은 자료수집방법이 결정되면 본격적인 자료 수집을 위한 조사양식을 작성해야 한다. 양식은 조사단계에서 발생할 수 있는 오류를 최소한으로 줄일 수 있도록 작성해야 한다. 따라서 고객정보를 수집목적에 부합하며, 조사하는 조사자와 직접작성하게 되는 응답자 모두 쉽게 이해할 수 있는 질문방법을 결정해야 한다.

고객정보를 조사에 응답하여 기재하는 방법론은 크게 선택형 질문(closed-end question)과 개방형 질문(open-end question)으로 구분된다.

☑ 선택형 질문 사례

명 칭	설 명	예
양자택일 (dichotomous)	두 항목 중에서 선택하도록 한 질문	여행계획을 할 때 귀하가 직접 AA사에 전화를 하는가? 예 □ 아니오 □
선다형 (multiple choice)	세 개 이상의 항목 중에서 선택하도록 한 질문	귀하는 누구와 여행을 하는가? 혼자서 □ 아이 □ 배우자 □ 기업동료/친구/친척 □ 배우자와 아이 □ 집단여행 □
리커드척도 (Likert scale)	응답자가 찬・반의 정도를 보여줄 수 있는 문장을 제시	작은 규모의 항공사가 대규모 항공사보다 서비스가 좋다. 전혀아니다 아니다 그저그렇다 그렇다 매우그렇다 1 □ 2 □ 3 □ 4 □ 5 □
어의차이 (semantic differential)	두 개의 대칭되는 단어 사이에 척도가 들어가 있으며 응답자는 자신의 의견을 나타내는 점을 선택한다.	AA항공사 크다 .... 작다 경험이 많다 .... 경험이 적다 현대적 .... 구식
중요성척도 (importance scale)	어떤 속성의 중요성을 평가한 척도	기내 음식 서비스는 극히 중요하다 매우 중요하다 약간 중요하다 별로 중요 하지 않다 전혀 중요 하지 않다 1. 2. 3. 4. 5.
등급척도 (rating scale)	어떤 속성이 "빈약"에서 "우수"까지의 비율로 표시된 척도	AA사의 기내 식사 서비스는? 우수 매우 좋음 좋음 적당 빈약
구매의도척도 (Intention-to-buy scale)	응답자의 구매의도를 표시한 척도	장시간 비행중 기내전화 서비스를 이용할 수가 있다면 꼭 사용 아마 사용 잘 모르겠다 아마 사용안함 절대 사용안함 1. 2. 3. 4. 5.

※ 자료 : Philip Kotler, Marketing Management 11th, ed., Prentice Hall, p.135 ; 윤훈현 옮김, Marketing Management 11th, ed., 도서출판 석정, pp.195-196에서 재인용.

☑ 개방형 질문 사례

명 칭	설 명	예
완전한 비구조적 (completely unstructured)	응답자가 거의 제한 받지 않고 대답할 수 있는 질문	AA항공사에 대한 귀하의 의견은?
어구연상 (word association)	한 번에 여러 단어가 제시되고 응답자는 가장 먼저 떠 오르는 단어를 이야기한다.	귀하가 다음 이야기를 들었을 때 가장 먼저 떠오르는 단어는 어떤 것인가? 항공사__________ AA__________ 여행__________
문장완성 (sentence completion)	불완전한 문장이 제시되고 응답자가 나머지 문장을 완성한다.	내가 항공사를 선택할 때 가장 중요하게 고려하는 의사결정 요소는__________
이야기완성 (story completion)	불완전한 이야기가 제시되고 응답자가 그것을 완성하도록 한다.	"며칠 전에 나는 AA사의 비행기를 탔다. 비행기의 내부와 외부가 매우 밝은 색으로 되어 있음을 알았다. 이것이 나에게 다음과 같은 생각과 감정을 불러일으켰다. 다음 이야기를 완성하시오."
그림 (picture)	두 사람이 있는 그림이 제시되는데 한 사람이 이야기를 한다. 응답자는 나머지 한 사람이라고 생각하고 빈칸에 이야기를 채운다.	 여기 음식이 있습니다 빈 칸을 채우시오.
그림주제시각시험(thematic apperception test)	하나의 그림이 제시되고 응답자는 그림에서 무슨 일이 일어나고 있는지 또는 어떤 일이 일어날 것인지에 대해서 응답을 한다.	 그림을 보고 이야기를 해 보시오.

선택형 질문은 응답자 또는 조사자가 제시한 질문에 적합하다고 생각되는 항목들 중 하나 또는 그 이상을 선택하는 형태로 항목선택형이라고도 하며, 응답자는 설문지에서 제시한 항목들 중 하나 또는 그 이상을 선택하게 된다.

이러한 선택형 질문에는 양자택일형(dichotomous), 선다형(multiple choice), 리커트척도(Likert scale), 어의차이(semantic differential)척도, 중요성척도(importance scale), 등급척도(rating scale), 구매의도척도(intention-to-buy scale) 등이 있다.

개방형 질문은 응답자가 자신의 생각에 따라 자유롭게 답변하는 형태로 자유응답형 혹은 의견서술형이라고도 한다. 개방형 질문에는 완전히 비구조적인(uncompletely unstructured) 질문, 어구연상(word association), 문장완성(sentence completion), 이야기완성(story completion), 그림(picture), 그림주제시각시험(thematic apperception test) 등이 있다.

(5) 양식설계

고객정보 수집을 위한 질문에 대한 정보 기재방법론의 결정이 끝나면 고객정보를 수집하기 위한 양식을 설계하여야 한다.

고객이 자신의 경제적 또는 서비스 혜택을 위하여 자발적으로 고객정보를 제공하는 형태의 각종 회원가입신청서는 회원가입에 중요한 핵심내용이 무엇인지를 먼저 검토해야 한다. 전통적인 대형점포에서 회원제도(Membership) 가입신청서의 경우 신상정보가 우선되지만, 인터넷쇼핑몰의 경우 배송이 가능한 지역의 고객인지 먼저 확인해야 한다면 이와 관련된 정보를 확인할 수 있도록 양식을 설계해야 한다.

일반적으로 고객은 자신이 제공해야 될 정보와 받게 될 금전적, 쇼핑편의적, 기대가치적 혜택을 비교하여 고객정보 제공여부를 판단한다. 상대적으로 자신의 혜택이 큰 경우 자발적으로 정보를 제공하지만 그렇지 않은 경우 점포에서 설문조사 등의 형태로 고객정보를 요청하는 경우 적극적으로 제공하지 않는다. 따라서 고객이 정보를 제공할 수 있도록 설득하는 내용이 고객정보 조사양식에 포함되어야 한다.

☑ 홈플러스 인터넷쇼핑몰 회원가입 화면

홈플러스 회원가입

홈플러스 인터넷 쇼핑몰에 오신것을 환영합니다.

◎ 서비스 지역 확인 및 주소 입력

우편번호	
주　　소	
나머지 주소	주소수정

◎ 세부정보 입력

'*' 표시는 필수 입력 항목입니다.

이 름 *	
주민등록번호 *	-
이메일 주소 *	@ 선택하세요 (이메일 주소는 로그인시 회원 ID로 사용됩니다.)
비밀번호 *	(4~8자리의 영문, 숫자 사용)
비밀번호 확인 *	
연 락 처 *	집 * - - 핸드폰 * - - 회사 - -

* 저희 "홈플러스 훼밀리카드" 회원이십니까? 예 아니오
* 어떻게 홈플러스 인터넷 쇼핑몰을 알게되셨습니까? 선택하세요

☑ 고객정보 수집을 위한 고객설득 필요 요소

- 무엇을 조사하는가?
- 누가 조사하는가?
- 누구를 대상으로 조사하는가?
- 전체 몇 문항으로 구성되었으며, 작성하는데 소요되는 시간은?
- 정보(자료)의 활용범위와 응답자 비밀은 보장되는가?
- 조사자 책임자(또는 조사기관) 연락처

또한, 고객정보를 수집하기 위해 고객을 설득하였어도, 설문지를 작성하

는 도입부부터 고객의 신상에 관한 내용을 작성하도록 조사양식을 설계하였다면 응답자는 심리적인 부담감을 갖게 된다. 따라서 응답자의 기본신상정보는 맨 뒤에 배치하도록 설계한다.

(6) 정보의 수집

고객정보 조사를 위한 양식설계가 완료되면 조사양식의 결함이 없는지 사전조사를 통해 계획된 방법론으로 정보를 수집한다.

고객정보 조사자를 활용하는 경우 조사방법에 대한 전문지식과 고객정보 조사과정에서 발생할 수 있는 상황에 대처하는 방법도 교육에 포함하여야 한다. 또한 가장 중요한 것은 고객정보의 품질이 조사자에 의해 결정되므로 도덕적 해이(moral hazard)에 빠지지 않도록 각별한 관리가 필요하다.

(7) 정보의 기록 및 저장

수집된 고객정보는 분석 및 보관을 위한 일정한 기준에 의해 컴퓨터에 기록하여 저장해야 한다.

회원가입신청서의 경우 가입신청서와 동일한 내용을 기록하도록 데이터베이스가 설계되어 있다. 하지만 설문조사의 경우에는 수집된 고객정보를 컴퓨터로 입력하기 위해서는 부호화(coding) 과정이 필요하다.

또한 기록된 정보를 다시 확인하는 절차를 통해 정보의 품질이 저하되는 현상을 방지할 수 있다.

(5) 정보분석 및 활용

고객정보를 분석 · 활용하는 방법은 조사한 정보를 개별적으로 분석하여 활용하는 방법과 다른 목적으로 수집된 고객정보와 통합하여 분석 · 활용하는 방법이 있다.

고객정보를 사안별로 개별적으로 분석하는 형태는 불특정 고객을 대상으로 수집한 설문조사형태에 활용된다. 설문조사는 설문조사로 수집된 고객정보만을 분석함으로써 점포의 마케팅조사목적을 달성하고자 한다. 반면에 다른 목적으로 수집된 고객정보와 통합하여 분석·활용하는 방법은 CRM목적으로 활용된다.

☑ 롯데백화점의 정보 활용 사례

롯데백화점의 경우 롯데그룹 회원(membership)제도로 수집된 개인고객의 신상정보와 고객의 구매정보행동, 매출, 매장방문빈도, 사은품증정, 약속관리, 고객접객, 상권정보, AMS(Apt Map Service), 인구통계정보 등 각종 추가정보를 통합하여 약 150가지 유형으로 고객을 분류하여 CRM을 전개하고 있다.

Chapter 14 고객 분석 기법

14.1 RFM분석

1) RFM분석의 이해

RFM분석은 CRM경영에서 고객의 유형을 분류하기 위해 활용되는 가장 기본적 지표이다. RFM은 최근성(Recency), 빈도수(Frequency), 그리고 구매총액(Monetary)의 약자이다.

☑ RFM의 의미

구 분	세 부 내 용
최근성(Recency)	• 고객이 최근 언제시점에 우리 점포에서 구입했는지 평가하는 지표
구매빈도 (Frequency)	• 고객이 얼마나 자주 우리 점포에서 상품을 구입하는지 평가하는 지표
구매총액 (Monetary)	• 고객이 우리 점포에서 구매한 총금액은 어느 정도인가를 평가하는 지표

최근에 우리점포에서 구매하였으며, 정기적으로 반복구매를 하고, 또한 구매총액이 많다면 점포입장에서 매우 중요한 고객에 해당한다. 이와 같은 방법으로 점포에서는 RFM분석을 통해 고객별로 등급을 설정하여 우수고객에 대한 관리와 고객로열티를 측정한다.

2) RFM분석 산출 사례

RFM분석에 따라 고객별로 RFM포인트가 어떻게 산정하는지 구체적으로 산출 사례를 통해 살펴보기로 하겠다. RFM분석을 위해서는 먼저 RFM분석 기준이 마련되어야 한다.

RFM분석 기준은 점포의 소매업태 특성에 따라 다르게 설정해야 한다. 구매빈도를 사례로 살펴볼 경우 백화점의 패션상품과 대형마트의 생필품은 서로 구매주기가 다르다는 것을 쉽게 알 수 있다. 그러므로 다업태를 영위하며 규모의 경제를 추구하는 대형 소매기업에서도 업태별 RFM분석 기준을 각각 설정하여 운영해야 한다.

☑ RFM분석 기준 설정

- RFM분석 주기설정
- 고객등급 분류기준 설정
- RFM분석 항목별 평가점수 기준 설정

(1) 분석주기 설정

RFM분석 주기는 고객이 점포에서 상품을 구매하는 주기, 즉 취급상품의 특성에 따라 달라진다. 대형마트와 슈퍼마켓 등과 같이 식료품과 생활용품을 판매하는 점포의 경우 매월 말일기준으로 분석주기를 설정한다. 하지만 패션의류는 계절별로 구매하는 특성이 있으므로 패션의류전문점의 경우는 3개월 단위로 분석하는 것이 타당하다.

따라서 분석주기는 획일적인 기준이 아니라 고객이 점포에서 상품을 구매하는 주기를 반영하여 월간, 분기, 반기, 월간 등으로 설정한다.

(2) 고객등급 분류기준 설정

RFM분석결과에 고객의 등급은 5단계로 분류하는 것이 일반적이다. 전체 고객을 100%로 볼때 RFM포인트를 통해 20%씩 기준을 두고 단계를 분류하는 방법이다.

(3) RFM분석 항목별 평가점수 기준 설정

RFM분석 항목별 평가점수 기준은 점포의 업태적 특성과 점포환경을 반영하여 설정해야 한다.

☑ RFM분석 항목별 평가점수 설정 사례

최근성(Recency)	구매빈도(Frequency)	구매총액(Monetary)
• 1개월 이내 → 20점 • 3개월 이내 → 10점 • 6개월 이내 → 5점 • 9개월 이내 → 3점 •12개월 이내 → 1점	• 1회 구입시 2점 - 최고 20점	• 10만원당 1점 - 최고 20점

최근성(Recency) 항목점수는 구입일이 가까울수록 높은 점수를 주며, 구매빈도(Frequency) 점수는 구매 건수마다 2점을 곱해서 산출한다. 또한 구매총액(Monetary)항목의 점수는 10만원 단위로 1점씩 주어 계산하되, 비정상적으로 높은 금액들이 분석결과를 왜곡할 우려가 있기 때문에 최고점수가 20점을 초과할 수 없게 하였다.

항목별 평가점수를 어떤 기준으로 부여할 것인지가 RFM 분석의 핵심이다. 구매 빈도에 따라 1건 당 2점을 줄 것인지 1점을 줄 것인지 결정하기 위해서는 다중 회귀분석을 통해 각 변수의 계수 값을 구해내는 것이 유용하다.

이것은 RFM분석 항목별 평가점수 설정사례를 설명하기 위한 예시자료이며, 점포에서는 업태특성과 점포 마케팅목표, 그리고 경영전략 등을 감안하여 운영하도록 한다.

(4) 산출사례연구

RFM분석 항목별 평가점수 설정 사례를 기준으로 세 명의 고객에 대한 RFM점수를 분석을 위해 다음과 같이 가정한다.

- RFM분석을 위해 최근성=5, 구매빈도=3, 구매총액=2의 가중치를 부여한다.

- 고객 김선달님은 1개월과 3개월 전에 총 2회에 걸쳐 80만원을 구매
- 고객 이태백님은 3개월과 6개월 전에 총 3회에 걸쳐 80만원을 구매
- 고객 홍길동님은 1개월과 3개월, 6개월, 12개월 전에 총 16회에 걸쳐 350만원을 구매

☑ RFM점수 산출결과

구 분	최근성(가중치×5)			구매빈도(가중치×3)			구매총액(가중치×2)			평가합계		고객 등급
	고객 정보	배점	평가 점수	고객 정보	배점	평가 점수	고객 정보	배점	평가 점수	계	누계	
김선달	1 3	20 10	100 50	1 1	4 4	12 12	30 30	3 3	6 6	118 68	186	3등급
이태백	3 6	10 5	50 25	1 2	4 8	12 24	50 30	5 3	10 6	72 55	127	4등급
홍길동	1 3 6 12	20 10 5 1	100 50 25 5	2 4 4 6	8 16 16 20	24 48 48 60	50 100 120 80	5 10 12 8	10 20 24 16	134 118 97 71	152 249 320	1등급

위와 같이 세 명의 고객에 대한 RFM분석 점수를 산출되면 고객별 등급분류 기준에 의해 등급이 결정된다.

김선달 고객의 경우 구매빈도와 구매총액이 이택백 보다 낮지만 평가점수는 높아 3등급으로 결정되었다. 즉, 점포에서 최근에 구매한 고객에 대한 평가를 중요하게 운영하는 경우 이와 같은 사례가 발생된다.

최근에는 RFM분석에 상품을 추가하여 FRAT분석, 즉 F(빈도:Frequency), R(최근성: Recency), A(구매력:Amount), T(구입상품: Type of merchandise/service)로 확장하여 운영하는 사례도 있다.

3) RFM분석 응용

RFM분석기법을 응용하여 점포의 회원고객의 추세분석으로 문제점을 분석할 수 있다. 점포의 고객은 고객관리제도 관점에서 회원고객과 비회원, 즉 일반고객으로 구분된다. CRM경영과 RFM분석의 핵심이 회원고객의 개발과

유지를 통해 고객생애가치를 극대화하는데 있으므로 대부분의 점포들이 회원고객 제도를 운영하고 있다.

따라서 점포에서는 이들 회원고객자료를 통해 RFM분석을 응용한 고객수 문제점의 분석과 대응방안을 검토할 수 있다.

(1) 신규 회원고객 추이분석

신규 회원고객이 감소한다는 것은 잠재고객층이 구매고객 또는 비구매의사고객으로 전환되어 점차 소멸되는 것을 의미한다. 잠재고객이 기존고객으로 전환되거나, 경쟁점포를 선택함으로써 우리 점포를 이용하지 않는 고객으로 전환되는 것이다.

회원제도를 운영하는 점포에서는 신규 회원고객의 가입추이가 점포의 고객수의 선행지표(leading indicator) 역할을 한다. 신규 회원고객이 증가한다면 점포고객수도 증가하겠지만, 만약 감소한다면 일정시점 이후에 점포고객수는 감소하게 된다. 따라서 점포에서는 월별 시계열자료에 의해 신규 회원고객 증감추이를 분석하고, 이에 맞는 점포 마케팅전략을 수정해야 한다.

(2) 회원고객구매비중 추이분석

회원고객 구매비중이 증가한다는 것을 비회원고객의 구매비중이 낮아진다는 것을 의미한다. 비회원고객은 단골고객과 로열티고객이 아닌 비정기적인 반복구매고객과 첫 구매고객의 가능성이 높다. 이들 고객은 점포에서 처음 구매하거나 비정기적으로 반복구매하기 때문에 점포에서 제공하는 혜택에 대한 관심이 상대적으로 낮다.

이러한 관점에서 볼 때 이 점포의 경우 신규고객이 창출되지 않기 때문에 고객수가 정체 또는 고객의 자연이탈에 따른 감소추세가 나타나는 것으로 추정할 수 있다. 특히 회원고객 구매비중이 증가하는데 CRM경영시스템이 구축되지 않았다면 고객수의 감소에 따른 대응방안을 모색해야 한다.

CRM시스템을 구축하지 못한 점포에서 선택할 수 있는 대응방안으로 두 가지 방법론이 있다.

첫째는 개인별로 고객정보를 추가적으로 수집하여 CRM을 조기에 운영하는 방법이다. 하지만 이 방법은 점포의 고객정보관리상황에 따라 고객 개인별 정보를 추가적으로 수집, 분류, 기록, 저장할 수 있는 CRM시스템 구축이 전제되기 때문에 시간과 비용이 많은 단점이 있다.

둘째는 정보를 수집하고자 하는 대상 고객들 중에서 일정한 표본을 추출하여 고객의 특성을 조사하는 방법이 있다. 고객에 대한 기본적인 신상정보의 보유여부에 상관없이 점포 구매고객 또는 상권 내 목표고객을 대상으로 구매행동, 판촉반응 등에 대한 정보를 습득하여 점포개선을 모색할 수 있다.

하지만 이 방법은 고객 개인별 정보가 아닌 일부 계층별 정보라는 점에서 1:1 맞춤서비스 등과 같은 CRM을 실행할 수 없는 단점이 있다.

(3) 구매빈도 추이분석

점포의 고객 수는 상권점유율, 즉 고객점유율과 고객의 구매빈도에 의해 결정된다. 점포의 고객 수 증감이 상권 내 고객점유율 변화에 의해 나타나기도 하지만, 구매행동의 변화에 의해 구매빈도가 바뀌게 되면 점포의 구매고객수가 증가하거나 감소하는 현상이 나타난다.

점포회원고객의 구매빈도 자료를 통해 1개월, 2개월 3개월 등과 같이 일정기간에 1회 이상 구매한 고객수가 어떻게 변화하는지를 분석을 통해 점포에서 고객수와 관련되어 어떠한 현상이 나타나는지를 분석함으로써 대응방안을 모색할 수 있다.

14.2 고객생애가치분석

1) 고객생애가치의 이해

고객생애가치(LTV, Life Time Value)는 고객 한 사람이 우리 점포에서 최초로 구매한 날로부터 고객으로 존재하는 전체기간 동안에 기여한 누적 순이익가치를 금전적으로 평가한 것이다. 누적 순이익가치라는 의미는 단기적으로 특정시점에 평가되는 고객의 가치가 아니라 장기적인 관점에서 고객의 가치를 평가한다는 것을 의미한다.

예를 들면 오늘 우리 점포에서 생활필수품을 10만원을 구매한 고객을 현재시점의 가치로만 판단한다면 10만 원의 가치를 지닌 고객이 된다. 하지만 이 고객과 관계를 지속적으로 유지함으로써 향후 10년간 우리 점포고객으로 계속해서 남아 있을 경우 고객의 가치는 5천 2백만 원의 가치를 지닌 고객이 된다. 따라서 점포에서는 고객이 우리 점포에서 지속적으로 구매할 수 있도록 관리하는 것이 매우 중요다.

2) 고객생애가치 산출기준

고객생애가치는 누적 순이익가치를 현재가치로 평가한다. 순이익가치는 고객이 우리 점포에서 고객으로 존재하는 기간에 구매한 총액이 아닌 비용을 차감한 이익가치라는 점에 유의해야 한다.

점포 영업현장에서 VIP마케팅이 확산됨에 따라 구매총액이 큰 고객과의 관계유지를 위해 과도한 비용을 지출하는 사례가 종종 발생된다. 하지만 VIP고객에게 지출하는 비용이 높아 점포의 이익이 낮다면 그 고객의 생애가치는 낮아질 수 있다. 따라서 고객에게 지출되는 비용을 항목별로 관리해야 한다.

☑ LTV 산출공식

- 고객생애가치 = (평균구매금액 − 평균지출비용) × 점포이용기간
- 평균구매금액 = $\left(\frac{\text{구매총액}}{\text{점포이용기간}}\right)$
- 평균지출금액 = (평균상품원가 + 고객당지출비용)

제 6 부 경쟁점포조사

Chapter 15

경쟁의 이해

15.1 유통산업 발전과 경쟁구조

1) 국내 유통산업 발전과정

국내 유통산업에 대한 역사적 기록을 살펴보면 5세기말 신라의 소지왕 12년(490년) 경주에 저자(市)를 열어 각 지방의 상품이 유통하게 되었다는 기록이 있다. 이 시장이 정기시장(場市)인지, 아니면 상설시장(市廛)인지 알 수 없지만 고대기록에 남아있는 국내 역사에서 시장의 효시임은 분명하다. 또한 기록에 의하면 저자를 관리하기 위한 관청이 만들어졌으며 관리들이 임명되었다는 기록이 있어 정부주도의 유통구조였음을 알 수 있다. 이와 같은 시전형태의 정부가 관리하는 저자는 고려시대와 조선시대 중기까지 이어졌다.

조선시대 전기부터 농촌지역 중심으로 상품유통을 담당하던 행상(行商)들이 조직화되고 조선시대 후기에 정기시장이 개설되면서 사상(私商)이 급속하게 발달하기 시작하였다. 이들 사상은 개항이후 객주(客主)와 여각(旅閣)의 형태로 변화되었으며, 일제시대 근대화된 유통시설로서 백화점이 개설되었다.

☑ 유통업태 도입과 발달

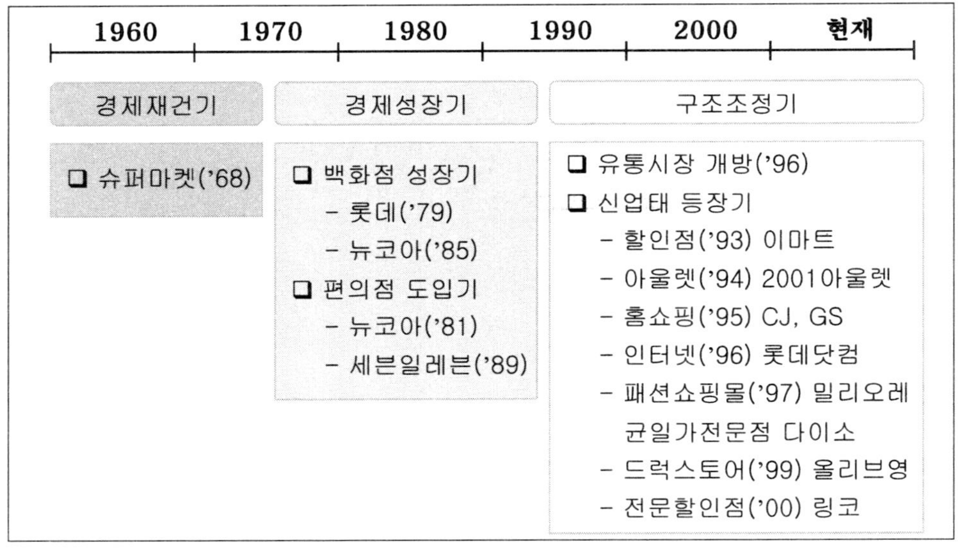

이후 국내는 전통적인 시장형태로서의 정기시장 및 상설시장과 근대화된 쇼핑시설이 공존하며 경쟁하는 구조가 이어져 왔다. 하지만 1996년 유통시장 개방 시기를 전후로 다양한 형태의 근대화된 유통신업태가 도입되면서 국내의 유통구조는 근대화된 소매유통시설 중심으로 급속하게 재편되었다. 이러한 경쟁구조 속에서 전통적 유통시설과 생계형 유통시설의 몰락하면서 많은 사회적 갈등이 초래되고 있다.

☑ 유통시장 개방전후 도입된 신업태의 현황

구 분	도입업태		현 황
	업태명	브랜드명	
1993년	대형마트	이마트	• 롯데마트, 홈플러스 진출(1996년) • 월마트코리아 · 한국까르푸 철수(2006년)
1994년	아울렛	2001아울렛	• M&A를 통한 뉴코아백화점 아울렛 전환(2005) 등 이랜드계열의 아울렛 확대 • 가두점포(Street)형과 임대형의 쇠퇴 • 백화점(직영 · 수수료)형과 제조업체 직영형태의 팩토리-아울렛 증가 및 프리미엄 아울렛 등장
1995년	TV홈쇼핑	CJ홈쇼핑 GS홈쇼핑	• 2002년 3개 사업자 사업 참여 : 농수산홈쇼핑, 우리홈쇼핑, 현대홈쇼핑
1996년	인터넷쇼핑몰	롯데닷컴 인터파크	• 옥션, G-마켓 등 e-marketplace형 성장
1997년	균일가전문점	다이소	• 대형점포 숍인숍 및 프랜차이즈전개 • 온리원(2001), 에코마트(2003)
	테마쇼핑몰	밀레오네	• 엔터테인먼트와 소매중심 쇼핑몰로 출발 • 출판(파주-이채), 문화(파주-헤이리) 등 쇼핑몰의 테마 컨셉 다양화 추세 • 단기 공급과잉에 따른 공급물량 감소 : 2004년 74개소 대비 2005년 21개소주3)
1999년	드럭스토어	올리브영	• 약사법에 의한 의약품 취급제약으로 'Health & Beauty Store'로 전개 • GS Watsons(2005) • W-Store(코오롱, 2004), 온누리약국체인 등과 같은 의약기반형 드럭스토어 출점
2000년	전문대형마트	링코	• 사무전문대형마트 출점 • B&Q(2005,주거생활전문대형마트) 출점 및

2) 유통신업태의 경쟁력 원천

1996년 유통시장 개방전후로 도입된 유통신업태의 특성을 살펴보면 저가를 지향하는 가격파괴형 신업태와 감성을 지향하는 가치소구형 신업태, 그리고 기술과 결합된 신업태로 구분할 수 있다. 저가를 지향하는 신업태는 2차 세계대전 전후의 시기에 낮은 구매력의 고객들을 유인하기 위해 지속적으로 구매 및 판매방법, 점포관리기술 등을 혁신한 결과에 기반하고 있다.

감성을 지향하는 가치소구형 신업태는 점포시설과 상품, 시각적 연출물 등으로 차별화된 가치를 고객에게 전달하기 함으로써 가격중심의 경쟁구조에서 탈피하기 위해 시도된 신업태들이다. 국내에서 성공한 사례로는 코엑스몰이 대표적이며 많은 테마쇼핑몰들이 점포개발을 시도하였으나 동대문 등 일부지역의 일부 쇼핑몰을 제외하고 점포개발 또는 운영이 부진한 상태로 머물러있다.

기술결합형 신업태는 종전에 카탈로그(catalogue)를 활용한 전화주문형 통신판매가 TV방송과 인터넷 통신망과 결합된 새로운 형태로 발전하고 있다. 최근에는 이동통신기기와 결합된 M-커머스, IPTV 또는 스마트TV와 결합한 T-커머스 시장이 개척되고 있다. 또한 인터넷쇼핑몰도 블로그 및 소셜네트워크서비스(Social Network Service, SNS)와 상거래가 결합된 형태 등으로 운영형태도 크게 변화되고 있어 기술과 결합된 상거래는 새로운 형태로 융합되어 발전할 것으로 예상된다.

☑ 유통신업태의 특성분류

구 분	저가지향형	감성지향형	기술결합형
해당업태	대형마트, 아울렛, 균일가전문점, 전문대형마트	테마쇼핑몰, 드럭-스토어	TV홈쇼핑(IPTV, Smart TV), 인터넷쇼핑몰

3) 기술결합의 새로운 형태

미래의 유통은 어떠한 모습일까? 다수의 전문가들은 유통산업과 정보통신기술의 발달로 미래의 유통서비스는 U-커머스(Ubiquitous-commerce)형태가 될 것이라고 이야기 하고 있다. U-커머스는 PC, 휴대폰, PDA, 디지털TV, 지능형 냉장고 등 네트워크에 접속 가능한 모든 기기를 통해 언제, 어디서나 자유롭게 제품과 서비스를 구매할 수 있는 상거래를 의미한다. 이를 위해서는 서로 독특한 특성을 지녔던 기능들이 하나의 기기와 서비스로 묶여 새로운 융합 상품으로 만들어지는 디지털 컨버전스(digital convergence)의 일반화가 전제되며, 최근 유통산업을 포함한 다양한 분야에서 가속화되고 있다.

이러한 상황에서 최근 유통산업은 통신과 무선네트워크 기술이 결합한 M-커머스, 그리고 방송과 통신기술이 융합된 T-커머스 등의 서비스가 본격화되면서 멀티 유통채널 시대가 열리고 있다. 특히 M-커머스와 T-커머스가 음성통화 중심의 이동통신사업자와 제한된 시간 내에 한정된 상품을 판매하던 TV홈쇼핑 사업자에게 신성장동력으로 작용하고, 소비자에게는 다양한 구매 욕구를 충족시켜줄 수 있으며, 유통산업의 가치사슬에도 많은 영향을 줄 것으로 예상됨에 따라 업계의 관심이 점차 높아지고 있는 상황이다.

☑ E-커머스, M-커머스, T-커머스 및 TV홈쇼핑의 비교

구 분	E-커머스	M-커머스	T-커머스	TV홈쇼핑
사 용 매 체	인터넷을 통한 PC	무선네트워크를 이용한 모바일기기	공중파/위성/케이블/인터넷(IP) TV	케이블TV
주 요 서비스	온라인 범용 서비스	예약/뱅킹/결제/다운로드/제한된 쇼핑몰	금융/영화·음악 다운로드/일반 쇼핑몰	일반상품, 보험, 수익증권 등
특 성	편의성, 저가격, 합리적 구매	이동성, 즉시성, 개인화, 위치기반서비스	즉시성, 친숙성, 오락성, 충동구매	친숙성, 충동구매
고 객	PC에 친숙한 20대~40대와 직장인 등	모바일에 친숙한 10대~30대	PC에 미숙한 40대 이상과 30대 이상 여성	30 이상 여성, 특히 전업주부

※ 자료 : 신기섭, 류성경(2006), 일부 수정 재정리

(1) 시장개척이 본격화된 M-커머스

M-커머스는 "휴대단말기를 이용한 일련의 상거래 서비스"로 무선네트워크 환경에 기반 하므로 E-커머스가 가지는 특성에 이동성이 추가된 개념으로 이해할 수 있다. M-커머스는 거래서비스와 부가서비스, 거래지원서비스로 구분된다. 거래서비스는 상품구매, 티켓 예매, 은행 거래와 같이 최종 소비자 대상의 상용서비스이며, 부가서비스는 광고, 마케팅, 콘텐츠 수집·가공과 같은 서비스이고, 거래지원서비스는 거래에 따른 지불, 결제, 인증 등

의 서비스가 해당된다.

M-커머스의 특징은 먼저 시스템 관점에서 E-커머스보다 시스템 자원이 제한적이다. 휴대단말기는 컴퓨터와 비교하여 작은 메모리와 화면을 가지고 있으며, 네트워크 접속이 안정적이지 못한 경우가 발생한다. 따라서 M-커머스는 단품중심의 목적구매 또는 반복구매, 개인의 기호와 판매순위 등에 의해 추천서비스가 가능한 상품의 판매모델에 적합한 특징을 지니고 있다.

둘째, 산업의 가치사슬 관점에서 네트워크 제공업체에 대한 의존도가 높다. 휴대단말기를 이용한 쇼핑은 이동통신업체에서 제공하는 폐쇄형 플랫폼(platform)에서 이루어진다. 휴대단말기 관련기술의 발전으로 인터넷을 휴대전화 화면으로 볼 수 있는 풀 브라우징(full browsing) 서비스가 제공되는 단말기를 이용하여 쇼핑몰에서 직접 구매하는 방법을 기대할 수 있다.

셋째, 개인화된 서비스의 제공이 가능하다. 휴대전화 단말기의 경우 고객이 항상 휴대하는 개인화된 의사소통 도구이므로 고객의 기본정보와 부가정보, 구매이력 등을 활용할 경우 고객에게 최적의 상품을 맞춤 또는 추천해주는 차별화된 고객서비스를 제공할 수 있다.

넷째, 마케팅 관점에서 고객의 상황에 최적화된 상황적 마케팅(contextual marketing)을 전개할 수 있다. 무더운 여름날 명동성당 인근에서 휴대전화 단말기로 편의점 위치를 검색한 고객에게 A편의점에서 시원한 음료 할인쿠폰을 전송하여 내점을 유인할 수 있다. 즉, 휴대전화 이용 위치인식 기술과 여러 가지 상황정보를 활용하여 고객에게 최적화된 상황적 마케팅을 전개할 수 있다.

최근 아이폰과 갤럭시 등의 브랜드로 대변되는 스마트폰시장이 급속하게 활성화되면서 M-커머스시장의 기술적 장애요소들이 하나 둘 해결되고 있어 휴대전화 단말기를 이용한 일반적인 쇼핑이 시작될 것으로 기대된다.

(2) IPTV를 이용한 새로운 T-커머스 방식의 등장

T-커머스는 “양방향 또는 상호작용이 가능한 디지털 TV를 통해 발생하는 일련의 상거래 서비스”를 의미한다. 인터넷 쇼핑몰이 인터넷에 연결된 PC를 활용하여 상품을 검색, 주문, 결제하는 일련의 활동인 것과 같이 T-커머스

는 디지털 데이터 방송서비스와 디지털 TV를 통해 수행하기 때문에 'TV-기반 커머스'라고도 한다.

T-커머스는 TV매체의 특성에 상호작용과 즉시성 등의 인터넷 특성이 결합하여 새로운 상거래 서비스를 제공하는 방법이다. TV매체는 남녀노소를 불문하고 쉽게 이용할 수 있는 친숙성과 텔레비전 매체가 지닌 높은 신뢰도 그리고 쉽게 재미와 흥미의 유발하는 즐거움 등의 특성을 지고 있다. 특히 시청자가 텔레비전에 무방비 상태로 노출되는 특성으로 충동구매를 유발할 수 있으며, 친숙성 등과 같이 긍정적인 측면에서 시장 잠재력이 큰 만큼 부작용에 대한 우려도 크기 때문에 사업자에 대한 규제가 이루어지고 있다.

한편, 디지털 데이터 방송 서비스는 크게 프로그램안내 서비스, 연동형 서비스, 독립형 서비스, 그리고 대화형 서비스로 구분된다. 프로그램 안내 서비스(Electronic Program Guide, EPG)는 텔레비전에 표시되는 방송 프로그램 편성표를 이용하여 시청자가 채널별, 주제별, 시간대별 방송프로그램 검색 및 예약을 통해 시청 또는 녹화할 수 있도록 지원하는 서비스이다. 연동형 서비스(enhanced service)는 스포츠 경기의 선수프로필이나 쇼 프로그램에서 가수가 열창하는 노래의 가사 등과 같이 방송중인 프로그램과 관련된 각종 부가정보를 연동하여 제공하는 서비스이며, 독립형 서비스(virtual channel)는 동일 시간에 텔레비전으로 방송되고 있는 프로그램과 전혀 무관하게 제공되는 서비스로 생활정보, 뉴스속보, 기상정보 등이 해당된다. 또한 대화형 서비스(interactive service)는 인터넷의 양방향성의 특성을 활용한 시청자 참여형 퀴즈 프로그램, 대화형 교육방송, 실시간 여론조사, T-커머스 등의 서비스가 포함된다.

대화형 서비스로서의 T-커머스는 콘텐츠제공형, 용역제공형, 그리고 상품판매형으로 구분된다. 콘텐츠제공형은 게임, 영화, 음악 등의 전자적 콘텐츠를 TV를 통해 유료로 제공하는 형태로 등록제로 운영될 예정이며, 용역제공형은 TV뱅킹, TV주식거래, 예약・예매, 주문・배달 등의 용역을 제공하는 형태로 방송위원회의 승인을 받은 사업자가 전문적으로 용역을 제공하는 기업과 계약을 맺은 경우에 한정하여 운영하도록 규정하고 있다.

상품판매형은 방송위원회의 승인을 받은 사업자가 유・무형의 상품의 판매목적으로 방송하는 형태이다. TV홈쇼핑이 일반적인 TV 수상기를 이용하여 제품 또는 서비스를 소개하고 전화를 통하여 주문, 결제하는 방식으로 운영된다면 T-커머스는 디지털TV를 통해서 인터넷쇼핑몰처럼 상품을 검색하고 원하는 상품을 주문, 결제 할 수 있다는 점에서 큰 차이가 있다. 2005년 3월 방송위원회는 GS홈쇼핑, CJ홈쇼핑, 현대홈쇼핑, 롯데홈쇼핑, 농수산홈쇼핑, 하나로텔레콤, KTH, 아이디지털쇼핑, TV벼룩시장, 화성산업 등 10개 사업자를 승인하였다.

상품판매형 T-커머스는 2003년말 위성방송을 이용한 사업에서 실패한 이후 2005년 12월부터 본격적으로 시작되었다. CJ홈쇼핑이 CJ케이블넷 서비스 지역인 서울 양천, 경기 분당 등에서 약 16,000 가구를 대상으로 CJ Tmall 사업을 시작하였으며, 이후 GS홈쇼핑 등이 사업에 참여하였다. 하지만 케이블TV를 이용한 T-커머스는 서비스를 위한 기술개발 이외에 디지털케이블방송이 가능한 셋톱박스의 보급과 소비자들이 T-커머스로 구매채널을 전환하게 하기 위한 노력 등 해결 과제가 많아 성장속도와 시장전망을 낙관할 수 없는 상태이다.

이러한 상황에서 GS홈쇼핑이 KT에서 제공하는 IPTV(Internet Protocol TV)인 메가TV 플랫폼을 이용하여 GS TV카탈로그 서비스를 시작한다고 발표했다. GS TV카탈로그는 홈쇼핑 카탈로그를 디지털 북(book) 형태로 구성해 TV 화면으로 즐길 수 있도록 서비스하는 것으로 TV 리모컨 조작만으로 상품 검색과 주문, 결제까지 처리할 수 있는 서비스다.

T-커머스가 지상파와 위성, 케이블 등의 방송망 이용을 전제하였지만, GS TV카탈로그는 초고속 인터넷망을 이용한 양방향 텔레비전 서비스, 즉 IPTV를 이용한 형태로 T-커머스의 새로운 방식이라고 할 수 있다. 특히 IPTV 가입자가 2008년 1월말 기준 약 124만 명으로 매월 10만 명 이상 증가하고 있음을 감안할 경우 향후 T-커머스 사업구조에 다각도로 영향을 미치게 될 것으로 예상된다.

15.2 경쟁의 유형

1) 경쟁의 정의와 유형

경쟁(competition)의 국어사전적 의미는 '둘 이상이 동일한 목적을 달성하기 위하여 서로 우열을 다투는 것'으로 정의되어 있다. 유통산업이라는 비즈니스 영역으로 한정할 경우 '동일한 목표고객 집단에게 제품 및 서비스의 가격을 결정하고, 정보를 제공하여 교환하게 하기 위하여 서로 우열을 다투는 일련의 행위'라고 정의할 수 있으며 이는 미국마케팅협회의 마케팅 정의와 같아진다.

이와 같은 마케팅관점의 정의는 세분된 고객과 상품, 가격, 유통경로 및 프로모션 등의 마케팅전략 구성요인 중심으로 경쟁을 이해할 수 있다. 이것은 유통경로와 개별점포 영업활동 중심의 관점에서 경쟁을 이해하는 것으로 산업의 경쟁정도, 유통기업의 전략, 고객수요 등의 관점을 간과하고 있다. 그러므로 다양한 관점에서 경쟁을 이해하기 위하여 경쟁의 유형을 먼저 살펴보도록 한다.

☑ 경쟁의 유형

구 분	세 부 내 용
산업구조관점	• 완전경쟁, 독점적 경쟁, 과점, 독점
유통경로관점	• 수평적 경쟁, 수직적 경쟁, 업태간 경쟁, 브랜드간 경쟁
유통기업관점	• 출점경쟁, 선점경쟁, 시스템경쟁
개별점포관점	• 시설경쟁, 상품경쟁(구색·품질 등), 서비스경쟁, 가격경쟁, 판촉경쟁
고객수요관점	• 직접경쟁, 간접경쟁, 잠재경쟁

2) 산업구조 관점의 경쟁

산업구조 관점의 경쟁유형은 유통산업을 시장의 구조적 특성에 따라서 완전경쟁, 독점적 경쟁, 과점, 독점 등으로 유형을 분류하는 방법이다. 유통산업 전체시장 이외에 소매업태와 특정 상권에서도 이러한 분류방법을 사용한다.

☑ 산업구조별 주요 특징의 비교

구 분	완전경쟁	독점적 경쟁	과점	독점
경쟁자(점포)	아주 많음	여러 개	소수	없음
시장점유율	낮은 점유율	낮은 점유율	높은 점유율	높은 점유율
신규진출 용이성	쉬움	쉬움	어려움	어려움
마케팅 이슈	시장점유율 증대	모든 요인 차별화	비가격요인 차별화	독점적 지위 유지

독점(monopoly)은 보는 시각의 차이가 존재한다. 일반적으로 독점상권이란 특정 상권에서 자기점포만 홀로 영업활동을 하는 경우를 말한다. 자기점포 홀로 영업활동을 하는 경우는 시장 개척과 경쟁의 결과라는 상황에서 발생되기 때문이다.

시장개척단계 독점상권은 상권의 매출규모가 증대됨에 따라서 추가 소매점포의 진입, 즉 경쟁점포의 진입을 예고한다. 하지만 경쟁의 결과로써 형성된 독점상권은 기존의 경쟁점포가 수익을 낼 수 없어 폐점 등 철수를 통해 이루어지므로 추가 경쟁자의 진입을 제한하는 장애요인이 된다.

또한, 독점상권은 상권의 범위에 의해 영향을 받는다. 신문광고 등을 통해 아파트 단지 상가 분양과 같이 상업시설을 분양함에 있어서 독점상권이라는 용어가 자주 등장한다. 일반적으로 이러한 광고는 해당 아파트 단지만을 국한하여 독점상권이라는 용어를 사용하는 것으로서 아파트를 포함하여 상권 범위를 확대할 경우 경쟁상권화 되는 사례가 있다.

3) 유통경로 관점의 경쟁

유통경로 관점의 경쟁이란, 상품이 제조업체로부터 최종소비자까지 전달되는 유통과정에서 발생되는 경쟁을 말한다. 유통경로 관점의 경쟁은 수평적 경쟁과 수직적 경쟁, 업태 간 경쟁, 그리고 브랜드 간 경쟁으로 구분된다.

수평적 경쟁과 업태 간 경쟁은 시장점유율 증대를 위한 경쟁이며, 수직적 경쟁과 브랜드 간 경쟁은 이익극대화를 위한 경쟁이라는 점에서 그 차이를 구분할 수 있다.

☑ 유통경로 관점의 경쟁유형

구 분	세 부 내 용
수평적 경쟁	• 개별기업 간 동일한 고객획득을 둘러싸고 동일한 단계의 생산–유통과정으로 경합하는 경쟁 • 동일 업태 간 경쟁, 동종 제조업체간 경쟁, 동종 도매업자간 경쟁
수직적 경쟁	• 유통과정에서 다른 단계에 위치한 기업 간 경쟁 • 유통채널별 경쟁, 도매업자와 소매업자 경쟁
업태 간 경쟁	• 유통과정에서 동일한 단계에 있는 다른 판매·영업형태를 운영하는 기업 간의 경쟁 • 백화점과 대형마트 경쟁, 온라인과 오프라인 경쟁
브랜드 간 경쟁	• 제조 책임의 주체와 타사와의 식별 가능한 브랜드 간의 경쟁 • 내셔널 브랜드와 내셔널 브랜드 경쟁, 내셔널 브랜드와 소매업자 브랜드 경쟁

4) 체인스토어 관점의 경쟁

소매업태는 상품계열, 가격대, 판매방법, 시스템 통제방법 등 다양한 관점에 의해 분류된다. 체인스토어는 점포를 운영하는 시스템을 통제하는 방법에 따라 독립점과 체인스토어로 구분한다. 독립점이 단독점포로 운영하는 형태라면, 체인스토어는 다점포를 운영하는 형태로서 기업형(regular chain), 가맹형체인(franchise chain), 임의가맹형(voluntary chain), 그리고 조합형체인(cooperative chain)으로 구분된다.

<table>
<tr><th rowspan="2">구 분</th><th colspan="4">운영 시스템별 특징</th></tr>
<tr><th>자 본</th><th>관 계</th><th>시스템 통제</th><th>기업 운영 사례</th></tr>
<tr><td>기업형체인</td><td>기업자본</td><td>지 점</td><td>강</td><td>• 대형마트, 기업형 슈퍼마켓</td></tr>
<tr><td>가맹형체인</td><td>계약자본</td><td>민사계약</td><td>강</td><td>• 외식형
• 소매형 (편의점)
• 서비스형 (세탁 등)</td></tr>
<tr><td>임의가맹형체인</td><td>계약자본
/출자자본</td><td>민사/주주</td><td>중</td><td>• 햇빛촌, 휴플레이스 등</td></tr>
<tr><td>조합형체인</td><td>출자자본</td><td>주주</td><td>약</td><td>• 생산자형 : 농협
• 소매점형 : 코사(KOSA)
• 소비자형 : 아파트소비조합</td></tr>
</table>

(1) 시스템경쟁

체인스토어는 다점포 운영에 따른 전체 운영의 효율화를 도모하기 때문에 시스템산업이라고도 한다. 대형마트의 핵심성공요소는 매일최저가판매(Everyday Low Price, EDLP)이다. 매일최저가격판매를 위해서는 매일저원가경영(Everyday Low Cost, EDLC) 시스템이 전제된다.

이것은 대형마트에서 빈번하게 발생하는 가격경쟁이 운영 시스템의 효율적인 구축수준에 의해 영향을 받게 된다는 것을 의미한다. 따라서 체인스토어의 경쟁을 시스템경쟁이라고 하며, 운영 효율화를 지향하는 시스템적 특성은 다음과 같다.

① 본부의 관리와 통제

② 점포 간 판매되는 상품의 동질성

③ 점포 간 판매기법의 동질성

④ 점포 간 외장 및 내부구조의 동질성

⑤ 본부에 의한 공동구매와 공동물류

(2) 출점경쟁

출점경쟁은 점포수가 시장 주도권을 획득하는데 주요 요소가 되는 체인스토어에서 이루어지는 경쟁형태이다.

일반적으로 체인스토어는 대량매입과 대량판매를 지향한다. 대량판매는 박리다매의 판매기법뿐만 아니라 대량매입으로 매입단가를 낮출 수 있는 다점포를 전제한다. 따라서 경쟁점포보다 저가판매시스템을 구축하려는 체인스토어로서 출점경쟁이 유발된다.

(3) 선점경쟁

선점경쟁(competition by occupancy)은 시장에서 유리한 지위를 차지하거나 특정 상권에서 진입장벽을 형성하기 위하여 경쟁점포보다 먼저 점포를 출점하기 위하여 경쟁하는 것을 의미한다.

선점경쟁은 출점경쟁의 가장 기본적인 형태로 많은 소매유통기업들이 활용하고 있다. 하지만 선점경쟁에 있어서 선점의 시기를 잘 선택해야 하는 유의점도 있다. 만일 특정점포가 시장규모가 성숙되지 않은 상권을 선점하는 경우 시장개척 투자비용 대비 경쟁점포 출점에 대한 진입장벽을 형성하지 못하고 오히려 경쟁점포 출점하는 시점에 시설낙후 등으로 경쟁 열위가 되기 때문이다.

5) 점포영업 관점의 경쟁

시설, 상품, 서비스를 소매점포의 3대 요소라고 한다. 소매점포에서 판매할 대상인 상품과 이를 보관·진열할 수 있는 점포시설, 그리고 판매를 촉진하기 위한 인적 서비스와 서비스 제도 등으로 점포 영업활동의 필수요소이다.

점포영업 관점의 경쟁은 바로 점포 영업활동에 필수적인 요소를 중심으로 경쟁유형을 분류하여 설명한 것이다.

☑ 점포영업 관점의 경쟁유형

구 분	경쟁 세부 요소
시설경쟁	• 점포시설, 진열집기, 쇼핑 보조장비, POS계산시스템 등
상품경쟁	• 구색(범위와 깊이), 품질, 가격, 진열
서비스경쟁	• 인적 서비스(인적판매와 셀프판매), 서비스 제도

6) 고객수요 관점의 경쟁

고객수요란, 소매점포에서 취급하는 상품에 대하여 구매력이 포함된 고객들의 욕구를 말한다. 소매점포 관점에서 고객수요는 자기점포에서 상품을 구매하려고 하는 욕구로서 상권점유율을 결정하는 매우 중요한 요소에 해당한다.

고객수요 관점의 경쟁은 고객의 상품구매를 대체 또는 교차하는 형태에 따라서 직접경쟁과 간접경쟁, 그리고 잠재경쟁으로 구분한다.

(1) 직접경쟁

직접경쟁(direct competition)은 자기점포에서 판매하는 동일유형의 상품에 대한 고객수요를 대체하는 점포와의 경쟁을 말한다. 경쟁점포는 자점과 동일한 유형의 상품을 판매하기 때문에 쇼핑거리, 가격, 상품구색 등의 요인에 의하여 고객수요를 대체하게 된다.

일반적으로 직접경쟁은 자점의 상권 범위 내에 동일한 소매업태의 경쟁점포가 있는 경우에 나타난다.

(2) 간접경쟁

간접경쟁(indirect competition)은 자기점포에서 판매하는 상품을 고객이 이업태의 소매점포에서 구매하는 경우의 경쟁을 말한다. 간접경쟁은 일반적으로 자점에서 판매하는 상품과 이업태의 소매점포 상품군이 중복되는 경우에 발생된다.

자점과 경쟁점포가 서로 다른 소매업태라도 중복되는 상품 군이 많은 경우에는 간접경쟁이 아닌 직접경쟁으로 보아야 한다. 대형마트와 슈퍼마켓의 사례를 통해 살펴볼 수 있다. 서로 다른 업태이지만 슈퍼마켓의 취급상품 대부분을 대형마트에서 취급하므로 슈퍼마켓 관점에서는 대형마트이 직접경쟁에 해당한다.

(3) 잠재경쟁

잠재경쟁(potential competition)은 현재 직접 또는 간접경쟁이 유발되지 않지만 직접 또는 간접경쟁으로 전환될 수 있는 경쟁을 말한다. 소매점포의 잠재경쟁은 빠른 시간 내에서 직접 또는 간접경쟁 유발점포의 출점이 예상되는 경우 또는 가정대용식(Home Meal Replacement, HMR)과 외식 등과 같이 판매하는 상품이 서로 다르지만 고객수요의 궁극적인 목적이 일치한 경우 등의 상황에서 나타난다.

☑ 고객수요관점의 경쟁유형

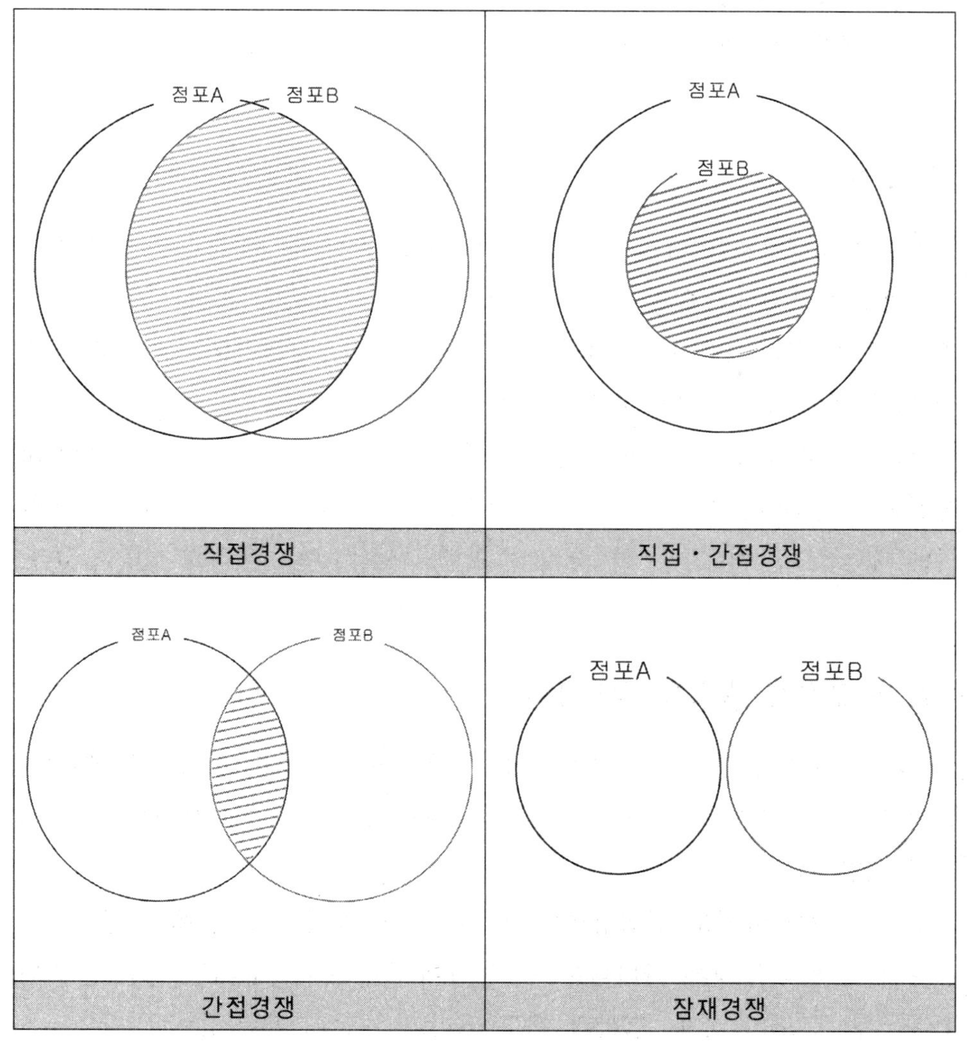

15.3 경쟁의 특징

경쟁의 특징은 경쟁자의 수, 경쟁점포 진입장벽 여부, 경쟁형태 등의 관점에서 다음의 네 가지 유형으로 구분하여 살펴볼 수 있다.

1) 1:N
2) 신규점포 출점의 장벽형성
3) 이익중심의 협력과 경쟁
4) 경쟁자 경쟁과 자기경쟁

1) 1:N

상권의 경쟁구조에 따라서 자점의 경쟁점포는 하나부터 다수가 존재한다. 경쟁점포가 존재하지 않는 경우는 독점에 해당하므로 경쟁이라고 할 수 없다. 또한, 경쟁점포를 인식하는 관점도 매우 중요하다. 경쟁점포는 자점과 동일한 업종 또는 업태를 영위하고 있는 소매점포로 인식한다.

일반적으로 소매점포에서 취급하는 상품이 한정된 계열이거나, 생계형 소형점포인 경우에는 업종을 기준으로 경쟁점포를 인식하고, 종합계열의 상품이나 대형점포인 경우에는 업태를 기준으로 경쟁점포를 인식하는 경향이 있다.

2) 신규점포 출점의 장벽형성

기존 시장에 신규기업이 진출할 경우 진입을 제약하는 장벽이 발생한다. 막대한 고정투자비 또는 기술, 특허, 법률과 제도, 기존 기업의 브랜드 파워 등이 해당된다.

소매유통시장에서도 진입장벽이 형성된다. 소매업태 또는 특정 상권에서 신규점포 출점할 경우 나타나는 진입 장애요소로는 목표시장 또는 상권의 성장추세, 규모의 경제, 법률과 제도 그리고 브랜드 파워 등이 있다.

(1) 목표시장 또는 상권의 성장추세

마케팅전략 관점에서 목표시장은 소매업태를 의미한다. 진출하고자 하는 목표시장의 수명주기 단계가 성숙기 또는 쇠퇴기에 진입한 경우 신규점포관점에서 성장성이 없으므로 시장 진입하지 못하게 된다. 또한 지역적 관점에서 상권 내 점포출점지수가 포화인 상태인 경우 신규점포 출점의 장벽을 형성한다. 따라서 소매업체와 상권내 경쟁점포들의 성장추이 분석이 필요하다.

☑ 소매포화지수(Index of retail saturation)

구분	세부내용
정의	지역시장의 수요잠재력을 총체적으로 측정함으로써 신규점포에 대한 시장잠재력을 측정하는데 유용한 지표
산출공식	$IRS = \frac{수요}{특정업태의 총매장면적} = \frac{지역시장의 총가구수 \times 가구당 특정업태에 대한 지출비}{특정업태의 총매장면적}$

(2) 규모의 경제

대형마트, 슈퍼마켓과 같은 체인스토어는 규모의 경제가 발생하는 소매업태이다. 본부중심의 관리와 통제가 이루어지기 때문에 초기 본부의 투자비용이 크게 발생하지만 일정수준의 점포 수에 도달하면 점포운영비용이 감소되는 효과가 발생한다.

규모의 경제는 저원가 경영시스템을 실현하는 요소로 작용하여 저가판매시스템을 지원한다. 따라서 체인스토어형태의 소매업태에 신규로 진입하고자 하는 기업에게 진입장벽으로 작용한다.

(3) 법률과 제도

충청북도 청주시의 경우 지난 2004년 7월 대형마트 건축을 제한하는 조례를 입법했다. 연면적 1만㎡ 이하의 대형마트 경우 도시계획 심의 없이 바로 건축이 가능했지만 시 조례를 개정해 모든 건축물을 심의 대상으로 지정함으로서 대형마트의 신규진입을 제한한 것이다.

이와 같이 법률과 제도에 의한 진입장벽은 과당경쟁을 방지하고, 중소소매점포와 대형점포의 상생의 방안을 마련하기 위한 목적으로 형성한 것이다.

(4) 브랜드 파워

대형마트 출점이 확대되면서 지방의 중소형점포를 운영하는 많은 경영자들이 고민에 빠졌다. 내셔널 브랜드(national brand)형 대형마트의 출점이 예고됨에 따라 '현재입지에서 영업을 지속할 것인가, 아니면 새로운 지역으로 점포를 이전할 것인가?'를 고민한 것이다.

소수의 몇몇 경영자들은 대형마트가 출점하지 않은 지역과 틈새시장을 찾아 점포이전 또는 신규출점을 하였다. 이와 같은 사례에서 살펴볼 수 있듯이 내셔널 브랜드형 대형마트가 출점하는 경우 슈퍼마켓 또는 개인형 대형마트의 신규진입이 제한되는 결과를 초래함으로써 브랜드 파워(brand power)가 진입장벽을 형성한다.

3) 이익중심의 협력과 경쟁

일반적으로 시장이 성숙기에 진입하게 되면 소수의 기업이 시장의 대부분을 지배하는 경쟁형태가 이루어지며, 이를 과점이라고 한다.

소매유통 관점에서 과점은 다음과 같은 특징이 있다.

① 소수의 소매기업 점포가 대부분의 상권을 장악하고 있다.

② 서로 가격인하경쟁 등으로는 경쟁점포를 쓰러뜨릴 수 없다는 것을 알고 있기 때문에, 각종 협력으로 공존을 도모한다.

③ 상대방의 태도와 반응을 살피면서 가격경쟁 이외의 다른 수단으로 치열하게 경쟁한다.

이와 같이 과점의 특징을 검토하여 요약할 경우 과점을 형성하고 있는 소매기업들이 이익중심의 협력과 경쟁을 동시에 실시하는 것을 알 수 있다.

4) 경쟁점포 경쟁과 자기경쟁

경쟁은 경쟁점포와의 경쟁이라는 상대적 개념과 자점의 고객중심 운영관리 측면의 자기경쟁 개념이 있다. 점포는 특정 상권에서 경쟁우위를 획득하기 위하여 경쟁점포와 직접경쟁을 할 것인지, 아니면 고객욕구에게 초점을 맞추어 스스로 변화하는 자기경쟁을 할 것인지를 선택해야 한다.

소매점포의 공급이 증가하고, 고객의 욕구가 다양해지는 영업환경을 고려할 경우 소매점포의 제한된 자원을 어떻게 활용할 것인지는 매우 중요하다.

15.4 경쟁의 본질

1) 매출 영향요인과 경쟁

소매점포 매출에 영향을 주는 요인은 다양하다. 맑은 날에 갑자기 비가 오거나, 상권내 목표고객의 감소, 인기상품의 결품, 판촉사원의 무단결근 등 매출부진에 따른 대책회의에서 생각하지도 못했던 요인들이 거론된다.

소매점포 매출에 영향을 주는 요인은 크게 외부요인과 내부요인으로 구분한다. 외부요인은 기후, 인구, 경제, 사회, 문화, 법률적 요인과 경쟁점포, 협력업체 등이 있으며, 내부요인은 시설·집기요인, 머천다이징요인, 판촉요인, 운영·관리요인 등으로 각각 구분된다.

☑ 매출에 영향을 주는 다양한 요인들

외부요인	내부요인			
	시설·집기요인	머천다이징요인	판촉요인	운영관리요인
• 기후변화 • 경제적 요인 • 사회적 요인 • 문화적 요인 • 법률적 요인 • 경쟁점포 • 협력업체 등	• 점포입지 • 시설배치 • 편의시설 • 주차장 • 쇼핑카트 등	• 상품구색 • 상품품질 • 상품가격 • 상품배치 • 상품진열 등	• 판촉수단 • 광고형태 • 서비스제도 • 인적서비스 등	• 조직관리 • 매장관리 • 상품관리 • 운영관리 • 시설관리 등

2) 경쟁점포 경쟁관점

소매점포 매출에 영향을 주는 다양한 요인을 경쟁관점에서 분류할 경우 경쟁요인과 비경쟁요인으로 구분할 수 있다. 경쟁요인은 경쟁환경에 영향을 받는 요인을 의미하며, 비경쟁요인은 경쟁환경에 영향을 받지 않는 요인을 의미한다. 즉, 비경쟁요인의 경우 경쟁점포와 자점 모두에게 영향을 주는 요인이 해당된다.

소매점포 매출에 영향을 주는 외부요인의 경우 경쟁의 대상이 되는 경쟁점포를 제외하고 비경쟁요인에 해당하는 반면, 내부요인은 모두 경쟁요인에 해당하는 것을 알 수 있다.

☑ 매출영향 경쟁요인과 비경쟁요인

구 분	경쟁요인	비경쟁요인
외부요인	• 경쟁점포 • (협력업체)	• 기후변화 • 경제적 요인 • 사회적 요인 • 문화적 요인 • 법률적 요인 • 협력업체
내부요인	• 시설・집기요인 • 머천다이징요인 • 판매촉진요인	• 운영관리요인

3) 자기경쟁관점

(1) 유통의 재해석 – ‘고객중심의 상품구성과 짧은 회전일수’

전후 물자조달에서 출발한 유통의 개념을 해석하는 관점은 매우 많다. 제조기업의 마케팅요소로써 생산한 제품을 소비자에게 전달하는 경로(place)를 유통으로 해석하는 관점과 교환(exchange)과 거래(trade)의 개념을 유통으로 보는 관점도 있다.

☑ 유통의 일반정의

① 공기나 액체 따위가 거침없이 흘러 통함.
② 화폐나 수표 등이 세상에 널리 통용됨.
③ 상품이 생산자·상인·소비자 사이에 거래됨.

유통의 일반적인 개념을 소매점포의 머천다이징 관점에서 새롭게 해석할 수 있다. 기존의 개념은 상품이 생산자와 상인, 소비자 사이에서 거래되는 판매의 개념이다. 이것을 상품이 생산자로부터 소비자에게 거침없이 흘러 통한다는 고객중심의 상품구성으로 해석할 경우 머천다이징관점의 개념이 된다.

즉, 고객의 구매를 유발하는 상품을 협력업체로부터 매입하고, 소매점포에서는 그 상품의 보유일수를 짧게 하는 것이 유통 개념의 새로운 해석이다.

(2) 상인의 재해석 – '고객의 마음을 가늠하고 따지고 살피는 사람'

소매유통업을 영위하는 사람들을 흔히 상인(商人)이라고 한다. 상인이란 용어는 조선시대 물류업와 도매업 등을 담당하던 객주(客主)와 보부상 등 상행위에 종사하는 모든 사람에 대하여 사용하였다. 현대에는 물류기획, 판매사원, 숍–마스터 등 상업의 영역이 세분화되면서 상인의 개념이 개인 또는 생계형 소매점포를 운영하는 사람들에 국한하여 사용하는 경향이 있다.

☑ 상인의 일반정의

① 물건을 사고, 파는 사람
② 물건 또는 금전을 헤아리는 사람 등 판매중심의 개념

상인의 일반적인 정의는 판매자의 개념, 즉 사농공상의 전근대적 개념으로 단순히 판매직에 종사하는 사람으로 정의하고 있다. 따라서 사회가 복합화, 고도화됨에 따라 직업군에서 나타나는 전문 직업관점과 과거의 단순한

판매가 아닌 마케팅활동관점에서 상인의 정의를 재해석할 필요가 있다.

☑ 상(商)의 재해석 - 헤아리다.

① 헤아리다. 생각하여 분간하다
- 수량을 세다, 짐작으로 가늠하여 따지고 살피다. 미루어 생각하다.
② 장사. 상업을 하다.
③ 장수. 상인

상인의 개념을 재해석함에 있어서 상(商)의 의미를 '헤아리다'로 인식하게 되면 기존의 판매자개념 이외에 '(고객의)마음을 가늠하고 따지고 살피는 사람'으로 새롭게 정의된다. 즉, 상인의 개념이 단순한 판매관점에서 고객만족 지향관점으로 확대되고, 전문직업인의 자세로 재정할 수 있는 것이다.

4) 유통의 본질 - 자기경쟁

소매점포의 본업인 유통과 판매를 영위하는 사람으로서 상인의 개념을 새롭게 정의한 의미는 다음과 같다.

① 고객중심의 상품구성
② 낮은 상품보유일수
③ 고객을 가늠하고 따지고 살피는 마음

이것은 기존의 판매개념과 달리 고객중심의 머천다이징 전개와 점포운영시스템 개선의 의미를 함축하고 있다.

고객을 가늠하고 따지고 살피는 마음은 단순히 고객의 욕구에 대한 분석뿐만 아니라 구매환경, 구매조건 등에 대한 부분도 포함하고 있다. 즉, 고객중심으로 상품구색과 품질, 가격, 진열 등의 머천다이징을 전개하고 점포환경, 구매조건, 낮은 상품보유일수 등으로 점포를 운영하는 것을 의미한다.

따라서 유통의 본질을 유통과 상인의 정의로 살펴볼 경우 고객중심의 자기개선(self-improvement) 또는 자기혁신(self-innovation)이라고 볼 수 있다.

Chapter 16 경쟁점포 조사절차

16.1 조사절차 개요

경쟁점포 조사·분석 프로세스는 자점에 발생한 문제점을 인식하고, 경쟁점포 상황과 비교분석함으로써 도출된 대안으로 문제점을 해결하기 위한 일련의 과정으로 시행된다.

경쟁점포에서 조사·분석해야 할 대상이 명확한 경우 2단계 사전조사와 3단계의 경쟁점포 경쟁우위 요소를 도출하는 과정을 생략하기도 한다. 하지만 본서에서는 경쟁점포가 자점 대비 경쟁우위요소가 무엇인지 도출되지 않은 상황을 가정하므로 7단계의 프로세스에 대하여 검토하고자 한다.

1	문제점 인식
2	경쟁점포 사전조사 실시
3	경쟁점포 경쟁 우위요소 도출
4	조사계획 수립
5	조사 · 분석 시행
6	문제점 및 대안 도출
7	의사결정 및 시행

16.2 문제점 인식

소매점포의 핵심 문제점은 매출 또는 이익이 감소하는 것이다. 매출 또는 이익을 감소시키는 요인에 대하여 점포 자가진단으로 분석하여 해결의 실마리를 찾을 수 있지만, 그렇지 않은 경우도 많이 있다.

이러한 상황에서 실무자들은 경쟁점포의 상황에 대하여 검토하게 되며, 그 결과에 따라서 경쟁점포에 대한 조사·분석 여부를 결정한다.

1) 경쟁요인의 문제점 인식

경쟁점포에 대한 상황은 자점과 경쟁점포의 매출액을 추이를 비교함으로서 인식할 수 있다.

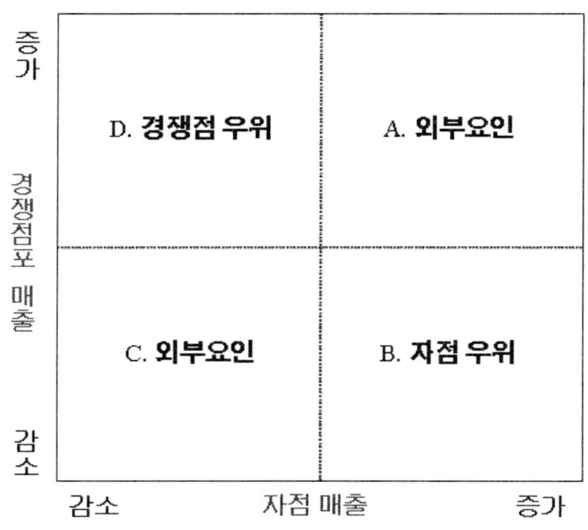

일반적으로 자점과 경쟁점포의 매출이 동시에 증가 또는 감소하는 것은 외부요인에 의한 것으로 볼 수 있다. 반면에 자점 우위 또는 경쟁점 우위와 같이 자점과 경쟁점포의 매출이 어느 한쪽만 증가하는 경우에는 내부요인,

즉 경쟁요인에 의해 나타난다.

따라서 경쟁점포에 대한 조사·분석 시행여부를 결정하기 위한 문제점 인지단계에서는 자점과 경쟁점포의 매출추이를 비교함으로써 자점이 경쟁점포 대비 어떠한 상황에 있는지를 판단해야 한다.

2) 경쟁점포의 범위

경쟁점포에 대한 상황인지를 위해서는 경쟁점포에 대한 정의가 필요하다.

여기에서는 경쟁점포에 대한 범위는 자점과 경쟁점포의 매출증감을 기준으로 한다. 따라서 고객수요 관점의 경쟁유형에 해당하는 직접경쟁과 간접경쟁, 그리고 잠재경쟁으로 구분하여 경쟁점포의 범위를 정의하는 것이 올바른 방법이라고 할 수 있다.

직접경쟁은 동일업태와의 경쟁이며, 간접경쟁은 서로 다른 업태와의 경쟁을 말한다. 단, 자점의 취급상품 범주가 경쟁점포의 동일하며, 부분집합이 되는 경우에는 직접경쟁으로 정의하여 한다.

16.3 경쟁점포 사전조사

1) 사전조사 실시여부 결정

사전조사는 상권 내에서 자점보다 경쟁점포가 잘 하고 있는 요인을 분석하기 위하여 실시하는 활동이다. 동일한 상권 내에서 경쟁점포와 경쟁요소는 크게 시설·집기요소, 머천다이징 요소, 그리고 판매촉진 요소 등으로 구분할 수 있다. 이들 요소를 다시 세부 분류하면 더 많은 경쟁요소들이 나타나게 된다.

이와 같이 많은 경쟁요소를 처음부터 모든 요소에 대하여 조사할 경우 세밀한 조사・분석이 될 수 있다는 장점도 있다. 하지만 경쟁열위요소를 찾기 위해 전체 경쟁요소에 대한 조사는 많은 시간과 인적자원을 투입함으로써 자원의 낭비가 발생할 수 있으며, 목표시장 또는 상권 내에서 점유율이 급속하게 낮아지고 있는 상황에서 경쟁점포에 적절한 대응이 어렵다는 단점도 있다.

따라서 점포에서는 경쟁상황을 충분하게 이해하고 사전조사를 실시할 것인지, 아니면 사전조사를 생략하고 경쟁요소에 대한 전체조사를 실시할 것인지에 대한 검토가 필요하다.

2) 조사방법

경쟁점포에 대한 사전조사는 탐문조사와 관찰조사가 있다.

(1) 탐문조사

탐문조사(legwork survey)은 자점과 경쟁점포에 거래하는 협력업체와 고객 등을 대상으로 경쟁점포에서 발생하고 있는 상황을 탐문하여 조사하는 방법이다.

협력업체를 통한 탐문은 영업활동과정에 이루어질 수 있으며, 고객을 통한 활동은 고객접점에서 단골 또는 충성고객을 통해 탐문이 이루어지기도 하지만 표적집단면접법(Focused Gorup Interview, FGI)과 같은 의도된 탐문조사를 실시하기도 한다.

따라서 탐문조사는 협력업체와 수시로 상담을 하는 점포의 각 부문별 실무담당 또는 고객과 접점에 있는 실무담당에게 탐문조사 내용과 방법을 교육함으로써 그들이 직접 조사하는 것이 좋다.

(2) 관찰조사

관찰조사(observation survey)는 경쟁점포에서 발생하고 있는 여러 상황과 이용고객들의 구매행태 등을 직접 관찰하고, 자점과 비교・분석함으로써 경쟁 요소 중에서 조사대상을 찾아내는 방법이다.

관찰조사는 자점의 영업상황, 즉 상품구색, 진열방법, 가격정책, 그리고 판매촉진과 서비스제도 등 전반적인 사항을 자세하게 알고 있어야 경쟁점포와 비교·분석을 할 수 있다. 따라서 관찰조사는 탐문조사와 달리 자점의 영업상황을 잘 알고 있는 관리자가 직접 조사하는 것이 좋다.

이때 조사를 담당하게 될 관리자가 자신의 경험과 업무역량에 의해 편향적인 관점으로 관찰할 수 있으므로 항상 2~3명이 함께 조사하도록 운영한다.

16.4 경쟁우위요소 도출

경쟁점포의 우위요소는 경쟁요소에 대하여 비교·평가를 통하여 도출할 수 있다. 일반적으로 경쟁요소를 비교·평가하기 위해서는 정성분석과 정량분석을 활용한다.

하지만, 사전조사는 경쟁점포에 대하여 탐문 또는 관찰을 통하여 조사대상이 되는 경쟁점포의 경쟁우위요소를 도출하기 위한 목적으로 조사한다. 따라서 사전조사 단계에서는 정성분석 중에 상황분석을 중심으로 실시하며 상황에 따라 체크리스트분석과 정량분석을 실시할 수 있다.

1) 정성분석

정성분석(qualitative analysis)은 수치로 표시할 수 없는 성격의 경쟁요소를 분석할 때 사용되는 분석방법이다. 정성분석은 경쟁요소에 대하여 기록하는 형태로 분석하는 상황분석과 질문 항목에 점수를 평가하는 방식의 체크리스트 방식이 있다. 정성평가는 일반적으로 정량평가 이전에 실시하며, 사전조사 단계에서도 활용이 가능하다.

(1) 상황분석

상황분석(situation analysis)은 자점과 경쟁점포에서 나타나고 있는 현상을 선입견에 얽매이지 않고 객관적으로 기술하여 분석하는 방법이다.

관찰 또는 탐문으로 습득한 각종 정보를 경쟁요소 유형별로 분류하여 객관적으로 기술함으로써 상황적으로 경쟁점포의 우위 요소가 어떠한 것인지를 분석한다.

특히 탐문조사에 의한 상황분석을 실시할 경우에는 조사자의 객관적인 기록뿐만 아니라 탐문대상자인 협력업체 영업사원과 고객의 객관성도 전제된다.

(2) 체크리스트 분석

체크리스트 분석(check-list analysis)은 비교·분석하고자 하는 경쟁요소를 사전에 준비해 놓은 질문으로 하나하나 점수로 평가하여 분석하는 방법이다.

체크리스트 분석은 정성적인 경쟁요소를 점수로 수치화하여 분석한다는 점에서 경쟁점포와 비교의 용이성을 제공한다. 하지만 점수로 평가하는 단계에서 자점과 경쟁점포에 동일한 기준으로 평가가 전제된다.

객관적인 평가자라고 하더라도 평가 시점의 심리적 상태에 영향을 받는다. 따라서 이를 최소화하기 위해서는 점수 중심의 평가방법보다 상황중심의 평가를 통해 점수화하는 것이 타당하다.

체크리스트 평가표 작성 사례를 살펴볼 경우 먼저 제시된 평가방식의 경우 평가자에게 어떠한 상황에서 어떠한 점수를 책정해야 하는지 명확한 기준이 제시되어 있지 않다. 반면에 하단의 평가방식은 평가자에게 평가점수를 책정할 수 있는 기준이 제시되어 있으므로 평가자별로 서로다른 점포를 평가하더라도 객관적인 기준을 유지할 수 있다.

☑ 체크리스트 평가표 작성 사례

10. 선반진열대의 상품 가격표 운영관리( )	①	②	③	④	⑤

10. 선반진열대의 상품 가격표 운영관리( )
① 수기작성 가격표 또는 부착이 누락된 가격표가 많다.
② 수기작성 가격표 또는 부착이 누락된 가격표가 있다.
③ 대체적으로 양호하다.
④ 누락된 가격표가 없으며, 단정하게 부착되어 있다.
⑤ 가격표가 잘 부착되어 있으며, 행사상품 등이 잘 표시되어 있다.

2) 정량분석

정량분석(quantitative analysis)은 양적인 요소의 경쟁요소를 분석하는 방법이다. 일반적으로 양적인 요소는 수치로 표시되기 때문에 계량분석이라고 한다.

따라서 정량분석은 수치로 비교분석 할 수 있는 항목에 해당하는 점포와 상품부문별 매출액, 상품부문별 면적, 상품가격 등의 비교 분석에 활용된다.

사전조사 단계에서는 경쟁점포와 교류관계가 형성되어 있는 경우와 협력업체로부터 경쟁점포에 공급한 상품의 합계를 취합할 수 있는 경우에 활용할 수 있다.

16.5 조사계획 수립

경쟁점포에 대하여 사전분석으로 경쟁우위요소를 도출하게 되면, 구체적으로 경쟁점포에 대하여 조사할 계획을 수립하게 된다.

조사계획은 6하 원칙(5W 1H)에 의해 수립하는 것이 일반적이며, 이러한 조사를 통해 점포에서 기대되는 효과를 포함한다.

① 조사목적(Why)
② 조사기간(When)
③ 조사대상(Where)
④ 조사자(Who)
⑤ 조사범위(What)
⑥ 조사방법(How)
⑦ 기대효과

1) 조사목적

자점에서 경쟁점포에 대하여 조사·분석을 실시하는 목적은 본질적인 목적과 부수적인 목적으로 구분할 수 있다.

본질적인 목적은 자점의 매출과 이익을 증대시킬 수 있는 방안에 대한 모색이다. 반면에 부수적인 목적은 다양한 형태로 표현할 수 있다. 조사·분석을 통하여 자점 인적자원에 대한 경쟁심리 유발과 교육효과 등을 추구할 수 있으며, 시장에서의 경쟁적 위치분석을 할 수 있다.

따라서 조사목적은 본질적인 목적과 부수적인 목적을 함께 검토하여 조사자와 조사방법 등에 반영하도록 한다.

2) 조사기간

경쟁점포 조사·분석은 정기적으로 실시하는 점포도 있지만, 대체적으로 점포 매출이 일정기간 지속적으로 하락하는 경우에 실시한다. 이러한 상황에서는 빠른 시간 내에 그 원인을 분석하여 대책을 수립· 시행해야 하는 것이 매우 중요하다.

따라서 조사기간은 조사결과에 대한 분석기간과 경쟁력 제고를 위한 실행 준비 기간을 고려하여 설정한다. 이때 조사기간은 4~7일로 세부적인 일정을 수립한다.

3) 조사대상점포

일반적으로 조사대상 점포는 상권 내의 경쟁점포로 국한한다. 자점대비 경쟁우위의 점포가 다수 있는 경우에는 사전조사를 실시한 경쟁점포를 포함하여 2개 점포에 대하여 조사를 실시한다.

경쟁점포의 차별화 또는 전문화된 상품으로 자점 상권의 고객이 유출되는 경우 또는 벤치마킹(benchmarking)이 필요한 경우에는 상권범위와 무관하게 조사 대상점포로 포함하기도 한다.

4) 조사자

조사자는 해당 업무의 실무담당자로 한다. 각 부문별로 조사하도록 계획을 수립하는 것 보다는 조사자를 지정하여 운영하는 것이 바람직하다. 점장은 조사자 명령을 통하여 담당업무에서 벗어나서 조사업무에 전념할 수 있도록 하고, 조사 총괄 책임자를 담당하거나 별도로 선임하여 운영한다.

5) 조사범위

조사범위는 사전조사에서 도출된 경쟁요소를 기초로 설정한다. 또한 단순하게 '머천다이징 부문'으로 폭 넓게 설정하는 것 보다는 구체적으로 '구색・가격・품질' 등으로 세분화하는 것이 좋다.

구체적인 범위설정은 조사자들로 하여금 정확한 조사・분석을 할 수 있도록 한다.

6) 조사방법

경쟁점포의 경쟁요소별 조사・분석 방법론으로 정성분석과 정량분석이 있다. 앞서 살펴본 것과 같이 정성분석과 정량분석은 서로 대체와 보완관계에 있기 때문에 경쟁요소별로 적용할 수 있는 상황이 다르다.

따라서 경쟁요소별 적합한 조사방법을 사용하여야 하며, 경쟁요소별 적합한 조사방법론은 별도로 살펴보도록 하겠다.

7) 기대효과

경쟁점포 조사·분석으로 자점에서 기대할 수 있는 효과를 구체적으로 표현한다. 계획을 수립하는 담당자에 의해 일상적이고, 추상적인 표현보다 구체적으로 표현함으로써 조사·분석 이후에 기대효과 달성 여부를 점검할 수 있다. 그러므로 기대효과를 가능한 수치로 표현하는 것은 더욱 좋은 방법에 해당된다.

16.6 조사·분석 시행

자점 수립한 계획에 기초하여 경쟁점포에 대하여 조사·분석을 실시하며, 이때 유의하여 관리해야 할 사항은 다음과 같다.

① 조사일정관리
② 당일 조사자 교육
③ 조사자별 보고서 작성
④ 조사자 워크-숍 실시

1) 조사일정관리

소매점포는 조직구조와 조직별 배치인력 등에 의해 개인이 다양한 업무를 담당한다. 담당자 개인의 관점에서 경쟁점포 조사·분석이 기존업무에 추가되는 업무로 여겨질 수 있으며, 휴무일자와 겹쳐져서 임의로 변경할 수 있다. 조사책임자는 이러한 상황으로 전체 조사일정에 영향을 받지 않도록 관리하여야 한다.

2) 당일 조사자 교육

조사일자별로 조사자에 대하여 교육을 실시한다. 교육내용은 조사·분석 세부계획서 내용에 기초하여 다음의 내용이 포함되도록 한다.

① 조사배경과 목적
② 조사대상 점포
③ 조사범위
④ 조사방법
⑤ 보고서의 작성과 제출방법 등

3) 조사자별 보고서 작성

경쟁점포 조사결과에 대한 내용은 반드시 조사자별로 보고서를 작성하도록 한다. 보고서 제출기한은 조사자별로 조사내용과 기간을 감안하여 설정하며, 당일 조사 내용에 대해서는 당일 작성을 원칙으로 운영한다.

4) 조사자 워크-숍 실시

조사자 워크-숍(workshop)은 경쟁점포 조사자간의 조사 내용으로 집단토론을 통해 조사자의 전문능력의 배양과 경쟁점포 대비 자점의 문제를 다양한 관점에서 검토 함으로써 해결방안을 도출하는데 유용한 기법이다. 따라서 조사책임자는 전체 또는 경쟁요소 분류별로 경쟁점포에 대한 조사가 완료되면 조사자 전원이 참여하는 워크-숍을 실시한다.

16.7 문제점 및 대안모색

경쟁점포 조사결과를 통해 자점의 문제점 도출과 문제점을 해결할 수 있는 대안을 모색한다.

1) 문제점 도출

자점 문제점은 각 조사자별로 작성한 보고서와 워크-숍에서 나타난 문제점을 종합하여 도출한다.

보고서를 취합하여 문제점을 도출하는 경우에는 반드시 보고서를 취합·정리하는 담당자가 점장이 보고받는 자리에 배석하여 조사내용이 정확하게 반영되도록 해야 한다.

워크-숍에서는 조사결과에 대한 집단토론 과정에서 자점의 문제점이 자연스럽게 도출된다. 이때 조사자들은 자신이 담당하고 있는 부분별 문제점을 기준으로 토론에 참여하므로 점포 전체관점에서 문제점을 다시 분석해야 한다.

2) 대안모색

자점 문제점에 대한 대안은 경쟁점포 조사보고서를 통해 조사자 관점에서 검토할 수 있으며, 조사결과로 영업경험이 많은 상품부문별 부문팀장의 워크-숍에서 대안을 모색할 수 있다.

자점 문제점의 대안은 향후 영업방향 결정에 많은 영향을 주게 되므로 다양한 관점에서 검토되어야 한다. 또한 자점 문제점의 대안은 의사결정과 실행을 전제하므로 과도한 예산이 필요하거나 실행하기 어려운 대안은 지양되어야 한다.

16.8 의사결정 및 시행

자점 문제점을 해결하기 위해 검토된 대안을 중심으로 경쟁점포와의 조사

· 분석 결과를 종합하여 의사결정 책임자에게 보고하여 결정사항을 시행한다.

1) 의사결정 책임자에게 보고

소매점포 의사결정 책임자는 소속 기업의 위임전결권한에 의해 결정된다. 독립점포의 경우 대표자가 점장을 겸임하는 경우가 많지만 체인스토어의 경우 본·지점 및 본부 등과 같이 다양한 조직형태를 지니고 있어 점장과 본부임원, 대표이사 등으로 보고체계가 많은 경우도 있다.

점포에서는 경쟁점포와 조사·분석 목적 및 대안실행에 따른 위임전결권한에 맞추어 보고를 실시한다. 점포 자체적으로 조사·분석을 하였으나, 대안을 실행하는 과정에서 본부임원 또는 대표이사의 보고가 필요한 경우가 있다. 이때는 사전에 전화 등을 통해 구두로 보고한 후에 대안 실행에 지원이 필요한 본부 부서 책임자가 배석하도록 하여 보고하여 빠르게 의사결정을 할 수 있도록 한다.

2) 결정사항 시행

의사결정은 세 가지 형태로 나타나며, 그 결과를 빠른 시간에 시행하도록 한다.

(1) 원안대로 시행

원안대로 시행은 보고서에 수립된 자점 문제점의 대안을 그대로 시행하는 것을 말한다. 원안대로 시행이 결정된 경우 관계부서와 협의를 통해 빠른 시간 내에 대안을 실행할 수 있도록 계획을 수립한다.

(2) 보완

보완은 조사 대상점포 또는 조사범위, 분석방법론, 그리고 대안 등을 추가하여 다시 검토하는 의사결정을 말한다. 특정내용 또는 전체과정에 대하여 보완을 결정한다. 특정 내용에 대하여 보완이 결정되어도 전체과정에 대한 재검토가 필요하다.

(3) 보류

보류는 경쟁점포 조사·분석을 통해 나타난 자점의 문제점을 개선하기 위한 대안에 대한 의사결정을 지연시키는 것을 의미한다. 보류는 전사적 영업정책 관점에서 재검토와 예산확보 등과 같이 경영적인 문제에 기인한다.

Chapter 17 시설 · 집기부문 조사 · 분석

17.1 점포시설 · 집기의 이해

고객은 오감(五感)으로 쇼핑을 한다. 점포 내에서 시설과 상품의 진열상태를 보고, 음악과 판촉사원의 프로모션 멘트를 듣고, 제품의 냄새를 맡고, 만지면서 시식을 통해 상품을 구매한다. 오감 중에서 시각과 청각, 후각이 쇼핑의 즐거움을 조성하는 요인이라면, 촉각과 미각은 구매를 결정하는 요인에 해당한다.

점포시설 · 집기는 시각정보를 제공하는 요소로 고객이 점포를 선택하거나, 내점하였을 때 쇼핑의 즐거움을 결정하는 중요한 요소에 해당한다. 따라서 경쟁점포 조사 · 분석에 있어서 반드시 포함하도록 한다.

☑ 점포 시설과 집기의 비교

구 분	점포시설	점포집기
개 념	• 점포를 구성하는 도구 또는 장치	• 점포운영에 사용되는 온갖 기구
특 징	• 고정적 개념 • 점포선택 결정요인	• 유동적 개념 • 진열의 수단 • 쇼핑의 즐거움 결정요인
유 형	• 점포입지와 외장 • 승강기(엘리베이터 · 에스컬레이터) • 주차시설 • 고객편의시설 • 전기시설 · 공조시설 · 방재시설 등	• 내부(브랜드 샾) 인테리어 • 진열집기 및 보조진열집기 • 쇼핑카트

17.2 점포시설

1) 점포입지

점포입지는 점포의 위치, 즉 지리적 개념으로 점포시설과는 상이하다. 하지만 고객의 점포선택에 있어서 가시성을 제공한다는 지리적 위치 관점과 점포의 건물형태를 결정한다는 지형의 관점에서 점포시설과 매우 밀접한 요소에 해당한다.

또한 입지가 고객의 점포선택에 주는 영향은 소매점포의 크기와 취급하는 상품에 의해 달라진다. 일반적으로 소매점포가 작고, 편의상품을 취급하거나, 상품구색의 깊이가 제한적일수록 입지의 영향을 많이 받게 된다.

따라서 자점과 경쟁점포의 점포 입지요소에 대한 비교·분석이 필요하다. 점포입지 비교·분석은 입지의 유형을 참조하여 정성분석을 활용한다.

2) 점포외장

점포는 건물외관의 디자인과 컬러, 청결상태 등을 통해 고객에게 점포의 주체성과 이미지를 제공한다. 점포의 주체성은 경쟁점포와 차별화되고 취급하는 상품과 상품의 특징과 수준 등을 건물 외관에 디자인과 컬러로 표현된다. 점포이미지는 상권 목표고객과 부합하는 점포 주체성과 점포가 입지한 주위 환경과의 조화, 그리고 청결한 관리 등으로 형성된다.

점포외관의 주체성이 자기표현이라면, 점포외관의 이미지는 자기표현과 운영관리의 결과로 고객에게 나타나는 추상적인 형상이다.

☑ 점포외관의 주체성과 이미지

점포외관의 주체성	점포외관의 이미지
• 경쟁점포와 차별요소 표현 • 점포 취급상품의 특징 표현 • 점포 점격(store level)의 표현	• 목표고객과 부합하는 점포 주체성 • 주위환경과의 조화와 균형 • 청결한 관리

점포외장은 다음의 항목을 참고하여 정성분석으로 경쟁점포에 대하여 조사 · 분석을 실시한다.

① 점포 브랜드 심볼마크 가시성(주간 · 야간)

② 점포 쇼윈도 진열 및 관리

③ 점포 브랜드 이미지

④ 점포 이미지

⑤ 각종 표시물 부착 및 관리상태

⑥ 점포 주변의 조형물 설치여부 및 관리상태

⑦ 점포 주변의 각종 시설물과의 조화와 균형

⑧ 건물 외관의 청결관리 상태 등

3) 승강기

승강기는 동력을 이용하여 사람이나 물건을 위 · 아래로 이동하는데 사용하는 장치를 말한다. 승강기는 작동하는 형태에 따라서 엘리베이터와 에스컬레이터로 구분하며, 에스컬레이터는 계단식과 수평식, 그리고 중간 형태로 무빙워크(moving walk)라고 하는 경사식이 있다.

소매점포에서 승강기는 고객의 편리한 공간 이동에 도움을 주는 기계장치이다. 고층의 백화점에서 효과적인 고객동선 운영을 위하여 층별 부문배치 원칙으로 활용하는 '분수효과(fountain effect), 샤워효과(shower effect)'도 승강기가 중요한 핵심 요소에 해당한다.

승강기를 활용하여 고객이 매장을 편리하게 이동한다는 것은 점포 체류시간을 연장시켜 상품구매수량의 증대를 기대할 수 있다. 따라서 승강기에 대하여 다음 항목을 참조하여 정성평가로 경쟁점포를 조사 · 분석한다.

① 승강기의 유형별 수량

② 엘리베이터별 탑승인원 수용 용량

③ 매장 내 고객 동선과 승강기 위치 및 운행방향

④ 주차장에서 매장으로 접근 동선과 승강기 운행체계

⑤ 에스컬레이터 탑승주위의 동선 폭 등

4) 주차시설

주차시설은 주차장과 주차목적의 별도 건축시설, 그리고 주차장 진출입에 필요한 통로 등을 포함하는 개념이다.

소매점포의 주차장은 점포건물 지하 또는 지상에 위치한 형태와 건물 인근의 노면을 이용한 노면 주차장, 그리고 주차목적의 건축시설 등으로 구분된다. 주차목적의 건축시설은 자주식 주차시설과 기계식 주차시설이 있다.

☑ 주차시설의 비교

구 분	자주식 주차시설	기계식 주차시설
개 념	• 일반 주차장과 같이 주차구획이 되어 있어 고객스스로 주차관리를 할 수 있는 주차시설	• 특수한 기계장치를 설치하여 전문 관리자에 의해 주차를 관리하는 시설
유 형	• 자주식 입체주차장	• 다단식 • 다층순환방식 • 수직순환방식 • 엘리베이터방식 • 평면왕복방식 • 승강횡행방식
특 징	• 입차와 출차가 용이하여 주차회전률이 높음. • 넓은 주차장 설치면적이 필요함.	• 차량 입차와 출차가 순차적으로 이루어지기 때문에 많은 시간이 소요됨. • 좁은 면적에서 설치 가능함.

통계적으로 1가구 1차량 수준으로 고객에게 자동차는 생활의 일부가 되었다. 이러한 생활문화로 소매점포가 가까운 위치에 있어서 구매하는 상품의 양에 따라서 자동차를 이용하는 것은 일상사가 되었다.

따라서 고객이 소매점포를 선택함에 있어서 편리한 주차시설을 고려하는 것은 당연하므로 경쟁점포와 비교·분석함에 있어서 이를 포함하여 정성분석과 정량분석을 실시한다. 주차시설은 시설과 함께 인적 서비스요인에 대하여 다음의 항목을 참조하여 조사한다.

① 동시 주차대수
② 주차시설 유형별 주차대수
③ 주차시설 진·출입 램프의 구조와 폭
④ 주차장 유도표시
⑤ 주차대행에 따른 고객 대기시설
⑥ 주차 유도 및 대행요원 등

5) 고객편의시설

소매점포는 고객에게 다양한 형태의 편의시설을 제공한다. 고객편의시설은 운영목적을 기준으로 일반형과 쇼핑지원형, 그리고 쇼핑강화형으로 구분된다.

일반형 편의시설은 소매점포가 불특정 다수가 이용하는 다중이용시설로서 반드시 갖추어야 하는 시설이다. 화장실, 주차장, 승강기 등이 해당되며, 관계법령에 준하여 설치한다.

쇼핑지원형 편의시설은 쇼핑도중에 발생하는 고객자신 또는 동반고객의 불편함을 해결하여 자유롭고 편리하게 쇼핑할 수 있도록 지원해주는 시설이다. 고객 및 유아·남성 휴게시설과 푸드코트 등이 해당된다. 쇼핑지원형 편의시설은 고객의 체류시간을 증대시켜 객단가를 높여주는 효과가 있다.

쇼핑강화형 편의시설은 쇼핑이외의 목적으로 점포 내점빈도를 증대시켜 점포 내에서 쇼핑을 유도하는 시설이다. 각종 의료시설, 문화센터, 은행 등이 해당된다. 이들 편의시설들은 소매점포에서 직영으로 운영하는 형태보다 외부 전문기관과 제휴 등을 통하여 운영하는 특징이 있으며, 고객수를 증대시키는 효과가 있다.

고객편의시설은 운영목적이 서로 다르기 때문에 점포 매출액 또는 이익액에 대한 공헌도에서 편의시설별로 차이가 발생할 수 있다. 일반형보다 쇼핑지원형 또는 쇼핑강화형이 상대적으로 높은 공헌도를 나타날 수 있기 때문에 가중치를 부여하여 정성분석과 정량분석을 실시한다.

☑ 고객편의시설의 유형분류

일 반 형	쇼핑지원형	쇼핑강화형
• 화장실 • 주차장 • 승강기	• 고객휴게시설 • 유아휴게시설 • 남성휴게시설 • 무인키오스크단말기 • 푸드코드(Food Court)	• 각종 의료시설 • 민원서류발급창구 • 은행(Mini Bank) • 문화센터

17.3 점포집기

점포집기는 양면성을 지니고 있다. 점포를 구성하고 있는 시설의 일부분이지만, 상품을 진열하기 위한 도구로서는 머천다이징 요소에 해당된다.

따라서 점포집기는 점포시설의 일부분으로 매장 인테리어 통일성과 가시성 관점에서 조사·분석되어야 한다.

☑ 점포집기의 유형분류

구 분		세 부 내 용
상품진열	맞춤형	• 인테리어형 진열집기, 보조진열집기
	일반형	• 선반형, 평대형, 행거형, 후크형 진열집기 등
판매지원		• 쇼핑카트

1) 맞춤형 진열집기

맞춤형 진열집기는 점포의 VMD와 인테리어 정책에 의해 상품부문별 인테리어 재질과 컬러, 디자인을 통일화하여 제작하는 진열집기를 말한다.

소매점포에서 일괄적으로 제작하여 설치하는 경우에는 동일한 시설업체로부터 인테리어집기를 제작하여 설치하므로 특별한 문제점이 없다. 하지만, 협력업체에서 맞춤형 인테리어 집기를 제작하여 설치하는 경우 표준시방서를 준수하지 않게 되면 컬러와 디자인 등에서 차이가 발생하게 되어 전체 VMD에 영향을 주게 된다.

따라서 맞춤형 진열집기는 다음의 항목을 참조하여 경쟁점포를 조사·분석한다.

① 부문별 VMD 전개형태
② 부문별 인테리어형 진열집기의 컬러 통일성
③ 부문별 인테리어형 진열집기의 디자인 통일성
④ 부문별 인테리어형 진열집기의 높이 통일성
⑤ 인테리어형 집기와 진열상품군의 조화 등

2) 일반형 진열집기

일반형 진열집기는 점포집기를 전문적으로 생산하는 업체의 기본적인 사양으로 제작하여 점포에서 활용하는 집기이다. 일반적으로 일반형 집기는 진열형태에 따라서 선반형, 평대형, 헹거(hanger)형, 후크(hock)형 등으로 구분한다.

셀프판매형태의 점포에서는 일반형 진열집기가 주요 점포집기에 해당하며, 경쟁점포 조사·분석에 참고할 사항은 다음과 같다.

① 주요 상품부문별 진열집기의 컬러 구분
② 고객이 만질 수 있는 높이의 진열집기 여부
③ 천정높이와 진열집기의 높이를 통한 가시성과 쾌적성
④ 진열집기의 청결성 등

3) 쇼핑카트

소매점포가 대형화되고 셀프구매방식이 확산됨에 따라서 쇼핑카트를 이용한 구매가 일반화 되고 있다. 쇼핑카트(shopping cart)는 장바구니와 달리 수레바퀴와 대용량으로 고객이 원하는 상품을 찾아 쉽게 매장을 이동할 수 있으며, 한 번에 많은 상품을 구매할 수 있어 고객이 선호하는 쇼핑지원도구가 되었다.

이러한 쇼핑카트는 소매점포 관점에서 살펴볼 경우 매출증대 요인에 해당한다. 고객이 편안하게 쇼핑카트를 사용한다는 것은 그만큼 많은 상품을 구매할 확률이 높기 때문이다.

따라서 점포에서는 구매고객이 쇼핑카트를 가득 채우려는 심리를 이용하여 쇼핑카트 용량을 큰 것으로 교체함으로써 1인당 평균 구매금액을 증대시키는 방안과 쇼핑카트 광고로 별도 수익을 증대시키는 방안으로 매출과 이익을 증대시킨다.

고객의 쾌적한 쇼핑을 지원하는 쇼핑카트에 대하여 경쟁점포를 조사·분석할 경우 참고해야 할 사항은 다음과 같다.

① 쇼핑카트 보유수량

② 쇼핑카트 청결관리상태

③ 쇼핑카트 도난방지를 위한 장치

④ 쇼핑카트의 용량과 크기

⑤ 쇼핑카트 광고 운영여부 및 운영방식

⑥ 쇼핑카트 크기와 동선 폭의 적정성 등

Chapter 18 머천다이징부문 조사 · 분석

18.1 머천다이징의 이해

머천다이징(merchandising)이란, 상품화 계획이라고 하며, 제조업체가 아닌 유통업체에서 세분화된 목표고객의 욕구에 맞는 상품의 개발과 구성, 가격, 진열, 재고 등을 관리하는 일련의 마케팅활동을 의미한다. 미국마케팅협회도 머천다이징을 '기업의 마케팅 목표를 실현하는 데 가장 유익하도록, 특정의 상품 또는 서비스를 장소, 시기, 가격, 그리고 수량으로 시장에 내어놓는데 따르는 계획과 감독'이라는 정의하고 있다.

머천다이징은 컨셉의 구현이라는 관점에서도 설명할 수 있다. 점포마케팅 전략 수립을 위한 세분화된 목표고객을 선정하고 시장에서 특정 소매업태로 위치 선정을 통해 경쟁점포와 차별화를 이루기 위한 컨셉을 상품관점에서 구현하는 것이다.

머천다이징의 개념은 상품구색과 품질, 가격, 진열 및 배치, 매입제도, 상품관리제도 등 6가지로 요소로 구분할 수 있으며, 조사를 통해 정보획득 가능성 여부에 따라 공개정보와 폐쇄정보로 구분할 경우 다음과 같다.

☑ 머천다이징 요소의 정보획득 가능성

구 분	공개정보	폐쇄정보
머천다이징 요소	• 상품구색 • 상품품질 • 상품가격 • 상품진열 및 배치	• 매입시스템 • 상품관리시스템

18.2 상품구성 조사·분석

점포의 상품구성(merchandise mix)은 상품의 다양성과 상품의 구색에 의해 결정된다. 소매업태 분류에 있어 취급상품의 유형에 따른 전문점의 경우 하나의 상품군에 깊은 상품구색으로 영업활동을 전개하며, 종합소매점의 경우 많은 상품군을 취급하기 때문에 전문점에 비교하여 상대적으로 낮은 상품구색으로 영업활동을 전개하는 특징이 있다. 따라서 경쟁점포의 상품을 조사할 경우 상품의 다양성과 구색 등 조사목적에 따라 그 대상과 범위가 명확해야 한다.

상품의 다양성(variety)은 점포가 제공하는 다양한 상품군을 의미하며, 유통기업에서 종종 상품의 폭(breadth of merchandising)이라고도 한다. 반면에 상품구색(assortment)은 동일 상품군 내에서 서로 다른 품목들을 의미한다. 상품품목은 상품계열 내에서 크기나 가격, 형태 등에 따라 명확히 구분되는 상품으로 단품 또는 재고유지단위(Stock Keeping Unit : SKU)라고도 한다.

☑ 상품구성 조사·분석 방법론

① 상품구성면적 대비법
② 상품진열길이 대비법
③ F.F 챠트법

상품구성 조사·분석은 세 가지 방법론이 활용된다. 이들 방법론 중에서 상품구성면적대비법과 상품진열길이대비법은 상품군별 비교·분석에 용이한 방법이며, F.F챠트법은 상품구색, 즉 단품별 조사에 많이 활용된다.

1) 상품구성면적 대비법

점포에서 전략적으로 중요한 상품군에 대해서 구색의 넓이와 깊이를 확대하는 경향이 있다. 상품구색의 확대는 해당 상품군의 면적 증가를 유발한다.

상품구성면적 대비법은 이와 같은 점포영업활동 전개방식에 기초하여 자점과 경쟁점포가 각각 어떠한 상품군에 중점적으로 영업활동을 하고 있는지를 쉽게 분석할 수 있는 방법이다.

상품구성면적 대비법은 상품분류상 중분류 또는 소분류까지 조사한다. 소매업태와 점포별로 상품을 분류하는 방식이 조금씩 차이점이 있으므로 자점을 기준으로 조사한다.

☑ 패션상품 상품분류 사례

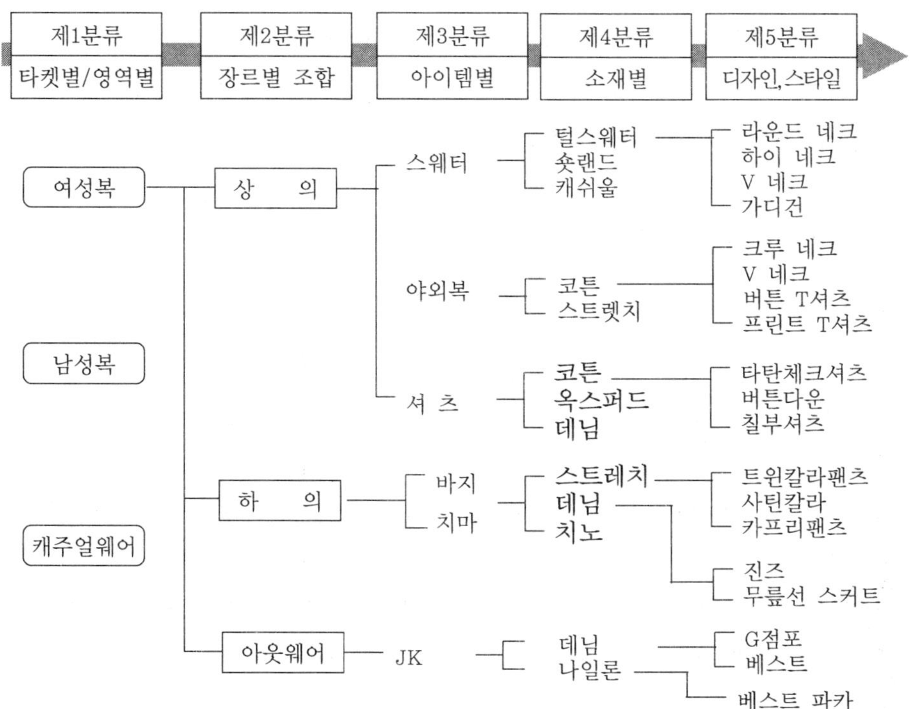

상품구성면적 대비법을 활용하여 경쟁점포와 비교·분석업무를 수행하는 프로세스는 다음과 같다.

① 자점 상품분류기준 면적대비 조사표 작성
② 자점 면적 조사 및 기록
③ 경쟁점포 상품분류 최소단위별 면적조사
④ 자점 상품분류기준으로 경쟁점포 상품진열면적 기록
⑤ 자점과 경쟁점포 상품진열면적 구성비 산출 및 도표화
⑥ 자점과 경쟁점포 중점 상품구성 도출 및 효율성 분석
⑦ 자점 상품구색 조정

2) 상품진열길이 대비법

대형마트와 슈퍼마켓 등과 같이 셀프방식으로 판매하는 소매업태에서는 선반진열대를 이용하여 수직진열방식을 운영한다. 수직진열방식은 동일한 점포면적이더라도 진열집기의 높이와 배치형태에 의해 상품 진열품목과 진열수량의 차이가 발생한다. 따라서 상품진열길이 대비법은 수직진열방식을 운영하는 점포에서 경쟁점포와 비교·분석하는 경우에 국한하여 활용한다.

경쟁점포 대비 비교·분석 프로세스는 상품구성면적 대비법과 동일하며, 유의해야 할 사항은 다음과 같다.

① 상품진열길이 분석에 포함하는 상품군
② 평대의 진열길이 산출기준
③ 진열선반대의 상단 수탁공간 포함여부 등

3) F.F 챠트법

F.F 챠트법(facing. facing chart method)은 자점과 경쟁점포의 동일한 상품에 대하여 각각의 진열된 상품의 면(face) 수를 조사하여 그래프로 정리하여 비교·분석하는 기법이다. F.F챠트법은 경쟁점포가 자점보다 경쟁우위에 있으며, 상품관리능력이 좋다는 것을 전제한다.

☑ 페이스(face)란?

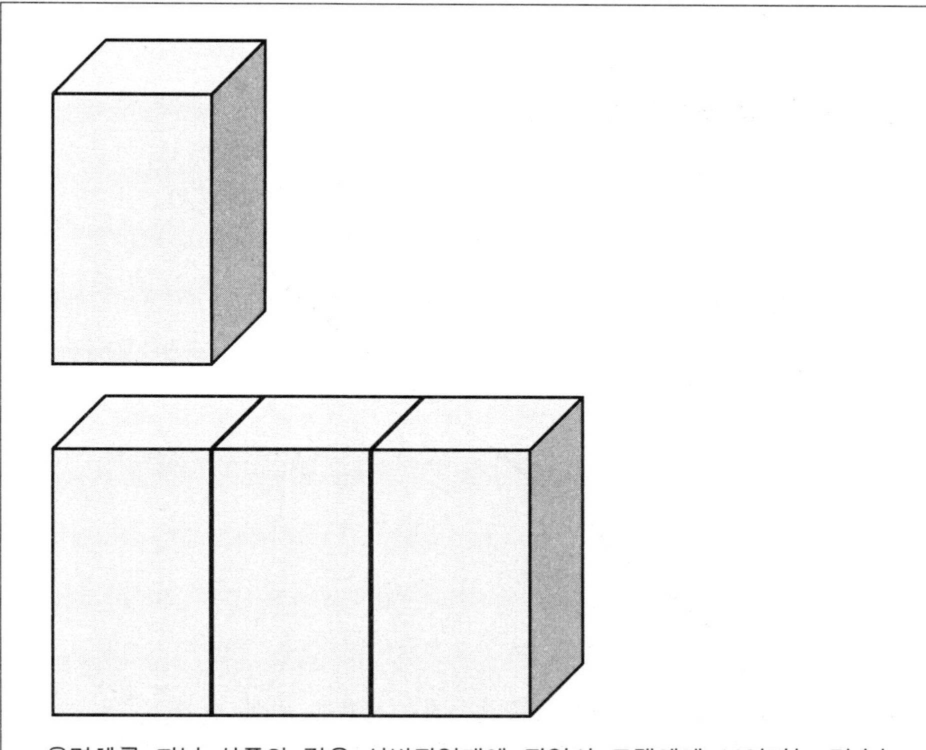

육면체를 지닌 상품의 경우 선반진열대에 진열시 고객에게 보여지는 면수는 총 6면 임. 또한, 고객이 볼 수 있도록 3개의 상품의 진열되어 있는 경우 페이스수는 3임.

F.F챠트법은 자점과 경쟁점포의 상품을 소분류 또는 카테고리별로 조사하여 비교·분석함으로써 미취급상품, 과다진열상품, 과소진열상품 등의 문제점을 발견하여 이를 개선할 수 있다.

F.F챠트법을 활용하여 경쟁점포와 비교하여 분석업무를 수행하는 프로세스는 다음과 같다.

① 상품부문별 카테고리 분류

② 카테고리별 단품별 페이스 조사표 작성

③ 경쟁점포 페이스 수량 조사 및 기록

④ 자점 페이스 수량 조사 및 기록

⑤ 도표화

⑥ 경쟁점포 대비 과소 또는 과다 진열 단품 분석

⑦ 페이싱 조정

☑ F.F챠트를 활용한 분석 사례

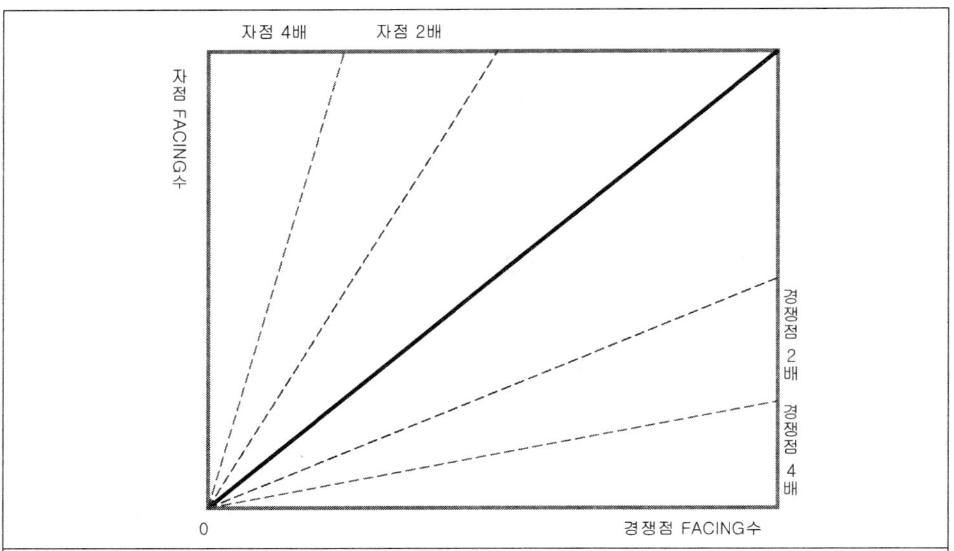

자점과 경쟁점포의 상품 페이싱수를 조사하여 도표화 할 때 페이싱수가 동일할 경우 정비례선이 된다. 경쟁점포의 페이싱수가 많은 경우 정비례선을 기준으로 우하향 지점에 표시되며, 자점의 페이싱수가 많은 경우 좌상향 지점에 표시된다.
자점 또는 경쟁점포의 페이싱수가 많은 상품들의 원인을 분석하여 진열량이 적정한지 등을 분석하여 개선작업의 기초자료로 활용한다.

18.3 상품품질 조사 · 분석

일반적으로 품질(quality)이란, 특정 상품의 성질이나 바탕을 의미한다. 상품품질은 개인의 취향, 선호도 등에 의해 영향을 받으며, 동일한 상품이라도 제조기업 또는 생산지에 따라서 다른 품질을 지니고 있다.

농산물의 배추는 전국 어느 지역에서나 생산되지만 강원도 고랭지 배추와 도시 인근의 텃밭에서 재배한 배추와는 품종과 품질 모두 다 다를 수 있다. 그러므로 규격 공산품의 동일 브랜드를 제외하고 특정 상권에서 판매하는 상품은 고객이 구매하는 용도가 동일할 경우 품질의 비교대상이 된다.

상품품질에 대한 조사 · 분석 방법론은 제품의 상품성분만을 기준으로 하는 방법과 품질대비 가격수준을 비교하여 평가하는 방법으로 구분된다.

☑ 상품품질 조사 · 분석 방법론

① 상품성분기준법 ② P.Q챠트법(Price & Quality chart method)

1) 성분기준법

성분기준법은 자연생산물 등과 같이 고객의 구매목적이 동일한 서로 다른 동종의 상품을 제품에 포함된 특정 기준으로 품질을 비교하는 방법이다. 성분기준법으로 제품의 품질을 고객에게 제시하기 위해서는 해당 상품을 구성하고 있는 특정 성분 중에서 고객과 경쟁점포가 인정할 수 있는 객관적인 지표이어야 한다.

예를 들면 과일 중 사과, 수박, 귤 등의 경우는 수분에 포함된 당도가 매우 중요한데 당도 수치가 품질의 한 가지 척도가 될 수 있다. 또한 축산물의 경우 축산물의 도축과정에서 판정된 등급기준이 있으며 이 또한 해당 축산물의 품질수준을 제시하는 한 가지 척도가 될 수 있다.

따라서 점포에서는 판매하는 과일 또는 축산물의 경우 당도와 축산물 판정등급을 POP등으로 게시하여 고품질의 상품이라는 것을 고객에게 제시한다.

2) P.Q 챠트법

P.Q 챠트법(Price. Quality chart method)은 자점과 경쟁점포의 상품에 대하여 각각 가격대비 품질에 대한 고객인지를 조사하여 그래프로 정리, 비

교·분석하는 방법을 말한다.

가격대비 품질에 대한 고객인지로 분석을 하기 때문에 다양한 상품을 취급하는 점포에서는 상품보다 특정 상품카테고리에 대한 분석목적으로 활용한다. 따라서 P.Q 챠트법은 개별상품에 대한 비교뿐만 아니라, 상품카테고리별 비교에도 활용할 수 있다.

P.Q챠트법은 고객조사가 전제된다. 따라서 고객설문조사를 실시한 이후에 관련 조사항목의 결과 값을 아래의 그림과 같이 도표화하여 분석할 때 유용한 결과물을 쉽게 도출할 수 있다.

☑ P.Q챠트를 활용한 분석 사례

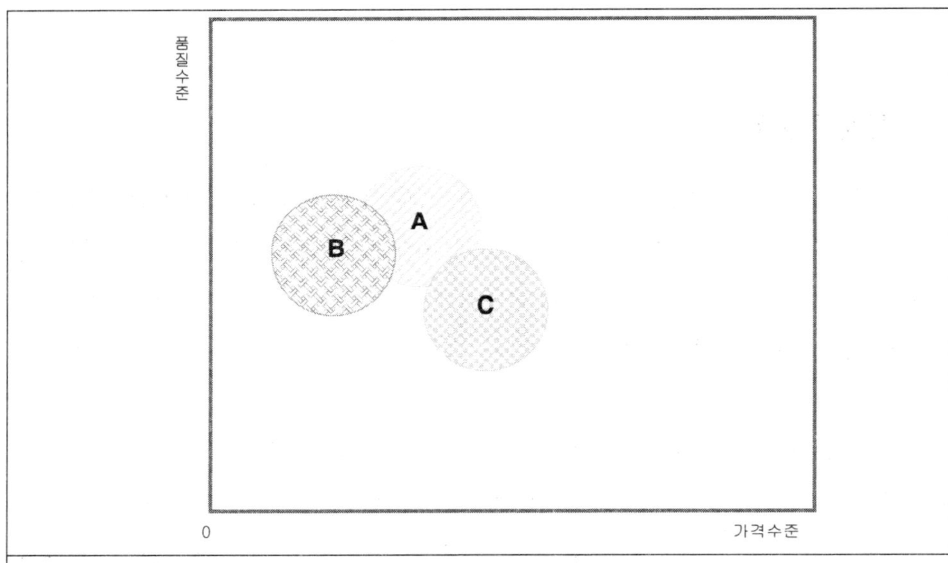

위 그림은 점포A, B, C에서 판매하는 농산물에 대한 품질수준 대비 가격수준을 조사한 결과 값을 도표화한 결과로 가정한다. 위 도표에 의하면 C점포는 경쟁점포 A와 B와 비교할 경우 품질수준이 낮으면서 가격은 비싸게 판매하는 것으로 고객에게 인식되고 있어 개선이 필요하다. 또한 품질대비 저렴한 가격은 B점포인 것을 알 수 있다.

18.4 가격 조사 · 분석

점포의 가격은 취급하는 제품의 가치를 화폐단위로 표현한 것으로 비용과 일정 이익을 감안하여 결정한다. 이렇게 결정된 가격을 점포에서 정상가격이라고 한다.

정상가격은 수요량과 공급량, 제조업체 제조원가 변동, 세제개변, 상권 내 경쟁상황, 점포 판매촉진 계획의 실행 등과 같이 여러 요인에 의하여 변동된다. 특히 경쟁이 심화될수록 점포에서는 상권점유율 확대를 위하여 경쟁점포의 판매가격을 조사한다.

경쟁점포의 가격에 대한 조사·분석은 바로 이러한 목적으로 시행되며, 개별상품 대비법과 F.P챠트법을 활용한다.

☑ 상품가격 조사 · 분석 방법론

① 개별상품 대비법 ② F.P챠트법(Facing & Price Chart Method)

1) 개별상품 대비법

개별상품 대비법은 특정 상품부문 또는 카테고리의 취급상품에 대하여 경쟁점포와 동일하게 취급하는 단품을 대상으로 가격비교를 실시하는 방법이다.

개별상품 대비법은 특정 상품부문에 대한 전수조사와 고객 민감품목 표본조사 방법이 있다.

(1) 전수 가격조사

자점의 특정부문에서 판매하는 상품을 기준으로 경쟁점포 상품과 비교하여 가격을 조사하는 형태를 전수 가격조사라고 한다.

전수 가격조사는 경쟁점포 대비 자점의 가격경쟁력을 통계적으로 분석하기 위한 목적으로 활용된다. 가격경쟁력은 단품별로 조사한 가격비교를 통하여 우위와 열세, 보합품목의 비중을 산출하여 평가한다.

전수 가격조사는 민감품목과 경쟁점포 가격전략을 분석하지 못한다는 단점이 있다. 전수 가격조사 결과 자점의 가격경쟁력이 우위로 분석되었지만, 고객이 가격에 민감한 품목은 열세인 경우가 존재할 수 있다. 즉, 고객이 가격에 민감한 품목은 경쟁점포보다 비싸고, 가격변동에 민감하지 않은 품목은 싸게 판매하는 상황이다. 따라서 가격 민감품목 표본조사를 별도로 실시해야하는 번거로움이 있다.

또한 전수 가격조사는 가격경쟁력 우위 품목에 대한 평가이므로 경쟁점포가 어떠한 가격전략을 전개하고 있는지 분석하기 어렵다.

☑ 농산물 전수 가격조사에 따른 평균가격 비교표

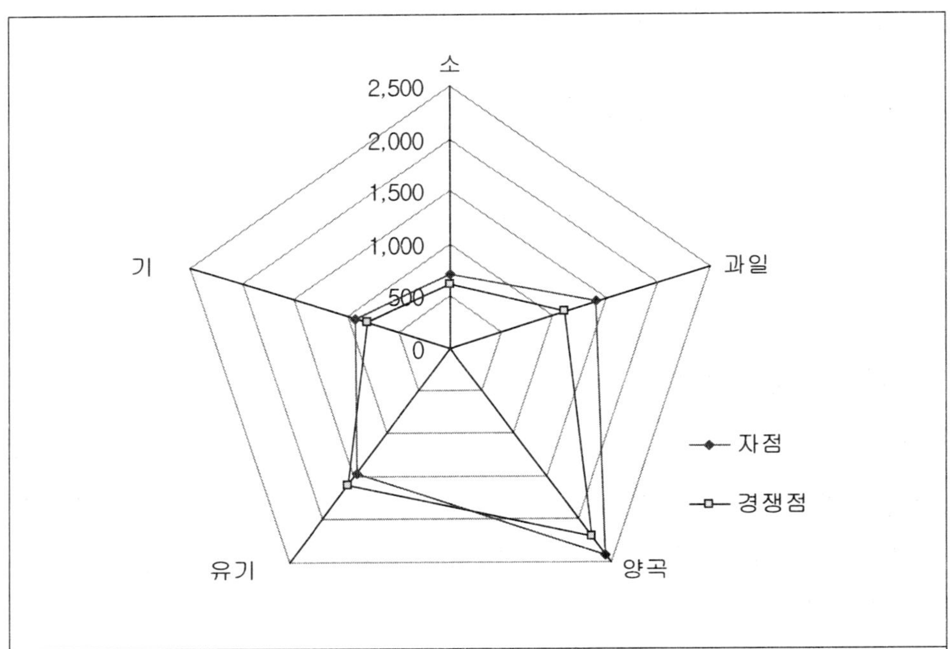

전수 가격조사의 평균가격은 고객의 가격수준 평가에 영향을 준다. 위 그림을 참고할 경우 자점이 경쟁점포보다 가격이 높은 수준임을 알 수 있다.

(2) 가격 민감품목 표본조사

점포에서 판매하는 상품들 중에는 가격변동에 고객구매가 민감하게 변화하는 품목들이 있다. 경제학적 개념으로 수요에 대한 가격탄력성이 큰 상품들이 해당된다.

이들 상품은 경쟁점포가 없는 독점상권의 상황에서는 대체상품으로 구매가 전환된다. 하지만 경쟁점포가 존재하는 경쟁상권의 상황에서는 가격이 낮은 경쟁점포로 고객이 이동하는 효과가 나타난다. 즉, 판촉에 반응하는 고객의 한 가지 유형으로 자점 고객의 많은 비중을 차지하고 있는 '가격민감고객'이 경쟁점포로 이동하게 되는 것이다.

그러므로 점포에서는 각 상품부문별로 가격 민감품목을 선정하여, 정기적으로 경쟁점포와 가격비교로 판매가격을 관리해야 한다. 이때 가격 민감품목은 판매량이 많은 제조업체 브랜드의 인기상품으로 ABC분류에 따른 A급 상품에 해당된다.

2) F.P 챠트법

F.P챠트법(Facing.Price chart method)는 자점과 경쟁점포의 가격정책과 주력 가격라인(price line) 등의 차이점을 도출하여 상품구성에 대한 문제점을 발견하고, 이를 개선하는 목적으로 활용되는 경쟁점포 조사방법이다.

F.P챠트법을 활용하여 경쟁점포와 비교·분석업무를 수행하는 프로세스는 다음과 같다.

① 자점의 품종의 품명, 매가, Facing조사

② 경쟁점포의 품명, 매가, Facing 조사

③ 가격대별 Facing수 일람표 작성

④ FP차트 작성

⑤ 분석 및 문제점 발견

☑ F.P챠트를 활용한 분석 사례

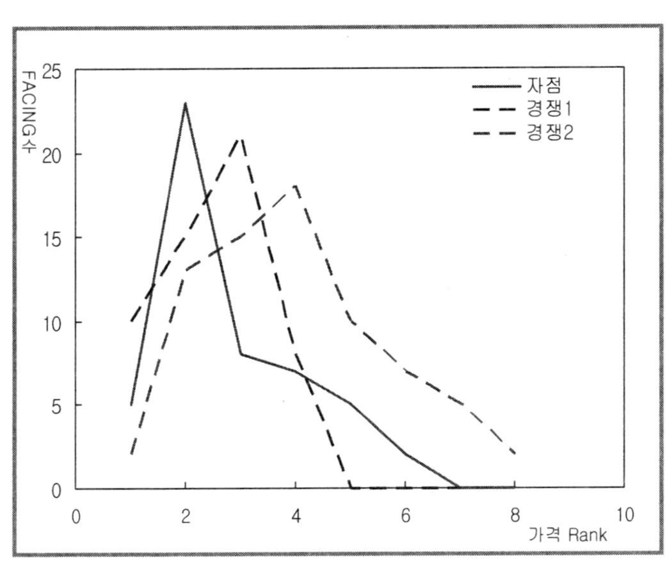

자점과 경쟁점포 1, 2에 대하여 간장의 페이싱과 가격을 조사한 결과 값을 도표화한 것으로 가정한다. 도표를 분석할 경우 자점의 경우 경쟁점포보다 낮은 가격대의 페이싱수가 가장 많은 것으로 나타났으며, 경쟁점포 2의 경우 고가의 상품을 다량 진열한 것으로 분석할 수 있다.
소비자들이 인지하는 상품이 풍부하다는 것의 기준은 가격의 종류가 많다는 것을 의미하는 것이 아니라 같은 가격선의 상품품목이 많은 것을 의미한다. 따라서 특정 가격선의 페이싱수를 확대함으로써 저가의 풍부한 상품이 많은 점포라는 인식을 확대시킬 수 있다.

18.5 진열배치 조사·분석

1) 점포구성과 레이아웃

점포는 소비자에게 제품과 서비스를 판매하거나 제공하기 위한 시설이다.

단순히 제품이나 서비스를 판매하기 위한 시설뿐만 아니라 이러한 판매활동을 지원하는 후방시설도 포함한다. 따라서 넓은 의미의 점포 개념은 점포경영에 이용되는 건물, 기기, 비품 등의 시설을 모두 포함한다.

점포는 그 기능에 따라서 전방시설, 중앙시설, 후방시설, 서비스시설로 구분된다. 전방시설은 고객을 점포로 유도하는 기능과 점격을 고객에게 알리는 선전소구기능이 해당된다. 중앙시설은 점포의 상품을 판매하는 기능을 담당하기 때문에 판매공간 또는 매장이라고도 한다. 후방시설은 점포 본연의 기능인 판매기능을 지원하기 위한 시설로 사무실, 창고 등의 관리시설과 점포 종업원들이 생활하는 구내식당 등이 여기에 해당된다. 또한 서비스시설은 전시, 구매선택, 연출, 위험을 방지하는 방재기능을 포괄한다.

☑ 점포의 기능별 분류

구 분		주요 기능별 해당 시설
전방시설	고객 유도기능	주차장, 점두공한지, 안내시설 등
	선전소구기능	점포외장, 점포간판, 점두, 쇼윈도우 등
중앙시설	판매촉진기능	점내통로, 쇼케이스, 진열선반, 진열대, 진열용구, 판매용구 등
	보조기능	조명, 색채조절, 접객설비 등
후방시설	관리기능	사무실, 작업장, 창고 등
	생활기능	식당, 휴게실, 기숙사, 화장실, 비상설비 등
서비스시설	전시진열기능	점두, 쇼윈도우, 통로, 쇼케이스, 진열선반, 진열대, 진열용구 등
	구매선택기능	진열, 판매, 상품전시의 연출 등에 사용되는 판매용구
	연출기능	조명, 색채조절, 접객설비 등
	방재기능	사무실, 창고, 식당, 기숙사, 비상구, 비상설비 등

한편, 점포 중앙시설에 해당하는 매장은 상품의 판매촉진으로 수익을 실현하는 공간이다. 기타 조건이 동일하다고 할 경우 매장의 크기와 수익은 정비례관계에 있다고 할 수 있다. 즉, 매장의 크기가 크면 클수록 수익도 더욱 커진다. 하지만 점포개발환경에 있어서 자금 및 부지확보, 인접시설물과의 관계, 고객수요 등 다양한 요건 등에 의해 무한정 크게 만들수 없으므로 매장공간의 한계성이 존재한다. 그러므로 점포에서는 고객의 편리한 쇼핑을

지원하고, 수익을 극대화할 수 있도록 매장을 구성해야한다. 이때 필요한 기법이 매장 레이아웃이다.

2) 매장 레이아웃 유형

매장 레이아웃(lay-out)이란 매장의 상품, 집기, 통로, 계산대 등의 배치 및 구성을 의미한다. 매장 레이아웃은 소매업태, 매장의 형태, 크기 등에 따라 격자형, 자유형, 변형형으로 구분된다.

격자형 레이아웃은 진열 쇼 케이스, 진열대, 계산대, 곤돌라 등 진열기구가 직각상태로 배치하는 형태로 고객의 동일제품에 대한 반복구매빈도가 높은 슈퍼마켓 등의 점포에서 주로 사용하는 레이아웃 방법이다. 이 방법은 비용이 적게 들며 표준화된 집기배치가 가능해 고객이 익숙해지기 쉽다.

자유형 레이아웃은 진열 쇼 케이스, 진열대, 계산대, 운반카, 집기, 비품을 자유롭게 배치하여 고객에게 자유로운 분위기를 연출하는 기법이다. 고객의 자유로운 쇼핑과 충동구매를 유발하는 패션지향적인 점포에서 많이 사용되며, 다양한 모양의 집기사용 등으로 시설·집기비용이 많이 발생한다.

변형형 레이아웃은 격자형과 자유형을 변형한 형태로 표준형과 부띠끄형으로 구분된다. 표준형은 입구와 계산대, 출구로 구성되며, 외식체인과 여행사에서 널리 이용되는 레이아웃이며, 부띠끄형은 자유형 점포배치에서 나온 것으로 대형점포의 숍인숍(shop in shop) 매장에서 많이 사용된다.

매장 레이아웃 설계 시 고려해야 할 사항은 다음과 같다.

☑ 매장 레이아웃 시 고려사항

- 고객밀집을 막고, 상품부문간 이동을 쉽게 하고, 매장으로 이동되는 상품 운반이 용이한 통로를 설정한다.
- 매장을 아무런 방해 없이 바라볼 수 있게 한다.
- 관련품목의 구매를 촉진하기 위하여 관련되는 상품을 한곳으로 모은다.
- 부문배치를 합리화하여 구매저항을 줄인다.
- 고객이 적절하지 않다고 생각하는 부문을 신속히 지나갈 수 있는 수단을 제공한다.
- 앙상블이나 생활스타일에 따라 상품을 결합한다.

3) 진열

진열(display)이란, 적정량의 제품을 상품 진열집기에 가지런히 정리 정돈하여 고객의 계획구매를 지원하고, 충동구매를 유발시키는 판매기술이다. 진열에서 가장 중요한 것은 고객에게 무엇을 제안할 것인지에 대한 명확한 표현과 주장이다. 그러므로 진열은 보기 좋게, 만지기 쉽게, 선택하기 쉽게, 생동감 있게, 청결하게 전개해야 한다.

고객이 제품을 구매함에 있어서 일정한 심리적 단계를 거치게 되는데 이를 구매심리단계라고 한다. 구매심리단계는 진열된 상품에 주의를 기울이고, 흥미를 갖고 제품을 사용하는 상황을 연상함으로써 구매 욕망을 일으킨다. 이후 기억과 다른 상품과의 비교를 통해 최적의 상품임을 확신함으로써 구매를 결정하게 되고, 구매 후 평가과정을 거치게 된다.

주의와 흥미를 유발하는 원인으로 상품자체의 매력, 진열의 매력, 레이아웃, 인테리어, 프로모션의 힘 등이 해당된다. 그러므로 진열은 고객의 구매심리 관점에서 고객의 주의와 흥미를 유발하는 것으로 판매의 첫 단계를 유인하는 효과가 있다.

☑ 구매심리단계와 판매역량과의 관계

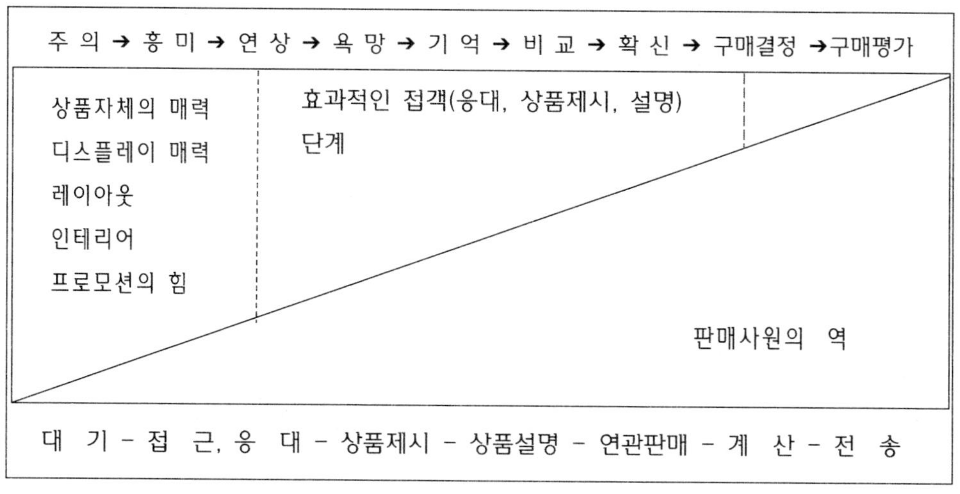

※ 자료: 김이태. chong S. K. Lee, CRM 고객관계관리(2006).

점포에서는 적절한 POP광고를 활용하고, 효과적인 색채로 연출하거나 효과적인 조명 사용함으로써 진열효과를 높일 수 있다.

4) 진열배치 조사기법

경쟁점포 진열과 매장배치에 관한 레이아웃을 조사하는 기법으로 L.L법(Label & Layout Method)이 있다. L.L법은 자점과 경쟁점포의 매장을 관찰하면서 느끼는 점을 라벨에 기입하여 레이아웃 도면에 정리하는 방법이다. L.L법은 경쟁점포의 좋은 점을 발견하여 그 장점을 검토, 연구함으로써 자점을 개선시키기 위한 목적으로 활용된다.

그러므로 경쟁점포의 진열배치는 자점과 비교하여 차별화된 사항과 벤치마킹이 필요한 사항을 중심으로 시설, 집기, 조명, POP, 판촉수단 등 다양한 관점에서 상황조사기법을 활용한다.

Chapter 19 프로모션부문 조사 · 분석

19.1 프로모션 정의와 유형

프로모션은 점포 마케팅 활동의 일부분이다. 미국마케팅학회에서 마케팅은 "개인과 조직의 목표를 충족시킬 수 있는 교환을 창출하기 위한 아이디어, 제품, 서비스의 개념화와 가격, 프로모션, 유통을 기획하고 실행하기 위한 과정"으로 정의하고 있다. 따라서 마케팅의 핵심적인 4개 영역과 프로모션에 대한 이해가 필요하다.

마케팅의 핵심적인 4개 영역인 제품, 가격, 프로모션의 개념은 제조업 관점에서 이루어져 있다. 소매점포 유통의 한 가지 경로에 해당하므로 마케팅 정의의 재해석이 필요하다.

점포에서 프로모션 활동을 촉진, 또는 판매촉진이나 판촉이라는 용어로 한다. 판매촉진(sales promotion, S.P)은 광고, PR, 인적판매와 함께 프로모션 요소에 포함된다.

따라서 실무에서 프로모션의 용어가 다양하게 사용하고 있지만 본서에서는 판매촉진(S.P)와 구분하기 위하여 프로모션으로 사용한다.

☑마케팅 4개 영역의 소매관점 재해석

구 분	제조관점	소매관점
제품(product)	• 세분화된 목표고객을 충족시키기 위한 제품 생산	• 상권 내 목표고객을 충족시키기 위한 상품구성(merchandising)
가격(price)	• 유통경로별 공장출하가격	• 최종소비자 판매가격
경로(place)	• 생산된 제품을 최종소비자까지 전달하기 위한 유통경로	• 유통경로 연장선상에서의 입지 • 고객과 기업의 가치창출을 위한 매입경로
프로모션(promotion)	• 통합마케팅커뮤니케이션 관점에서의 광고・PR・판매촉진 활동의 포괄적인 실행 • 매스(Mass)커뮤니케이션 지향	• 통합마케팅커뮤니케이션 관점에서의 광고・PR・판매촉진・인적판매 활동의 포괄적인 실행 • 지역(area)커뮤니케이션 지향

☑ 점포의 프로모션 요소별 주요활동

광고/홍보	인적판매	서비스제도	판매촉진
• 옥외광고 • 점내광고 • 지역커뮤니티 홍보	• 직접판매형 • 상담판매형 • 판매지원형	• C.R.M형 • 안심구매보장형	• 가격할인형 • 경품부형 • 이벤트형

19.2 광고

광고는 대중매체, 직접우편, 전화, POP 등을 통하여 전달되는 비인적 프로모션 활동을 의미한다.

일반적으로 제조관점의 광고는 제품의 정보 또는 이미지를 전달하는 특성이 있다. 반면에 점포에서는 고객의 수요가 발생하는 상권범위에 국한하여 광고활동을 수행함으로써 고객에게 각종 정보를 제공하여 고객을 점포로 유인하거나, 점포 내에서 구매를 유발시키는 특성이 있다.

소매점포 광고는 광고매체의 성격과 광고내용, 그리고 광고활동을 기준으로 그 유형을 구분할 수 있다.

☑ 광고의 유형분류

구 분	광고의 유형
광고매체 기준	• 외부광고(신문, 전단, 옥외광고, 교통광고 등) • 내부광고(구매시점광고)
광고목적 기준	• 판매보조형, 정보제공형, 이미지형
광고활동 기준	• D.M, 비교광고, POP, SMS

1) 외부광고

외부광고는 점포 외부에서 이루어지는 광고활동을 말한다. 텔레비전, 라디오, 신문, 잡지 등의 4대 매체와 전단, 점포 현판, 입간판, 교통광고 등이 해당된다.

점포 외부광고는 고객수요가 발생하는 상권으로 제한되기 때문에 특별 프로모션 기간을 제외하고 4대 매체를 이용하지 않고 전단과 옥외광고 등을 많이 활용한다. 체인스토어로 다점포를 운영하는 소매기업과 전국에 백화점 지점을 운영하고 있는 일부 기업에서 간간이 신문광고를 활용한다. 하지만 이러한 경우에도 해당 지역에 출점한 점포의 환경에 맞도록 광고내용을 교체하는 '판 갈이' 형태로 운영한다.

따라서 점포의 외부광고는 좋은 이미지를 형성하기 위한 광고활동보다 점포의 영업정보와 특별판매정보, 그리고 점포위치정보 등을 제공하여 고객을 유인하는 목적으로 활용되는 특징이 있다.

경쟁점포 외부광고활동을 조사·분석함에 있어서 참고해야 할 사항은 다음과 같다.

(1) 전단광고 제작주기와 크기, 면수

(2) 전단광고 배포지역과 매체, 부수

(3) 아파트단지 게시판 광고활동 현황
(4) 점포 내점고객을 유도하기 위한 도로 표지판
(5) 점포 주변의 각종 입간판
(6) 점포 외부의 현판 및 테마행사 광고 현황
(7) 교통광고 활용 현황 등

2) 내부광고

내부광고는 점포 내부에서 이루어지는 광고활동으로 구매시점 광고(Point Of Purchase, POP)라고 한다. 구매시점광고는 목적에 따라서 판매보조형과 정보제공형, 그리고 이미지형으로 구분된다.

☑ 구매시점 광고의 유형분류

구 분	세부 유형
판매보조형	• 가격표, 행사상품POP, 광고상품 POP, 영업테마행사 POP 등
정보제공형	• 신상품POP, 주류판매 안내문, 반품·교환안내문 등
이미지형	• 현판(대형현수막), 동선 천정부착형 계절POP 등

점포 내부광고는 고객의 충동구매를 유발한다. 외부광고가 고객유인을 통한 고객수를 증대, 또는 계획구매 정보를 제공하는 역할과 다른 목적으로 운영된다. 따라서 경쟁점포에 대한 내부광고에 대한 조사는 충동구매를 유발 정도에 초점을 맞추어야 하며, 참고해야 할 사항은 다음과 같다.

(1) POP 유형
(2) POP 크기와 컬러, 글자 크기
(3) 행사상품, 광고상품 POP의 노출
(4) 상품분류표의 고객시각을 고려한 부착 형태
(5) POP 부착 높이와 점내 가시성
(6) POP 작성방법(수기 또는 PC인쇄) 및 관리상태 등

19.3 PR

PR(Public Relations)은 잠재 또는 목표고객과 점포 모두 이익이 될 수 있는 우호적인 관계를 형성하는 방법론을 말한다. 홍보(Publicity)가 뉴스거리로 목표 또는 잠재고객에게 우호적인 이미지를 갖도록 하는 것인데 반해, PR은 홍보를 포함한 우호적 이미지를 형성하기 위한 전체적인 방법론을 말한다.

☑ PR의 유형분류

구 분	세부 유형
매체활동	• 언론홍보, 사보
지원활동	• 시설견학 및 체험, 지역사회 참여활동, 이벤트형

1) 매체활동

PR활동의 가장 기본적인 형태는 매체를 활용하는 방법이다. 언론사에 기사거리를 작성하여 보도자료를 배포하거나, 고객에게 점포의 이념과 고객가치를 추구하는 각종 내용을 사보 또는 뉴스레터를 통하여 문자 또는 멀티미디어로 전달하는 형태가 해당된다.

(1) 언론홍보

소비동향은 주요한 경제지표 중의 한 가지로 언론에서 기사를 취재하면서 다양한 형태의 자료를 요구하며 점포에서는 보도자료(news release)로 제작하여 배포한다.

영업활동 과정에서 발생되는 각종 마케팅활동과 소비자 구매동향이 부정적인 내용으로 기사화하여 점포 이미지에 손상을 주는 경우가 있기 때문이다. 따라서 특별한 상황이 아니면 점포의 언론담당이 적극적으로 보도자료를 배포하지 않는 특징이 있다.

경쟁점포에 대한 언론홍보 활동을 분석할 경우 먼저 단일점포 또는 체인스토어로서 본·지점 형태로 운영되는지 조사가 필요하다.

(2) 사보

사보는 기업의 이해관계자인 주주, 종업원, 고객 등과의 관계를 강화하기 위하여 경영활동 등을 게재하는 잡지, 신문, 뉴스레터(news letter)형태의 간행물이다. 인터넷 발달에 따라 사보의 형태도 이메일, 전자북 등의 형태로 확대되고 있다. 특히 사보가 경영활동의 평가와 계획 등이 포함되는 특성으로 경쟁점포 조사에 있어서 사보를 활용하는 것도 좋다.

사보의 형태는 주주, 종업원과 같은 내부고객을 대상으로 발행하는 사내보와 외부고객을 대상으로 발행하는 사외보, 그리고 내부고객과 외부고객 모두를 대상으로 하는 사내·외보로 구분된다.

2) 지원활동

입지를 중심으로 일정 상권 내에서 식물영업을 영위하는 점포에서 지역밀착형 영업활동은 매우 중요하다. 지역밀착형 영업활동은 일방적인 이익창출보다 고객을 존중하고 지역발전을 위하여 일부수익을 환원하는 형태로서 기업의 사회적 책임을 전제한 것이다.

점포의 지원활동은 점포시설견학과 체험, 지역사회 참여활동, 이벤트형 지원활동 등으로 구분된다.

점포시설견학과 체험은 유치원 또는 초등학생 저학년을 대상으로 점포의 역할에 대한 이해와 합리적인 소비활동 등을 체험하기 위해 이루어진다. 지역사회 참여활동은 지역문제에 대한 자원봉사와 소외계층 및 문화행사에 대한 지원 등으로 이루어진다. 또한 '어린이 식생활 개선 프로그램' 등과 같이 특정 주제로 지원활동이 이루어지는 이벤트형도 있다.

19.4 인적판매

유통기업의 인적판매는 판매촉진 수단의 관점에서 판매와 서비스 제공을 목적으로 한다. 제조업체 관점에서의 인적판매는 인적판매 조직의 구성 및 운영과 관리 영역을 다루고 있다. 해당제품을 목표시장에서 효과적으로 판매하기 위해 지역별 판매조직을 구축하고 제품을 판매하는 기법 및 판매 장려를 위한 보상제도 등을 포괄한다. 하지만 유통기업은 점포 내에서 고객에게 어떠한 판매방식을 제공할 것인지 또한 인적 판매를 통한 제공 서비스 수준에 대한 기준이 된다.

판매방식에 따른 인적판매 유형은 대면판매과 셀프판매로 구분한다. 대면판매는 판매원이 고객을 접객함으로서 판매하는 형태이며, 셀프판매는 고객 스스로 상품을 선택할 수 있도록 판매하는 형태이다. 또한 인적판매를 통한 서비스 제공수준을 기준으로 직접판매형과 상담판매형, 그리고 판매지원 서비스형으로 구분한다.

☑ 유통기업의 인적판매 유형분류

구 분	판매형태	서비스 수준
유형분류	• 대면판매, 셀프판매	• 직접판매형, 상담판매형 판매지원 서비스형,

1) 직접판매형

점포의 판매부문 인력은 일상적인 판매형태로 제공하는 인적판매 형태를 직접판매형이라고 한다. 많은 점포에서 판촉사원의 제조업체 자사상품 판매와 소매점포의 계산원을 운영하는 일반적인 형태가 해당된다.

백화점에서 연봉 1억이 넘는 숍-마스터(shop-master)의 등장에서 알 수 있듯이 대면판매의 경우 판매사원의 역량에 따라서 매출액이 달라진다. 따라서 경쟁점포 판매사원에 대한 조사함에 있어서 다음의 내용들을 참조한다.

(1) 판매사원의 수
(2) 판매사원의 고객관리 및 판매역량
(3) 계산대 수량과 가동률 등

2) 상담판매형

산업이 발달하고, 고객의 욕구가 다양해지면서 제품의 생산방식이 변화되고 있다. 과거의 생산방식이 제품의 양을 중시하는 소품종 대량생산방식이라면 현대는 제품의 질을 중시하는 다품종 소량생산방식으로 표현할 수 있다.

다품종 소량생산방식은 점포관점에서 취급해야할 단품수의 증가를 유발하여 매장면적의 확대 또는 전문점 증가의 배경이 되고 있다. 또한 소비자 관점에서는 자신에게 적합한 상품을 찾기 위한 탐색과정에서 기회비용과 선택의 갈등이 발생된다.

따라서 소매점포에서는 상품에 대한 풍부한 지식을 지닌 판매원을 채용하여 고객의 소비과정에서 나타나는 문제를 상담과 제안을 통해 해결하는 판매방식이 나타났다. 이러한 판매방식을 '상담판매(counsel selling)'라고 하며, 관점에 따라서 '문제해결형 판매(solution selling)', '제안판매(proposal selling)'라고도 한다.

상담판매는 고객의 신뢰를 전제한다. 신뢰는 충성고객의 가능성을 높이는 요소에 해당하므로 다음의 내용을 참고하여 경쟁점포에 대한 조사·분석을 실시한다.

(1) 상담판매를 운영하는 매장 현황
(2) 판매원의 상품지식 수준과 상담
(3) 고객신뢰도 등

3) 판매지원 서비스형

점포 간 매출경쟁이 심화되거나, 차별화의 수단으로 판매를 지원하는 각종 서비스가 증가한다.

서비스는 제공형태에 따라서 무형과 유형의 서비스로 구분할 수 있다. 유형의 서비스는 인적자원으로 자가용으로 내점하는 고객에게 주차대행서비스(valet parking service)를 제공하거나 짐 운반(carry bag), 콜벤(call-van) 등을 제공하는 형태가 해당된다.

인적자원에 의한 판매지원 서비스는 고객의 구매함에 영향을 준다. 즉, 점포 내에서 판매원들의 직접 판매를 보조하는 역할을 수행하므로 간접적인 인적판매이다. 따라서 인적자원에 의한 판매지원 서비스 제공범위와 수준에 대한 조사가 병행되어야 한다.

19.5 서비스제도

서비스는 마케팅 관점에서 물질적인 재화와 함께 제품에 해당된다. 제품에 해당하는 서비스는 용역(用役)이라고도 한다. 하지만 소매점포 관점에서는 제품과 판매촉진 수단, 그리고 고객관계 유지를 위한 개념으로 사용되고 있다. 따라서 서비스에 대한 다양한 관점의 이해가 필요하다.

먼저 마케팅 관점과 동일하게 제품의 개념으로 '서비스 상품'으로 사용된다. 서비스 상품은 점포에서 재화와 동일하게 판매하는 상품으로 이익과 경쟁차별화를 위하여 점포에서 판매하고 있다.

둘째는 점포에서 판매하는 상품의 판매를 촉진하기 위한 수단으로 제공하는 개념으로 사용된다. 고객이 제공되는 인적판매 서비스와 상품을 안심하고 구매할 수 있도록 제공하는 프로그램들이 해당된다.

셋째로는 고객을 자점의 충성고객으로 만들기 위해서 실행되는 각종 프로그램을 말한다. CRM기법에 의해서 고객 등급별로 제공되는 우대서비스가 해당된다.

☑ 소매점포 서비스 유형

구 분	세부 내용
서비스 상품관점	• 물질적인 재화의 반대 개념
판매촉진 수단관점	• 인적판매 : 직접판매, 상담판매, 판매지원 • 고객 안심구매 지원 제도
고객관계 관점	• 로열티 프로그램에 의한 우대서비스

서비스제도는 소매점포 서비스 유형 중에서 판매촉진 수단관점의 고객 안심구매 지원제도와 고객관계관점의 고정고객 구축제도가 해당된다.

1) 안심구매 지원제도

안심구매 지원제도는 고객이 안심하고 구매할 수 있도록 각종 서비스 프로그램을 운영하는 것을 말한다. 고객이 상품을 구입한 후에 발생할 수 있는 하자와 고장 등으로부터 안심할 수 있는 교환과 환불, 그리고 사후서비스 (After Service, A/S) 프로그램이 대표적인 사례이다.

사후서비스 프로그램과 같은 안심구매 지원제도는 고객들이 구매결정 과정에서 선택의 갈등과 제품품질에 대한 불안감을 줄여주는 역할을 하므로 판매를 촉진하는 역할을 한다.

이러한 안심구매 지원제도는 소매업태 및 점포에 따라서 운영 프로그램이 서로 다르다. 따라서 경쟁점포에서 시행하고 있는 안심구매 지원제도의 유형과 운영 기준 등에 대하여 자세하게 분석할 필요가 있다. 경쟁점포 조사에 참고할 내용은 다음과 같다.

① 교환 및 환불제도 프로그램

② 최저가격 보상 프로그램

③ 계산착오 보상 프로그램
④ 신선식품 관리 · 운영 프로그램
⑤ 고객과의 약속 불이행에 대한 보상 프로그램
⑥ 배달 프로그램
⑦ 기타 판매상품 사후관리 프로그램

2) 로열티 프로그램

로열티 프로그램은 고객의 데이터베이스를 기반으로 보상과 개인 마케팅을 통합적으로 실시하여 점포에 대한 충성도를 구축하고, 수익성을 극대화하는 프로그램이다. 고객의 로열티(loyalty)와 기업의 수익은 매우 밀접한 관계가 있어 로열티가 높은 고객이 많을수록 기업의 수익이 향상된다.

미국의 슈퍼마켓에서 고객의 유형별로 수익성을 분석해본 결과 상위 20%의 고객이 일생동안 가져다주는 수익성이 하위 20% 고객보다 1,000배 높은 것으로 분석되었다. 따라서 점포에서는 수익성이 높은 고객들을 분류하여 관리하거나, 수익성 높은 고객으로 전환하기 위하여 단계적으로 로열티 프로그램을 운영한다.

이와 같이 로열티 프로그램 운영을 통해 잠재고객을 충성고객으로 만드는 과정을 고객관계사다리(customer loyalty ladder)라고 하며, Payne (1994)이 제시한 고객로열티에 따른 고객유형은 다음과 같다.

① 잠재고객(prospect) : 서비스조직이 믿는 누군가로 거래를 하자고 설득할 수 있는 사람을 말한다.
② 고객(customer) : 서비스조직과 거래를 해본 경험이 있는 사람
③ 단골고객(client) : 서비스조직과 반복거래를 했으나, 서비스조직에 대하여 부정적일 수 있거나 중립적인 사람
④ 지지자(supporter) : 서비스조직을 좋아 하나 수동적으로 지지하는 사람
⑤ 옹호자(advocate) : 서비스조직을 누군가에게 추천하여 마케팅을 하는 사람
⑥ 파트너(partner) : 서비스조직과 파트너의 관계를 유지하는 사람

☑ 고객관계사다리

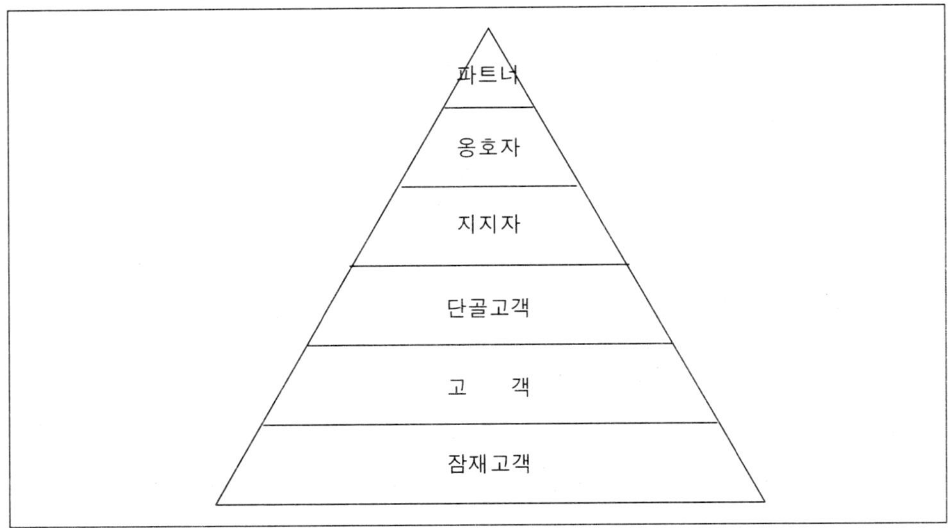

로열티 프로그램은 점포정책에 따라 구매금액과 고객등급에 따라서 포인트를 적립하는 형태와 추가할인, 문화행사 초대 등 다양한 형태로 운영되는 특징이 있다. 그리고 로열티 프로그램은 고객별 차별화된 서비스를 제공하는 형태이므로 다른 고객이 알 수 없도록 개인화된 마케팅으로 이루어지는 특성이 있다.

따라서 조사·분석을 실시하면서 자점과 경쟁점포의 경영환경과 재무구조, 영업정책 등에 대한 선행분석이 필요하다. 또한 로열티 프로그램 조사가 경쟁점포 충성고객에 대한 조사로 이어질 수 있다는 점을 감안하여 세심한 계획수립이 필요하다.

19.6 판매촉진

판매촉진(Sales Promotion, SP)은 고객의 구매행위에 직접적인 영향을 주기 위한 기업 중심의 마케팅 이벤트이다. 판매촉진은 단기 또는 즉각적인 구매행동을 유발하기 때문에 행동중심적이라고 하며, 프리미엄 등을 통해 고객과의 관계를 유지하는 관계적 이벤트이기도 하다. 또한 구매목적을 가격, 프리미엄 등 이성적으로 자극하는 인지적 특성을 지니고 있다.

소매점포에서 판매촉진은 즉시적인 매출증대를 목적으로 운영되며 매출액 증대를 위한 방법론, 즉 고객수를 증대시킬 것인지, 아니면 객단가를 활용할 것인지에 따라 수단이 결정된다.

판매촉진의 형태는 가격할인형과 경품(premium)형, 시음・시식・실연형, 기타 이벤트형으로 구분된다.

☑ 판매촉진 유형

구 분	세부 내용
가격할인형	• 수량할인, 시간할인, 기간할인, 쿠폰할인 • 기간할인 : 부정기할인(행사), 정기할인(바겐세일, 가격인하)
프리미엄형	• 소비자경품(사은품), 소비자현상경품(경품)
시음・시식・실연형	• 식품류 시음・시식, 신제품 기능 실연 등
기타 이벤트형	• 패션쇼, 문화행사,

1) 가격할인형

가격은 점포에서 고객을 유인하는 가장 강력한 도구이다. 상품구색과 점포이미지 등도 고객을 유인하는 좋은 도구이지만 가격만큼 빠르고, 강하게 반응이 나타나지는 않는다. 이러한 가격의 특성을 이용하여 점포에서는 상권 내 다른 점포와의 경쟁 및 재고소진 등 다양한 목적으로 가격할인을 실시한다.

(1) 구매수량에 의한 할인

수량할인은 고객이 구매하는 상품수량으로 가격을 할인하는 방법으로 대량구매에 따른 보상과 객단가 증대의 목적으로 운영된다.

설날과 추석선물이 대량으로 구매가 일어나는 경우 고객에게 일정 보상을 통해 경쟁점포로 고객이 이탈하는 것을 방지하기 위하여 운영된다. 이러한 가격할인은 최근에 추가수량을 증정하여 가격할인 혜택을 주는 방식으로 바뀌고 있다. 또한 상품을 일정 수량으로 묶음판매를 함으로서 객단가를 증대 목적으로 수량할인하는 사례가 있다.

(2) 구매시간에 의한 할인

시간할인은 특정시간대를 정해서 가격을 할인하는 방법이다. 시간할인은 고객수 증대와 매출과 이익목적으로 운영된다.

점포의 내점객수가 상대적으로 적은 오전시간에 가격할인을 운영하는 것이 고객수 증대 목적에 해당된다. 반면에 내점객수가 많은 저녁시간에도 가격할인을 실시한다. 이것은 바겐세일 원리와 동일하게 최고의 구매가 이루어지는 시점에 가격할인을 통하여 매출과 이익을 극대화시키는 방법이다.

(3) 영업행사 기간 할인

점포에서는 주간단위 등과 같이 일정 기간에 테마(theme)를 설정하여 영업행사를 실시한다. 테마는 영업행사의 핵심 포인트로 고객의 라이프사이클과 사회・문화적 환경, 점포환경 등을 감안하여 관련된 상품을 제안하고, 할인하여 판매하는 형태로 운영된다.

이처럼 영업행사 전개와 관련된 상품들을 일정 기간에 할인하여 판매하는 가격을 행사가격이라고 한다. 행사가격이 바로 부정기할인에 해당된다.

(4) 바겐세일과 가격인하

점포에서 정기적으로 이루어지는 영업행사가 있다. 계절상품을 마감판매를 위한 할인행사와 설날, 추석, 어린이날 등의 명절과 점포 개점기념일 등이 정기 영업행사에 해당된다. 이중에서 정기적으로 할인판매를 실시하는 영업행사가 바겐세일이며, 점포에 따라서 정기 가격인하로 운영하기도 한다.

바겐세일 영업행사는 계절상품의 수요가 최고로 달하는 시점에 가격할인으로 판매량을 확대하는 판매기법으로 세일과 가격인하 상품으로 운영된다.

세일과 가격인하는 행사가격과 달리 종전거래가격이 형성되어야 한다는 점에서 동일하다. 하지만 세일은 가격 할인판매 기간이 종료된 후에 종전거래가격으로 환원된다면, 가격인하는 지속해서 할인된 가격으로 판매된다는 점에서 차이가 있다.

☑ 바겐세일과 가격인하의 차이점.

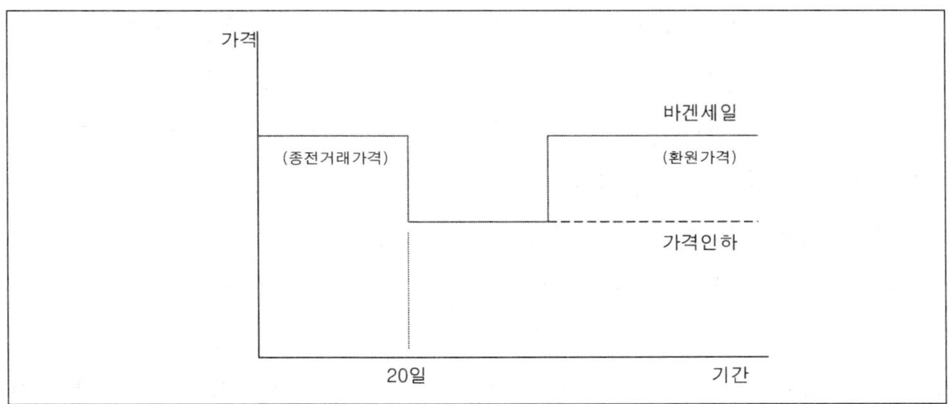

(5) 쿠폰할인

쿠폰은 점포에서 상품구매 시 가격할인을 받을 수 있는 증서이다. 점포에서 상품을 구매할 때 쿠폰을 제시하면 고객은 쿠폰에 표시된 금액만큼 가격할인을 받는다.

점포에서 운영되는 할인쿠폰은 배포방법과 운영기관에 따라서 유형을 분류할 수 있다.

☑ 할인쿠폰의 유형

구 분	할인쿠폰 유형
배포방법 기준	• 매체형, 우편형, 패키지형, 직접배포형, 점내 비치형
운영기관 기준	• 자사할인쿠폰, 제휴할인쿠폰

할인쿠폰은 고객에게 할인된 가격으로 구매할 수 있는 혜택을 주는 장점이 있다. 또한 고객에게 할인한 금액을 제휴사 또는 제조업체로부터 보전 받고, 취급수수료 수익이 발생한다.

2) 경품형

경품은 고객이 점포에서 상품을 구매하는 경우에 제공하는 경제적 이익을 말한다. 경제적 이익은 특정 상품을 포함하여 상품권 등의 유가증권, 문화행사 초대권, 무료 여행권 등의 편익을 포함한다. 경품은 사은품에 해당하는 소비자경품과 일반경품에 해당하는 소비자 현상경품으로 구분된다.

경품은 점포에서 고객수와 객단가 증대의 목적으로 운영한다. 가격과 같이 고객에게 직접적인 경제적 이익을 주기 때문에 고객을 유인하는 효과가 발생한다. 또한 일정금액 이상 구매한 고객에게 경품을 제공하는 특성으로 고객이 경제적 이익을 받기 위하여 평소 구매하는 금액보다 높은 구매를 하기 때문에 객단가를 증대시키는 효과도 발생한다.

점포에서는 고객의 지역적 특성을 반영하여 소비자경품 또는 소비자현상경품을 선택하여 운영한다. 따라서 경쟁점포의 경품행사 유형과 횟수, 규모 등에 대한 조사·분석으로 자점의 영업활동 개선에 참고할 수 있다.

3) 시음·시식·실연형

시음·시식·실연은 고객이 제품을 직접 시용함으로써 구매를 유인하는 점내 판매촉진수단에 해당한다. 식품류의 경우에는 해당제품의 시음이나 시식을 권유함으로써 제품의 구매를 유인하고, 기타 제품들은 해당제품이 사용되는 상황을 판매원이 연출하고 직접 사용하는 방법을 고객에게 보여줌으로써 구매를 자극한다.

일반적으로 시음·시식·실연의 판촉수단은 신상품, 계절특수상품 등에 대하여 고객의 충동구매를 유인하기 위한 목적으로 이루어진다. 특히 대형마트와 수퍼마켓 등의 셀프판매형 소매업태에서는 진열상품을 고객이 선택하기까지 기다리는 방식보다 고객에게 적극적으로 구매를 제안한다는 점에서 객단가를 증대시킬 수 있는 효과적인 방법이다.

4) 이벤트형

이벤트란 점포에서 뚜렷한 목적을 가지고 치밀하게 사전 계획되어 고객을 참여시켜 실행하는 특별행사이다. 특별행사라는 의미로 일부에서는 스페셜 이벤트라고도 한다.

이벤트는 고객참여를 전제한다. 고객참여는 점포에서 고객유인의 수단이 되며, 고객참여를 통해 쇼핑정보 제공하거나 점포 이미지를 제고할 수 있다. 특히 엔터테인먼트 요소가 포함될 경우 고객체험을 유발하여 점포에 좋은 이미지를 형성하는 특징이 있다. 따라서 점포에서는 각종 기념일과 신상품 도입 시기 등을 이용하여 적극적으로 이벤트 프로모션을 전개한다.

제 7 부 점포활성화전략의 실행

Chapter 20 점포활성화 방안 분석

20.1 분석 개요

점포활성화 방안의 검토는 영업전략 관점과 조직역량 관점, 그리고 경제적 타당성관점에서 검토되어야 한다. 영업전략관점은 점포활성화 추진내용이 점포경영전략 적합한지 여부를 검토하여, 현재 영위하고 있는 소매업태에 얼마나 충실하며, 이 업태 또는 신업태로 전환할 경우 해당 업태의 성장추이가 어떠한지 검토한다.

조직역량 관점에서는 점포활성화 추진에 따라 원활한 자금조달이 가능한지 여부에 대한 재무역량과 인적자원역량, 그리고 신업태를 추진할 수 있는 역량 등으로 구분된다.

경제적 타당성관점에서는 시장성분석과 기술성분석, 그리고 경제성 분석으로 구분된다. 시장성분석은 점포활성화 방안을 실행할 경우 예상되는 매출액의 변화방향을 검토하는 것이며, 기술성 분석은 점포활성화 방안이 실행가능한지, 실행가능 할 경우 투자비용과 원가는 얼마인지를 검토하는 것을 말한다. 시장성과 기술성 분석에 기초하여 경제적 타당성을 분석하게 된다.

☑ 점포활성화 방안 분석 항목

구 분	영업전략관점	조직역량관점	경제적 타당성관점
유 형	점포경영전략 적합도 업태 충실도 업태 성장추이	재무역량 인적자원역량 신업태전개역량	시장성 기술성 경제적 타당성

20.2 영업전략관점

1) 점포경영전략 적합도

유통기업의 경영전략은 범위의 경제와 규모의 경제로 표현할 수 있다. 범위의 경제(economy of scope)는 경제학적 관점에서 한 기업이 2종류의 상품을 생산할 경우 개별상품을 다른 기업이 각각 생산할 때의 생산비용보다 감소하여 상대적으로 수익이 향상되는 현상을 의미한다. 소매업에서 범위의 경제는 백화점과 아울렛 등과 같이 패션중심의 신상품과 이월상품으로 판매전략에 있어서 상호 보완관계가 있는 이업태를 영위하면서 발생된다.

반면에 규모의 경제(economy of scale)는 경제학적 관점에서 생산요소의 투입증대 등과 같은 생산규모의 확대에 단위당 생산비용이 절감되어 수익이 향상되는 현상을 의미한다. 소매업에의 규모의 경제는 체인스토어 전략에서 발생된다. 체인스토어의 유형은 기업형, 가맹형, 임의가맹형, 그리고 조합형 등으로 구분되지만 다점포 전개로 개별점포 하나씩 운영할 때 소요되는 비용의 합보다 운영비용이 감소되어 기업의 수익이 증가시키는 기본원리에 기초한다.

☑ 점포경영전략의 선택

구 분	단일소매업태 기업	복수소매업태 기업
범위의 경제	신업태 개발	신업태 개발
규모의 경제	–	기존 소매업태 내 전환

범위의 경제는 단일소매업태 또는 복수의 소매업태를 영위하는 기업 모두에게 신업태 개발관점에서 활용이 가능하다. 반면에 규모의 경제는 단일소매업태 기업에서는 채택할 수 없으며, 복수 소매업태에서 특정 소매업태에서 영업성과가 부실한 점포를 성장이 예상되는 다른 소매업태로 전환할 수 있어 해당기업에서 활용이 가능하다.

2009년도 국내 모기업에서 창고형 할인점포의 도입을 발표하면서 단기간내에 규모의 경제를 달성하기 위하여 대형마트 중에서 실적이 부진한 점포를 창고형 할인점포로 전환한다고 발표하였다. 이러한 사례는 범위의 경제와 규모의 경제를 동시에 채택하는 전략이라고 할 수 있다.

2) 업태충실도

업태충실도는 영위하고 있는 소매업태에 얼마나 충실하게 영업활동을 전개하고 있는가에 대한 것을 의미한다.

슈퍼마켓의 경우 구매고객수에 의해 매출이 부진하게 되면 농산물 등의 신선식품 판매가 현격하게 줄어들게 된다. 신선식품의 경우 타 상품과 달리 신선도 유지기간이 매우 짧기 때문에 점포에서는 진열량을 축소하게 된다. 신선식품의 진열량 축소는 절대구색과 물량감 부족으로 다시 매출이 부진하게 되는 악순환구조를 겪게 되면서 점차 제 기능을 담당하지 못하게 된다.

하지만 슈퍼마켓의 경우 근린상권에서 목표고객들의 식료품 및 생필품을 수요에 대응하는 점포를 의미한다. 만일 악순환구조로 점포활성화를 위한 개선작업을 진행하면서 슈퍼마켓의 본래 기능을 무시하고 신선식품부문을 축소한다면 업태충실도가 낮아지게 되며, 이러한 개선작업을 통해 슈퍼마켓으로 영업할 경우 소기의 성과를 기대하기 어렵게 된다.

따라서 업태충실도는 신업태로 전환뿐만 아니라 기존업태를 영위하면서 매출활성화를 검토할 경우 모든 상황에서 검토되어야 한다.

3) 업태성장추이

점포활성화를 위하여 영업전략관점에서 검토해야 할 마지막 사항은 업태

성장 추이를 검토해야 한다. 업태성장추이는 해당업태의 수명주기를 통해 살펴볼 수 있다. 수명주기이론은 사람이 태어나서 유아기, 청소년기, 중년기를 거쳐 노년기로 생을 마감하는 것과 같이 점포 또는 상품, 소매업태도 개점이후 도입단계, 성장단계, 성숙단계, 쇠퇴단계 등의 일정한 수명주기를 지니고 있다고 보는 이론이다.

일반적으로 수명주기이론의 성숙기단계에서 경쟁이 심화되면서 시장에서 철수하는 기업이 발생되며, 쇠퇴기에는 해당 소매업태가 몇몇 주도기업에 의해서 운영되는 특징이 있다. 따라서 영업전략관점에서 점포활성화에 대한 타당성을 검토를 하기 위해서는 개선 또는 전환하고자 하는 소매업태가 성장 가능한 도입기 또는 성장기 단계에 해당되어야 한다.

20.3 조직역량관점

1) 재무역량

점포활성화에 투자되는 재무자원을 어떻게 조달하고 운영할 것인지에 대한 검토는 매우 중요하다. 재무자원을 조달하는 방법은 자체적으로 조달하는 방법과 외부에서 차입하는 방법으로 크게 구분된다. 재무자원을 자체적으로 조달하는 비율을 기준으로 기업의 재무역량을 평가하는 중요한 지표는 자산수익률(return of asset, ROA)로 순이익과 자산회전률에 의해 결정된다. 자산수익률에서의 순이익률은 점포 또는 유통기업의 경영활동 결과에 따른 성과지표로 측정되지만 자산회전률은 기업자산에 대한 투자의 생산성으로 측정된다.

자산수익률에 있어서 순이익률이 높다는 것은 내실 있는 점포경영이 이루어지고 있다는 것을 의미한다. 또한 자산수익률이 높다는 것은 적정규모의 투자로 높은 매출액을 실현한다는 것을 의미하므로 유통기업 관점에서는 많은 이익잉여금을 보유할 수 있다는 것을 의미한다.

☑ 자산수익률

- 자산수익률＝순이익률×자산회전률
- 자산회전률 $= \dfrac{\text{매출액}}{\text{총자산}} \times 100$
- 순이익률 $= \dfrac{\text{순이익액}}{\text{매출액}} \times 100$

만일 기업의 자산수익률이 낮은 상태에서 점포활성화를 위하여 재무자원을 차입하게 될 경우 영업성과와 자산회전률의 획기적인 개선이 이루어지지 않을 경우 재무적 역량이 더욱 취약해질 수 있다. 따라서 영업성과 개선을 위한 점포활성화전략은 재무역량을 고려하여 적정한 투자규모로 결정해야 한다.

2) 신업태 전개역량

소매업태는 상품구성, 가격대, 시스템통제방법, 판매기법 등 다양한 관점에서 이루어진다. 유통기업에서 기존에 운영하지 않던 새로운 소매업태를 전개하기 위해서는 새로운 목표고객을 선정하고 그들 고객의 욕구에 대응하기 위하여 상품, 가격, 매입 및 판매방법 등의 경영시스템을 신업태의 성격에 충실하도록 새롭게 구축해야 한다.

이 과정에서 신업태 전개능력이 부족한 기업의 경우에는 기존업태의 경영시스템을 신업태에 접목함으로써 신업태의 업태충실도가 낮아지는 현상이 발생된다. 그 결과 신업태 진출사업의 성과가 부진하여 철수하는 사례가 발생하기도 한다.

유통기업에서 신업태를 전개하기 위해서는 암묵지와 형식지 모두 검토해야 한다. 암묵지(tacit knowledge)는 학습과 체험 등에 의해 개인에게 체화되어 있어 겉으로 나타나지 않는 지식을 의미하며, 형식지(explicit knowledge)는 암묵지가 문서, 매뉴얼, 동영상 등과 같이 어떠한 형태로 형상화되어 표현된 지식을 의미한다. 암묵지가 유통기업 내부 전문가의 머리에 존재하는 지식이라면 형식지는 업무매뉴얼 등이 해당되므로 이들 모두가 신업태 전개역량이라는 관점에서 검토되어야 한다.

3) 인적자원역량

한국경영자총연합회가 지난 2008년 전국 100인 이상 483개 기업을 대상으로 '대졸신입사원 채용 및 재교육현황 조사'를 한 결과 대졸 신입사원을 재교육하는 데 평균 19.5개월이 걸리고 비용은 1인당 6천여만원이 든다는 조사결과를 발표하였다. 기업에서 인적자원의 역량을 개발하기 위해서는 신입사원 시기부터 근무연한 및 담당직무에 따라 지속적으로 교육훈련 등을 위하여 많은 비용을 투자해야 한다. 이러한 문제점으로 규모가 작은 중소유통기업의 경우 인사관리 등의 인적자원관리(Human Resource Management, HRM)에만 치중하고 교육훈련 등 인적자원 능력개발(Human Resource Development, HRD)에 대한 투자가 미흡한 경우 종종 발생된다.

만일 기업에서 인적자원 능력개발에 대한 투자가 지속적으로 이루어지지 않게 될 경우 조직 내 대부분 인적자원들의 능력이 개발되지 않으므로 조직역량까지 저하되는 현상이 나타난다.

20.4 경제적 타당성

1) 시장성 분석

시장성 분석(marketability analysis)이란 점포진단 결과에 기초하여 검토된 점포활성화 방안을 실행할 경우 매출액이 어떻게 변화할 것인가를 조사·분석하는 것을 말한다. 점포매출액의 변화는 두 가지 관점에서 검토할 수 있다. 먼저 점포가 입지한 상권의 성장여부에 따라 점포매출액이 변화된다. 경쟁조건이 동일할 경우 성장하는 상권에서 점포매출액은 증가하겠지만, 그렇지 않은 경우에는 점포매출액이 감소할 것이다. 두 번째 관점은 점포의 상권점유율에 따른 점포매출액의 변화이다. 상권의 시장규모가 동일할 경우 상권 내 경쟁관계에 의해 점포의 상권점유율이 증가하게 되면 점포매출액이 증가하고, 감소하게 되면 점포매출액이 감소하게 된다.

따라서 시장성 분석은 현재 점포가 입지한 상권 내 특성, 고객수요와 경쟁점포의 공급에 대한 분석과 점포매출활성화 방안을 실행하였을 경우 고객의 미래수요분석을 통해 점포매출활성화 방안을 실행하였을 경우 매출액 추정으로 이루어진다.

(1) 상권의 특성

소매점포는 점포가 위치한 입지를 중심으로 일정한 상권범위를 영위하며 영업활동을 전개한다. 상권범위는 점포가 위치한 입지주변의 자연지형, 인공지형물, 경쟁점포 유무, 행정구역 등 다양한 환경요인에 의해 결정된다. 상권의 특성은 상권범위에 영향을 주는 다양한 요인에 의해 규정되기도 한다. 예를 들면 자연지형과 인공지형물로 인하여 점포가 입지한 주변상권이 외부와 차단되어 있는 경우 폐쇄형 상권이라고 하며, 경쟁점포가 없이 독점적으로 영업활동을 전개하고 있는 경우 독점상권이라고도 한다.

또한, 상권의 특징은 점포가 입지한 지리적 특성에 의해 표현되기도 한다. 역, 터미널 등의 인근지역에 입지한 역세권, 문화재가 있는 경우 문화재보존구역 등이 대표적인 사례이다.

이와 같은 상권의 특성은 경제적 타당성 검토에 있어서 상권규모의 확장가능성 등을 검토하는데 매우 유용하므로 다양한 관점에서 자점이 어떠한 상권특성을 지니고 있는지 검토하여야 한다.

(2) 수요 및 공급분석

최근 구도심에 대한 도시재생사업이 진행되고 있다. 도시재생산업은 기계적 대량생산 위주의 산업에서 전자공학·하이테크·IT 등 신산업으로 산업구조의 변화되고 신도시·신시가지 위주의 도시 확장으로 상대적으로 낙후되고 있는 기존 도시에 대하여 새로운 기능을 도입·창출함으로써 경제적·사회적·물리적으로 부흥시키는 것을 의미한다.[8)]

점포가 출점한 입지 주변으로 신도시 또는 신시가지가 형성되거나 도시재생사업이 이루어질 경우 상권이 크게 변화된다. 상권의 변화는 고객의 수요와 경쟁점포의 등장 등 공급자의 변화를 유발한다. 따라서 경제적 타당성 분석을 위해서는 상권변화 여부 및 상권이 변화될 경우 수요와 공급이 어떻게 변화되는지 그 추이에 대하여 분석을 실시한다.

(3) 매출액 추정

상권변화 여부 및 상권변화에 따른 상권 내 수요와 공급의 변화추이에 대한 분석이 이루어지게 되면 자점의 고객수요에 기초하여 예상매출액을 추정해야 한다. 자점에 대한 미래의 고객수요 또는 매출액에 대한 추정기법은 현재의 고객 또는 매출액 점유율에 기초하여 산출하는 방법과 회귀분석, 그리고 허프모델 등의 이론적 모형으로 활용하는 방법이 있다.

2) 기술성 분석

기술성 분석(technical characteristic analysis)은 점포매출활성화를 위하여 점포에서 검토하고 있는 방안들이 실현가능한 방안인 경우 그 방안들에 대한 원가를 추정하는 활동이다.

점포매출활성화 전략의 경제적 타당성 검토에 있어서 기술성 분석의 연관성을 이해하기 위하여 먼저 기술에 대한 개념에 대한 이해가 선행되어야 한다.

기술(technique)이란 그리스어 '테크네(technē)'에서 유래된 개념으로 어원적으로는 예술·의학을 포함하고 있다. 산업혁명 이후 기술의 개념이 생산영역에 국한하여 물적 재화를 생산하는 생산기술의 의미로 사용되어 왔으나 최근 기술의 개념이 다양한 관점에서 체계적으로 연구·정의되고 있다.

---

8) 출처 : 국토해양부 도시재생사업단(http://www.kourc.or.kr/URIntro/?act=1&subact=1)

기술의 개념적 정의는 크게 의식작용설과 수단체계설로 구분된다. 의식작용설은 체계적 연구로 축적되고 조직된 객관적인 지식체계인 과학의 응용이라는 관점이며, 수단체계설은 생산활동에 있어서의 노동수단과 그 체계를 기술이라고 보는 관점이다.

이와 같은 기술의 개념적 정의를 점포경영에 접목할 수 있다. 즉, 의식작용설 관점에 기초하여 점포경영과 관련된 제반 운영지시, 디자인, 매뉴얼, 상품 데이터베이스 등과 이를 사용하기 위한 비문서화 된 노하우 또는 암묵적 지시를 포함하는 지식체계를 점포경영기술로 정의할 수 있다는 것이다. 따라서 점포경영을 구성하는 점포운영, 점포관리, 머천다이징, 매입, 판매, 재고관리, 발주 등의 영역에 점포경영에 응용되는 지식의 집합체라는 관점에서 기술개념을 사용할 수 있다.

(1) 구현 가능성

점포활성화 방안을 실행하기 위해서는 기존의 점포운영기술이 아닌 다른 차원의 점포운영기술이 요구되는 경우가 종종 발생한다. 기존업태의 역량을 강화하기 위한 단순한 점포의 영업환경개선(renewal)이 아니라 상품구성 등의 머천다이징이 변화되는 경우 협력업체와의 협상력 여부에 따라서 해당 상품의 입점여부 및 재무적 목표 등이 크게 변화된다. 신업태를 개발하는 상황에서는 더욱 많은 요소들에 대한 새로운 점포운영기술이 요구된다.

따라서 기술성 분석에 있어서 점포의 기술적 역량으로 활성화 방안을 구현 가능한지 면밀하게 검토해야 한다.

(2) 경쟁우위성

점포활성화 방안은 구현 가능성뿐만 아니라 상권 내에서 경쟁점포와의 경쟁관계에서도 우위를 점할 수 있는 요소들이 포함되어야 한다. 점포활성화에 따라 많은 비용을 투자했음에도 불구하고 상권 내 고객 또는 매출점유율의 변화가 없거나, 감소한다면 점포입장에서는 막대한 손실을 감수해야 한다.

점포활성화 방안의 경쟁우위성은 상권 내 경쟁점포에 대한 조사·분석 결과를 활용한다. 경쟁점포 대비 자점의 약점 또는 강점이 무엇이며, 점포활성화 방안을 통하여 이들 약점과 강점이 얼마만큼 보완 또는 강화되는지를 통해 평가한다.

(3) 투자규모

점포활성화를 기술적으로 구현하기 위해서는 다양한 목적의 비용들이 투자된다. 점포활성화를 위한 투자비용은 환경개선을 위한 내장(interior)과 외장(exterior)공사, 상품진열집기 등의 교체가 이루어질 수 있으며 상품구성의 변화와 판매방식의 변화, 개점이후 광고 및 마케팅비용 등 여러 성격으로 구분된다.

투자되는 비용은 시설 투자비용과 운영 투자비용으로 크게 구분할 수 있다. 시설투자비용은 특정 목적을 달성하기 위하여 일시에 유형 자산에 투자되는 비용으로 시설비용이 해당된다. 반면에 운영 투자비용은 특정 목적을 달성하기 위하여 일시에 영업권 등의 무형자산 형성을 위하여 투자되는 비용으로 광고선전비, 판매촉진비 등의 마케팅비용이 해당된다.

(4) 인력운영계획

인력운영계획은 점포활성화 방안의 추진 및 구현되었을 때를 전제로 검토한다. 현재 각 부문별 인력운영현황에 기초하여 부문별 직급별 소요인원을 산출함으로써 인력운영계획을 수립한다.

소매점포에서 인력운영계획을 수립하는 기법은 작업할당계획(Labor Scheduling Program, LSP)이 많이 사용된다. LSP는 점포에서 요구되는 작업내용 및 작업량을 명확하게 파악하여 작업표(labor schedule)를 만들고, 이에 기초하여 소요 인원계획을 산출하는 기법이다.

점포매출활성화 방안으로 인하여 점포의 부문별 상품구성이 변화하거나 다른 업태로 전환하는 경우에는 반드시 점포 인력운영계획을 재검토해야 한다.

1) 경제성 분석

(1) 경제성 분석의 의의

경제성 분석(economic analysis)은 시장성 분석과 기술성 분석 결과자료를 이용하여 점포활성화 방안의 타당성을 검토하는 단계이다. 점포활성화 방안이 시장성과 기술성을 만족시킨다고 하더라도 최종적인 실행 여부에 대한 결정은 경제성 분석 결과에 달려 있다. 즉, 만족스러운 시장성 분석과 기술성 분석 결과라도 점포의 사업 목표가 이윤추구에 있으므로 점포활성화에 따른 투자자본의 회수여부 또는 점포의 현금흐름 등을 추정하는 경제성 분석을 만족시켜야만 점포활성화 방안을 실행할 수 있다는 것이다.

그러므로 점포에서는 복수의 점포활성화 방안을 서로 다른 관점에서 발생하는 비용과 편익의 현금흐름을 동일한 시점에서 비교・분석하여 가장 우수한 점포활성화 방안을 선택한다.

(2) 경제성 분석 절차

점포활성화 방안을 선택하기 위한 방안별 경제성 분석의 세부적인 절차는 아래와 같다. 경제성 분석은 향후 5년간의 예상실적과 비용에 의거 손익계산서 및 현금흐름표 등을 산출한다.

① 시장성 분석에 기초하여 판매계획을 수립한다.

② 기술성 분석에 기초하여 점포활성화에 소요되는 투자비용을 작성한다.

③ 점포활성화 방안이 구현되었을 경우 점포경영에 필요한 운영비용, 즉 판매 및 일반관리비를 손익계산서의 각 계정과목별로 세부적으로 산정한다.

④ 총비용 및 소요자금을 종합적으로 추정한다.

⑤ 추정 손익계산서를 작성한다.

⑥ 현금흐름표(cash flow)를 작성한다.

⑦ 추정 대차대조표를 작성한다.

2) 경제적 타당성 분석기법

점포활성화 방안의 전략적 선택을 위한 경제적 타당성 분석기법은 화폐의 시간가치에 대한 고려 여부에 따라서 크게 두 가지 형태로 구분된다. 화폐의 시간가치를 고려하지 않는 전통적인 방법으로는 회수기간법과 회계적 이익률법이 있으며, 화폐의 시간가치를 고려한 현금흐름 할인법(Discounted Cash Flow method, DCF)에는 순현재가치법, 내부수익률법, 수익성지표법 등이 있다.

☑ 경제적 타당성 분석기법의 유형

구 분	전통적 방법	현금흐름 할인법
유 형	회수기간법 회계적 이익률법(평균이익율법)	순현재가치법 내부수익율법 수익성지표법

(1) 회수기간법

회수기간법(payback period method)은 점포활성화 방안에 지출된 투자비용을 회수하는데 걸린 기간을 산출하여 점포활성화 방안을 결정하는 방법이다.

회수기간법에 의한 점포활성화 방안을 결정하는 기준은 특정 방안 또는 여러 방안 중에서 최적방안을 검토하는 방법에 따라 다르다. 점포활성화를 위한 특정 방안의 시행여부를 검토할 경우 산출된 회수기간이 점포 내부기준보다 짧으면 그 점포활성화 방안에 대한 투자가치가 있다고 판단한다. 만일 점포활성화 방안을 여러 가지 검토할 경우에는 그 중에서 회수기간이 가장 짧은 방안을 결정한다.

회수기간법은 산출방법이 용이하며 점포활성화를 위한 투자 방안에 관한 위험성, 즉 불확실성을 줄이며 유동성이 향상될 수 있다는 장점으로 실무에서 많이 사용하고 있다. 하지만 회수기간에 대한 점포 내부기준이 임의적이며, 회수기간 이후의 현금흐름을 반영하지 못하므로 투자 수익성을 정확하게 예측할 수 없다. 또한 화폐의 시간적 가치를 무시하고 있다는 단점이 있으므로 이에 대한 추가적인 검토가 필요하다.

☑ 회수기간법 산출공식

$$회수기간(T) = (\sum C = Co)$$

- t시점의 현금흐름 = C
- 투자비용 = Co라고 가정할 경우
(단, 현금흐름은 기간 중에 균등하게 발생한다고 가정)

(2) 회계적 이익률법

회계적 이익률법(Accounting Rate of Return method, ARR법)이란 연평균 투자액과 연평균 순수익으로 평균이익률을 산출한 결과를 점포활성화 방안별 평가기준으로 활용하여 최적의 방안을 결정하는 방법으로 평균이익율법이라고도 한다.

회계적 이익률법에 의한 의사결정 기준은 단일 점포활성화 방안일 경우 점포 내부적으로 결정된 이익률보다 회계적 이익률이 큰 경우에 채택되며, 다수의 점포활성화 방안일 경우에는 회계적 이익률이 큰 것을 먼저 선택한다.

회계적 이익률법은 점포의 회계자료를 이용하여 회수기간법과 같이 쉽게 산출이 가능하고 이해가 쉬우며, 점포의 수익성을 고려하고 있다는 장점이 있다. 하지만 회수기간법과 같이 화폐의 시간적 가치를 무시하고 있다는 단점이 있다.

☑ 회계적 이익률법 산출공식

> 회계적 이익률 = 연평균 순이익 ÷ 연평균 투자액
>
> 연평균 순이익 : 투자(안)의 내용연수 동안 매기간의 회계적 순이익(EAT)의 총계를 내용연수로 나누어 산출
>
> 연평균 투자액 : 투자수명동안 평균적으로 투자되어 있는 금액을 연간단위로 산출

(3) 순현재가치법

순현재가치법(Net Present Value method, NPV)은 점포활성화 방안의 투자로부터 기대되는 미래의 수익을 현재가치로 환산하여 투자금액과 비교하여 평가하는 방법이다. 점포활성화 방안을 실행을 위해 현재 투자금액과 미래수익의 화폐가치 차이, 즉 시간적 화폐가치의 차이가 발생하기 때문에 미래수익을 현재가치로 환산하기 위해서는 자본비용 등으로 할인하여 점포활성화 방안의 경제성을 분석하는 방법이다.

자본비용(cost of capital)은 점포활성화를 위한 투자자본의 사용에 지급하는 비용으로 이자 이외에 자금 조달에 필요한 모든 비용을 포함한다. 반면에 자기자본일 경우는 자기자본비용(cost of equity capital)을 고려해야 한다. 자기자본비용은 점포활성화 방안에 투자한 금액을 다른 곳에 투자했을 경우 벌어들일 수 있는 최소한의 수익률을 의미한다. 이때 수익률은 유가증권시장의 동일업종 연평균 수익률을 적용하지만 간편하게 예금금리를 적용하기도 한다.

할인율이 높아지면 미래수익의 현재가치, 즉 순현재가치가 작아지므로 할인율을 리스크의 크기로 볼 수 있다. 점포활성화 방안별로 동일한 현금 흐름이 발생하더라도 할인율이 15%인 방안보다 할인율이 20%인 방안의 순현재가치가 더 작아진다.

순현재가치법에 의한 의사결정 기준은 다음과 같다. 먼저 단일 점포활성화 방안을 검토하는 경우에는 투자(안)의 순현재가치가 0보다 크면 그 투자

(안)을 채택하고, 0보다 작으면 그 투자(안)은 기각한다. 만일 여러 점포활성화 방안에 대하여 검토할 경우 순현재가치가 0보다 큰 방안 중에서 순현재가치가 가장 큰 방안을 선택한다.

☑ 순현재가치법 산출사례

$$NPV = \sum_{t=1}^{n} \frac{Ct}{(1+r)^t} - Co$$

Ct : 미래수익(현금유입)
Co : 투자금액(현금유출)
r : 할인률

점포활성화 방안에 4억5,000만원을 투자할 경우 추가매출 증가액(현금흐름)이 아래의 표와 같이 예상되고 할인율은 15%라고 가정할 경우 순현재가치는 다음과 같다.

기 간	0	1	2	3	4	5
현금흐름	-45,000	5,000	10,000	15,000	20,000	40,000

NPV = -45000 + 5000/(1.15) + 10000/(1.15)2 + 15000/(1.15)3 + 20000/(1.15)4 + 40000/(1.15)5
= 8094

따라서 위 투자안은 재무관리 관점에서는 충분히 채택할 수 있는 투자안이다. 만약 같은 방식으로 계산된 또 다른 프로젝트의 NPV=7000이라면 재무관리 관점에서는 NPV=8094인 쪽이 더 좋은 방안이다.

(4) 내부수익율법

내부수익율법(Internal Rate of Returns, IRR) 점포활성화 방안에서 예상되는 투자금액의 현재가치와 현금유입의 현재가치를 일치시켜주는 할인율에 의해 경제성을 평가하는 방법이다. 즉, 현재가치로 할인한 투자수익과 자본투자액의 순액이 0이 되는 값인 내부수익률(r)을 산출하여 시장에서 평가된 회사의 자본비용(r0)보다 크면 점포활성화 방안을 채택하고, 그렇지 않으면 기각하는 방법이다.

내부수익율법은 점포활성화 방안별 15%, 20% 등과 같이 내부수익율을 쉽게 비교할 수 있다는 장점이 있지만 순현재가치법보다 투자규모가 현격한 차이를 보이는 경우 이를 반영하지 못하며, 내부수익율이 여러 개 존재할 수 있는 등의 문제점 등이 있다.

☑ 내부수익율법 산출사례

$$NPV = \sum_{t=1}^{n} \frac{Ct}{(1+r)^t} - Co$$

Ct : 미래수익(현금유입)
Co : 투자금액(현금유출)
r : 할인률

점포활성화 방안에 4억5,000만원을 투자할 경우 추가매출 증가액(현금흐름)이 아래의 표와 같이 예상되고 할인율은 15%라고 가정할 경우 내부수익율은 다음과 같다.

기 간	0	1	2	3	4	5
현금흐름	-45,000	5,000	10,000	15,000	20,000	40,000

NPV = -45000/(1+IRR)0 = 5000/(1+IRR) + 10000/(1+IRR)2 + 15000/(1+IRR)3 + 20000/(1+IRR)4 + 40000/(1+IRR)5

IRR = 20.38%

(5) 수익성지표

수익성지표(Profitability Index, PI)는 순현재가치법과 동일한 방식으로 산출한 미래의 현금흐름을 투자액으로 나누어 산출한 것으로 현재가치 지수법이라고도 한다.

☑ 수익성지표

$$수익성지표(\Pi) = 미래\ 현금흐름의\ 순현재가치(NPV) \div 초기투자$$

수익성지표는 회계적 이익율법과 비슷하지만 분자에 미래현금흐름의 순현재가치(NPV)를 사용하므로 화폐의 시간가치가 고려되어 있다. 점포활성화를 위한 투자여부 판단기준은 수익성지표 값이 1보다 크면 채택, 그렇지 않으면 포기한다. 값이 1보다 크다는 것은 미래 현금 흐름의 현재가치 합이 투자액보다 크다는 것을 의미한다.

수익성지표는 여러 개의 점포활성화 방안을 동시에 평가할 경우 유용하다. 하지만 내부수익율법과 같이 투자규모를 고려하지 못하고 있다는 단점이 있다.

Chapter 21 점포활성화 전략의 실행

21.1 비젼의 공유

점포활성화 방안에 대한 영업전략 및 조직역량, 그리고 경제적 타당성 관점에서 검토가 완료되면 구체적인 점포활성화 전략을 수립해야 한다. 점포진단 및 마케팅조사결과에 기초한 점포활성화 방안은 기본적인 방향성 및 경제적 타당성에 대한 검토에 불과하다. 점포활성화 방안이 확정되었을 경우 해당 방안을 구현하기 위한 구체적인 전략과 전술적 방법론을 세부적으로 검토하여 확정해야 한다.

이를 위하여 점포활성화를 추진할 점포 또는 유통기업의 각 직무영역별 관리자가 참석하는 간부회의를 통해 비전 공유 및 점포활성화를 위한 혁신방안의 모색이 필요하다.

1) 진단결과 및 비전 보고회

점포진단결과 및 비전 보고회는 점포현황 보고, 개선방안 제시, 점포활성화 비전 공유 등의 내용이 포함되도록 진행한다.

(1) 점포현황 보고

점포현황 보고는 참석자에게 상권 내 자점의 영업현황을 정확하게 전달하기 위한 목적으로 실시한다. 점포 영업활성화를 포함한 마케팅 의사결정과정에서 현실을 직시하지 못할 경우 올바른 의사결정이 이루어지지 않는다. 그러므로 점포현황 보고는 점포진단 및 점포마케팅조사 결과분석에 기초하여 사실그대로 보고한다.

점포현황 보고는 다음과 같은 내용들이 포함되도록 한다.

① 점포 매출액 추이분석

② 점포진단 및 마케팅조사 개요

③ 각 영역별 분석결과

④ 핵심 문제점

(2) 개선방안 제시

점포현황 보고 이후 점포영업 운영상의 제반 문제점은 어떻게 개선되어야 하는지에 대한 논의가 필요하다. 문제를 제기한 이후에 해결방안을 제시하는 것과 같이 점포현황 보고에서 발표된 문제점을 개선하기 위한 구체적인 방안으로 제시되어야 한다. 개선방안은 영업전략관점 및 조직역량관점, 경제적 타당성관점에서 검토, 확정된 점포매출활성화 방안이다.

그러므로 발표자는 점포문제점에 대한 개선방안을 제시함에 있어서 영업전략관점과 조직역량관점, 경제적 타당성관점을 고려하여 어떻게 점포매출을 활성화시킬 것인지 그 방안을 충분하게 설명하여야 한다.

(3) 점포활성화 비전 공유

점포활성화 비전은 점포영업상 문제점이 해결되었을 때 점포가 변화될 모습에 대한 청사진을 의미한다. 점포활성화 비전은 점포 인적자원에게 문제점을 극복하고자 하는 의지를 강화하고 개선방안을 지원하는 역할을 담당한다.

점포활성화 비전을 표현하는 방법은 정량적 또는 정성적 방법 모두 가능하다. 정량적인 방법으로는 점포 일평균 매출액 1억 원 달성 등과 같이 매출액으로 비전을 공유할 수 있다. 정성적 방법으로는 해당 소매업태 또는 상권 내에서 변화되는 위상으로 "대형마트 매출액 전국 1위 점포"등과 표현하여 비전을 공유할 수 있다.

2) 각 부문별 혁신방안 모색

문제는 해결해야 하는 것으로 반드시 개선방안이 존재한다. 문제는 해결 목표관점에서 원상 복원형 문제와 미래형 문제로 구분된다. 원상 복원형 문제는 현상과 현재 기준과의 차이를 정상적인 수준으로 회복하는 것이 해결 목표인 문제이다. 반면에 미래형 문제는 해당 문제를 해결할 수 있는 기회의 개발이 목표가 된다. 원상 복원형 문제는 유지관리를 위한 해결이라면 미래형 문제는 혁신을 위한 관리이다.

점포현황의 문제점은 물리적 손상 등과 같이 유지관리를 통해 정상적인 수준으로 회복할 수 있는 원상 복원형 문제가 아니다. 점포의 문제를 해결할 수 있는 기회를 발견하는 혁신이 필요한 미래형 문제에 해당된다.

문제 해결은 테크닉이 아니라 일련의 사고에 의한 프로세스이며 사물을 보는 방법과 사고방식이 중요하다. 그러므로 다양한 관점의 사고를 통해 각 부문별 혁신방안에 대한 모색과 전략의 도출이 점포활성화의 핵심 성공요인이다.

☑ 혁신적 문제해결의 걸림돌

① 추상적인 사고에 젖어 구체적으로 생각하지 못한다. ② 고정관념에 사로잡혀 있다. ③ 수단이 언제부터인가 목적이 된다. ④ 실패를 두려워하는 마음 ⑤ 조직의 풍토와 가치관 ⑥ 회사 안에서만 해결하려 하여 발상의 틀이 좁아짐 ⑦ 해결할 여지가 얼마나 되는지 확인할 수 없음 ⑧ 자존심과 체면에 집착한다. ⑨ 과거의 성공체험에 사로잡힌다. ⑩ 문제해결의 정석 등 방법론을 모른다.

※ 출처 : 이광호 역, 문제해결력을 기른다, 지식공작소, pp.31-32.

20.2 추진계획 수립

점포활성화 비전의 공유가 이루어지면 곧바로 추진계획을 수립한다. 추진계획 수립은 추진기간 설정 및 추진조직 구성, 업무점검표 작성, 인적자원 교육, 그리고 고객공지 등의 관점에서 검토되어야 한다.

1) 추진기간 설정

점포활성화 추진기간을 설정하는 방법은 일자기준법, 예산기준법, 과업기준법 등의 관점에서 구분된다.

일자기준법은 점포활성화 실행일자를 결정하고 해당 일자에 맞추어 모든 업무를 추진하는 방법이다. 경쟁점포 출점, 대매출행사 대비, 최단시간 내 점포개선이 필요한 경우 등의 상황에서 이 방법이 많이 사용된다. 하지만 사전 준비가 철저하게 이루어지지 않으면 기대수준 대비 성과가 낮게 나타나기도 한다.

예산기준법은 점포개선에 투입할 수 있는 예산에 따라서 점포활성화가 추진되는 방법이다. 점포개선에 투입되는 비용이 큰 경우에 단일점포의 경우 단계별로 구분하여 추진하거나, 다점포의 경우 점포별 점포활성화 순위를 결정하여 추진하는 방법이 해당된다. 단점으로는 단일점포에서 장기간 점포개선활동이 이루어질 경우 고객 불편이 수반되어 오히려 매출활성화의 역효과가 발생될 수도 있다.

과업기준법은 점포개선을 위한 각 직무영역별 필요 기간과 투입일정 등을 조정하여 기간을 설정하는 방법이다. 충분한 준비기간으로 기대수준에 성과를 맞출 수 있다는 장점이 있으나 장기간 소요될 경우 고객 불편이 수반될 수 있다.

2) 추진조직 구성

현대기업은 인적자원 운영의 효율화를 위하여 조직을 전문화, 기능화로 구성하고 있다. 유통기업도 동일하게 구매와 판매, 계산, 물류, 마케팅, 전산 등 각 조직부문으로 구성되어 있다.

점포활성화는 점포마케팅시스템의 전반적인 개선을 요구한다. 단순히 판매부문의 개선이 아니라 취급하는 상품의 개선을 요구하며, 상품개선은 표시물과 전산등록 등 관련분야의 지원이 요구된다. 그러므로 점포활성화를 추진계획을 수립함에 있어서 각 직무영역별 업무연관의 정도를 고려하여 추진조직을 구성하여야 한다.

☑ 점포활성화 추진조직별 주요 업무

<table>
<tr><th>구 분</th><th>담당자(부서)</th><th>이해관계자</th><th>협의사항</th></tr>
<tr><td>점포활성화 추진</td><td>영업기획</td><td>점포근무자</td><td>비전공유 및 추진계획, 영업일정 등</td></tr>
<tr><td>시설물 교체</td><td>총무/시설</td><td>협력업체</td><td>시설물 교체 및 개·보수 작업</td></tr>
<tr><td>표시물 교체</td><td>마케팅</td><td>협력업체</td><td>점내 광고물 및 제 표시물 교체</td></tr>
<tr><td rowspan="3">머천다이징 개선</td><td rowspan="3">구매</td><td>전산</td><td>상품 재구성 및 가격전략 조정 등</td></tr>
<tr><td>협력업체</td><td rowspan="2">상품 입점 및 퇴점</td></tr>
<tr><td>물류/점포 담당자</td></tr>
<tr><td>예산집행 및 관리</td><td>재무/회계</td><td>각 담당자 (부서)</td><td>점포개선 각 부문별 예산집행 및 정산</td></tr>
</table>

3) 업무점검표 작성 및 점검

'기억력 좋은 천재가 메모하는 둔재를 이길 수 없다.'라는 말이 있다. 아무리 기억력이 좋은 천재라 하더라도 점포개선 일정에 쫓기는 상황에서 관련 업무의 추진사항들을 머릿속에 모두 기억하기란 쉽지 않다. 또한 점포개선 진행사항은 추진조직에 포함된 모든 사람들이 관련 내용별로 공유해야하기 때문에 기록하고 이를 유지하는 것은 매우 중요하다.

업무점검은 점포개선 업무분류별 개선사항, 담당자, 협조부서, 추진일정,

특이사항 등의 내용이 포함되도록 도표로 작성하여 활용하며, 이를 업무점검표(checklist)라고 한다. 최근에는 업무점검표를 주어진 예산조건 하에서 관리할 수 있는 프로젝트관리용 컴퓨터 소프트웨어가 개발되어 많은 분야에서 사용되고 있다.

4) 고객공지

대부분의 점포에서 점포활성화를 위하여 시설 또는 머천다이징 개선작업을 실시한다. 개선되는 사항들의 범위와 내용에 따라 차이는 있지만 부득이 영업을 중단해야 하는 상황이 존재한다. 시설공사로 고객의 안전이 위협을 받는 경우, 소음 또는 상품의 퇴점 및 입점, 이동 등으로 인한 쇼핑불편 등이 예상되는 경우이다. 이와 같이 영업이 일시 중단되는 경우 해당 기간에는 고객의 더 나은 쇼핑편의를 제공하기 위하여 임시로 휴점한다는 내용을 대외적으로 공지하여야 한다.

고객에게 공지하는 방법은 점두와 점내에 POP를 활용하는 방법이 대표적이며, 점포 계산원 및 판매원 등에게도 관련 내용을 숙지하여 고객 관련 내용에 대하여 질문할 경우 정확히 응대할 수 있도록 해야 한다.

20.3 전략실행 및 조정

1) 전략실행

전략계획 수립과 실행은 동시다발적으로 이루어진다. 생활지원 서비스업을 영위하는 유통기업관점에서 고객의 불편을 최소화하기 위해서는 속도를 중시할 수밖에 없다. 각 업무영역별 수립된 계획일정과 내용에 따라 점포개선이 마무리되면 점포활성화전략을 실행하게 된다.

점포활성화전략은 새로운 점포의 마케팅전략을 전개하는 것으로 점포개선사항이 계획대로 진행되었는지 점검하고, 점포 새단장 개점에 따른 인적자원에 대한 교육을 거쳐 영업행사로 실행된다.

(1) 점포개선사항 점검

점포활성화계획은 기존의 점포영업의 문제점들을 개선하는 것에서 출발한다.. 점포개선은 점포활성화 방안 제시에 따른 수립된 구체적인 사항들이 기준이 되며 범위와 수준, 추진일정 등이 포함된다.

점포활성화전략은 계획된 개선사항들이 추진되어 새단장 개점할 수 있도록 준비되었을 때 실행된다. 그러므로 점포의 관리자들은 점포개선사항이 계획에 의거 추진되었는지, 추진과정에서 발생한 문제점이나 도중에 변경된 사항 등은 없는지를 점검하여야 한다. 만일 추진과정에서 변경 또는 문제점이 발생된 경우에는 점포활성화전략의 기본적인 체계가 유지되도록 보완한다.

(2) 인적자원 교육

점포개선이후 점포활성화전략의 실행을 위한 '점포 새단장 개점'을 위해서 가장 마지막에 화룡점정(畵龍點睛)의 심정으로 노력해야 할 사항이 인적자원에 대한 교육이다.

인적자원에 의한 서비스는 시설서비스, 상품서비스와 함께 점포의 3대 서비스라고 한다. 그만큼 인적서비스가 매우 중요하다는 것을 의미하지만 점포개선범위에 시설과 상품에만 집중하는 경우가 종종 있다. 따라서 인적자원이 고객과의 접점에서 생활서비스를 제공한다는 점을 분명하게 인식하고 점포개선에 따른 인적자원의 마음가짐이 점포가 처음 개점하던 시점으로 되돌아 갈 수 있도록 교육을 실시하여야 한다.

(3) 영업행사

일반적으로 독점상권에서 특정점포가 문제점이 많은 영업활동을 전개해도 고객은 다른 점포를 선택할 수 없기 때문에 불만족 상황에서도 해당 점포를 이용한다. 하지만 경쟁상권에서 특정점포가 문제점이 많은 경우 불만족한 고객들은 해당 점포의 이용을 중단하거나, 이용횟수를 줄이는 방법을 선택한다.

점포진단과 마케팅조사가 독점상권이 아닌 경쟁상권을 가정한다고 했을 경우 점포활성화전략은 점포이용을 중단한 고객과 구매빈도가 줄어든 고객의 내점을 증대시키는 것으로 시작된다고 할 수 있다. 특히 점포활성화를 위해 비용을 투자하고, 임시 휴점 등으로 기회손실이 발생된 상황에서 점포마케팅시스템이 개선되었음을 고객에게 인지시키는 것이 중요하다.

이를 위하여 점포에서는 '새단장 개점' 영업행사를 실시한다. 점포 새단장 개점행사는 기존의 점포이미지를 새로운 이미지로 전환하기 위하여 고객을 점포로 유인할 수 있는 방법론에 중점을 둔다. 따라서 새단장에 따른 축하 이벤트행사와 가격, 프리미엄 증정 등 다양한 판촉수단을 활용한다.

2) 성과검토 및 조정

점포활성화전략의 실행에 따른 성과를 검토해야 한다. 성과는 정량적 관점과 정성적 관점에서 검토되어야 한다. 정량적 관점의 성과는 매출액 지표를 활용하여 점포개선작업 추진 이전과 이후의 실적을 전월, 전년 등의 실적과 대비하여 측정한다. 반면에 정성적인 관점은 점포 새단장 영업행사 이후에 고객들이 점포에서 반응하는 언어적, 또는 비언어적 표현들을 수집하여 분석함으로써 측정한다. 언어적 표현은 고객 간, 고객과 판매원, 또는 계산원과 대화과정에서 나타나는 개선사항에 대한 평가들이며, 비언어적 표현은 표정, 몸짓 등으로 나타나는 결과들을 의미한다.

정량적 성과와 정성적 성과가 기대수준보다 낮은 경우 그 원인이 점포활성화 방안의 문제인지, 아니면 전략 실행의 문제인지를 검토하여 지속적으로 조정해야 한다.

참고문헌

❙단행본❙

강성득, 체인스토어 경영기법, 한국체인스토어협회출판부, 2007.
고창룡 외, 신마케팅론, 도서출판 두남, 2005.
고창룡, 유통실무사 개정판, 도서출판 두남, 2008.
고창룡, 유통관계법, 3S유통전략연구소, 2008
김광규, 소매유통경영, 형설출판. 2007.
김명근 역, 인스토어 머천다이징, 한언, 1999.
김배한, 알기쉬운 백화점식 내 점포경영, 미래문화사, 2000.
김양명, 상품학의 이해, 학문사, 2001.
김영신 역, 기획력을 기른다, 지식공작소, 2002.
김이태・Chong S.K Lee, CRM 고객관계관리, 대경, 2006.
김정희, 소매마케팅, 도서출판 두남, 2004.
김학문, 잘 팔리는 점포의 뉴 레이아웃 기법, 한국체인스토어협회 출판부, 2005.
박철주, 유통기업의 경영컨설팅, 무역경영사, 2005.
박충환・오세조・김동훈, 시장지향적 마케팅관리, 박영사, 2003.
봄바람 역, 마케팅리서치, 국일증권연구소, 2005.
서용구・이정희, 100일 만에 배우는 유통관리, 2007
송현수, CRM 경영혁명, 새로운제안, 2000.
안진환・이미영, 유통기업전략론, 도서출판 두남, 2006.
오윤희, 현장 실무자를 위한 백화점 경영, 남두도서, 2005.
유필화・김용준・한상만, 현대마케팅론 제5판, 박영사, 2003.
윤명길・고창룡, 할인점 경영과 실무, 두서출판 두남, 2003.
윤태민 역, 전략적 상품관리, 명지사. 1995.
이광종, 점포관리론(상,하), 한수협출판부, 1997.
이동대, 소매업경영, 학현사. 2002
이수동・여동기, 소매경영, 2006
이왕호 역, 문제해결력을 기른다, 지식공작소, 2002.
이유재, 서비스마케팅, 학현사.
이호정, 리테일 마케팅, 섬유저널.
임동학, 365일 활용하는 영업매뉴얼, 현대미디어, 2005.
전태유 공저, 유통관리론, 도서출판 두남.
정명진 역, 브레인스토밍 100배 잘하기, 21세기북스, 2003.
최영무, CRM의 엔진을 힘차게 울려라, 갈채, 2006.
최재섭・배두환, 유통정보론, 현학사, 2003.

최재섭 · 송호달, 유통정보시스템의 구축과 활용, 도서출판 두남, 2000.
한국유통교육협회, 신유통사전, 도서출판 두남, 2000.
한동철 · 성희승, 소매관리, 우용출판사. 2003
Levy & Weitz, Retailing Management(4th ed.), 2001.

▌논 문▌

고창룡(2007), "소매마케팅전략에 관한 연구", 2007년 마케팅과학회 동계학술대회 발표논문집
고창룡(2007), "백화점 패션-머천다이징과 소비자만족도에 관한 연구", 2006년 한국유통과학회 동계학술대회 발표논문집, 121-140.
김일산(2002), "우리나라 대형할인점의 마케팅 믹스 전략에 관한 연구 : 외국계 및 국내할인점의 비교분석을 중심으로", 동덕여자대학교 대학원 박사학위논문.
김혜경(1987), "소매점의 신소매믹스 전략수립에 관한 연구", 마케팅연구, Vol. 2, 165-181.
신기섭 · 류성경(2006), "T-커머스의 성장가능성과 금융기관에서의 시사점", 전자상거래학회지, Vol. 7, No. 3, pp.71-85,
차중곤(1995), "소매마케팅 믹스 조정을 위한 시장 세분화 전략에 관한 연구", 물류학회지, Vol. 5, 1, 155-169.

▌기 타▌

고창룡, 머천다이저 계수 실무지식, 한국체인스토어협회 부설 한국유통연수원 교재
고창룡, 성공점포 개발전략 -점포개발 프로세스 중심-, 한국체인스토어협회 부설 한국유통연수원 교재
고창룡, 시장정보 활용 및 경쟁력 강화, 롯데제과 교재
고창룡, 오렌지전문점 점포개발 전략 -점포개발 핵심기법 및 전략중심-, 3S유통전략연구소 맞춤식 교육 교재
고창룡, 유통마케팅 차별화전략, 한국체인스토어협회 부설 한국유통연수원 교재
고창룡, 유통마케팅 경쟁전략, 한국체인스토어협회 부설 한국유통연수원 교재
고창룡, 유통산업동향과 전망, 금융연수원 교재
고창룡, 점포진단을 통한 영업활성화 전략, 한국체인스토어협회 부설 한국유통연수원 교재
고창룡, 판촉 · 전단 · POP실무, 한국체인스토어협회 부설 한국유통연수원 교재
고창룡, 제안판매 이론과 전략, 한국체인스토어협회 부설 한국유통연수원 교재
고창룡, 카테고리 매니지먼트, 농협유통 교재

❙인터넷❙

국가전자도서관 www.dlibrary.go.kr
라스민닷컴 www.rismin.com
메트로그룹 www.metro.com
자유무역협정 국내대책위원회 www.fta.korea.or.kr
통계청 www.kostat.go.kr
홈플러스 www.homeplus.co.kr
한국회계기준원 www.kasb.or.kr

찾아보기

＊ 저 자 약 력 ＊

■ 고창룡

❙주요경력❙

- 한남대학교 경제학박사 수료
- 현재) 레노바레컨설팅 대표컨설턴트
  3S유통전략연구소 소장
  (사)한국유통과학회 부설 유통자격시험검정원장
  세종대학교 산업대학원 유통학과 및 한남대학교 경제학과 강사
  국가자격 경영지도사, 기업기술가치평가사, 유통지도사, 포장관리사 등 자격보유로 관련 업무 활동 중.
- (주)뉴코아 영업본부 킴스영업팀 팀장, 전자상거래 TF팀 팀장, 가맹전담 TF팀 팀장 등 역임
- 대한상공회의소 유통물류위원회 위원, 한국산업인력공단 마케팅/유통채널부문 직업표준능력개발 자문위원 등 역임
- 우석대학교 유통통상학부/대학원 겸임교수 및 을지대학교, 유한대학, 장안대학, 대전보건대학 등에서 유통전공 강의
- 현대백화점, 롯데쇼핑, 농협유통, 농협하나로마트분사 등 국내 유통관련 기업 강의

❙주요연구❙

저서)
- 할인점 경영과 실무(공저), 두남, 2003.
- 2003년 유통산업 이슈분석, 3S유통전략연구소, 2004.
- 유통실무사(공저), 두남, 2005.
- 신마케팅론(공저), 두남, 2005.
- 유통관계법(편저), 3S유통전략연구소, 2008.
- 유통실무사 개정판(편저), 두남, 2008.

논문)
- 국내 할인점과 인터넷 쇼핑몰 매입시스템 비교분석
- 백화점 패션-머천다이징과 소비자 만족도 비교분석
- 소매마케팅전략에 관한 연구 등

연구)
- 점포개발, 점포진단 및 개선 컨설팅
- 농림부 축산물 브랜드컨설팅
- 신기술 아이디어 사업타당성분석(경제성분석)
- 신규사업계획 및 타당성분석
- 시장경기(M-BSI) 동향분석
- 국내 치킨프랜차이즈시장 동향분석
- 국내 복분자음료시장 동향분석 등 다수

저자협의
인지생략

매출활성화 전략

초 판 1쇄 인쇄 ── 2010년 11월 1일
초 판 1쇄 발행 ── 2010년 11월 5일
지은이 ── 고 창 룡
펴낸이 ── 전 두 표
펴낸데 ── 도서출판 두남
서울시 강동구 성내 1동 455 - 12 두남빌딩
신고 : 제25100-1988-9호
(구 제2 - 624호, 1988. 7. 21)
TEL : (02) 478 - 2065~7, 478 - 2311
FAX : (02) 478 - 2068
E-mail : dunam1@unitel.co.kr
http://www.dunam.co.kr

정가 22,000원

ISBN 978-89-6414-150-2 93320